POESÍA

183

POESÍA COMPLETA

Marianne Moore

Edición, traducción y prólogo de Olivia de Miguel

LUMEN

Papel certificado por el Forest Stewardship Council®

MIXTO
Papel procedente de fuentes responsables
FSC® C117695

Penguin Random House Grupo Editorial

Título original: *The Complete Poems of Marianne Moore*

Primera edición con esta encuadernación: marzo de 2023

Printed in Spain – Impreso en España

ISBN: ISBN: 978-84-264-2018-3
Depósito legal: B-1.024-2023

Impreso en Gómez Aparicio, S.A.
(Casarrubuelos, Madrid)

H 4 2 0 1 8 A

PRÓLOGO

> El silencio es más elocuente que el discurso: un tópico, pero, a veces, determinada cosa que alguien ha escrito despierta nuestra admiración y uno se siente tentado a escribir sobre ello o, si está en una lengua distinta a la propia, tal vez a traducirlo, o a intentarlo; parece que lo que despierta tu atención podría despertar también la de los demás.
>
> Predilections 1955:vii

Esta edición, la primera en España de los *Complete Poems* de Marianne Moore, es la amorosa respuesta de una traductora a una voz poética única, la satisfacción de un reto personal largamente pospuesto y un acto de justicia editorial y cultural con uno de los poetas más emblemáticos del siglo XX que todavía no contaba con una edición en español de su poesía completa.

En 1967, Marianne Moore, con ochenta años, prepara la edición de sus *Complete Poems* siguiendo los criterios de revisión que había practicado a lo largo de toda su vida. Dichas revisiones implican muchas veces el abandono de algunos de los poemas –publicados o no–, la reescritura de otros en los que altera radicalmente la forma estrófica, el metro o la puntuación, y la eliminación de ciertos versos que ya no suscribe o que le parecen, según sus propias palabras, simplemente «relleno» (Schulman, 2003, p. xx).[1] Los cambios a los que somete su obra y las permanentes revisiones de lo escrito son esenciales para entender su concepción de la escritura como un proceso en constante transformación, en el que el presente modifica el pasado y la memoria de ese pasado; un proceso que, lejos de aplicar la idea de linealidad que fragmenta el tiempo en inamovibles compartimentos, participa del tiempo eliotiano en el que «en el principio está el final y [...] en el final está el principio». Moore construye, a

1. Para esta referencia y las sucesivas, véase bibliografía en p. 541.

partir de la continua reelaboración de sus poemas, su propia biografía literaria, en la que desestabiliza y desacraliza la invariabilidad de unos textos que, como en uno de sus versos, «no son el inmutable juramento de Herodes».

El resultado final de este procedimiento es una obra de ciento veinte poemas más una selección de su traducción de las *Fábulas* de La Fontaine en la que, abolida la cronología, los textos se han reunido atendiendo a las relaciones literarias, temáticas o estilísticas que establecen entre sí. Esa biografía literaria es el resultado de una cuidadosa destilación, de una precisa labor de poda de cualquier elemento accesorio, excesivamente explícito o reiterativo, en aras a conseguir esa «solidez medular», buscada sin descanso en el dilatado *work in progress* de su escritura. Previendo la reacción y los comentarios tanto de Marshall Best, jefe editorial de Viking Press, como de algunos lectores y estudiosos de su poesía, Moore introduce sus *Complete Poems* con una contundente y escueta nota: «Las omisiones no son accidentales».

Sin embargo, en el año 2003, la escritora y académica Grace Schulman decide hacer caso omiso de esta constante labor de reescritura, de permanente autocrítica que es *La poesía completa de Marianne Moore* y, publica, en un volumen titulado *The Poems of Marianne Moore*, los poemas que la autora había excluido en la edición preparada por ella. Schulman alega que los lectores y estudiosos de la obra de Moore «deben» conocer esos ensayos previos y «deben» hacerlo en orden cronológico. Es evidente mi absoluto desacuerdo con ese criterio exhumatorio, que contraviene el derecho elemental de la poeta a definir los límites y el contenido de su obra. Para el lector atento, la calidad literaria y ética que se desprende de la actitud revisionista de Moore es mucho más iluminadora que el conocimiento que puedan aportarle una serie de «ensayos» de poemas que ella consideró prescindibles. En cualquier caso, y como ella señala en un elogioso artículo sobre Wallace Stevens, «tal vez sea una grosería que, después de atribuir a un artista escrupulosa maestría y un método de composición rigurosamente intencionado, se citen fragmentos que él ha omitido cuidadosamente en su obra completa».

En consecuencia, la edición que hoy presento está basada en la editada por su albacea literario, Clive Driver, y publicada por Penguin en 1981, *The Complete Poems of Marianne Moore*, que sigue fielmente la preparada por la autora en 1967, y a la que Driver añade cinco poemas que pertenecen a los cinco últimos años de la vida de Moore. Por razones obvias, mi edición no recoge las nueve fábulas de La Fontaine traducidas por Moore y que, como parte de su propia obra poética, ella incluyó en la edición citada *The Complete Poems of Marianne Moore*.

Las notas que Moore añade a sus poemas son parte imprescindible de los mismos y permiten que el lector pueda hacerse una idea de su ecléctico proceso de composición. No obstante, en esta edición, y venciendo la tentación de una anotación más exhaustiva, he añadido algunas notas adicionales que arrojan luz sobre personajes o episodios oscuros que al lector contemporáneo le puedan ayudar en la labor interpretativa de los poemas.

De todas las obras a las que he prestado mi voz de traductora a lo largo de estos últimos veinticinco años, ninguna me ha acompañado, enamorado y enseñado tanto como la de Marianne Moore. Sus versos me han sostenido en muchas ocasiones y ayudado a salvar «el rendido momento de peligro que oprime corazón y pulmones» o a definir lo incomprensible del griterío y el barullo de lo banal: «He visto ambición sin lucidez en formas diversas». Su contención, humor y reticencia y la ubicua curiosidad y perspicacia de su mirada han sido antídotos contra el desaliento («es un privilegio ver tanta confusión»). En ocasiones, herramientas en la valoración de lo que realmente importa («¿De qué sirve poder decir que se ha dominado el arroyo en una actitud de autodefensa?» cuando «una buena salva de ladridos es lo único que pedimos»).

Sus poemas me han llevado por caminos intelectuales imprevistos: de la botánica a la etología; del bestiario y el tapiz medieval a la Plymouth Plantation de Bradford; de las duras escamas del pangolín al salto prodigioso del jerbo. La fascinación ha sido el motor que me ha impulsado a traducir estos textos, el deseo de apropiarme intelectualmente de una poesía cuyos sentidos se resistían a ser reformulados. «No admiramos lo que no podemos comprender», dice Moore, y yo deseaba entender para traducir o, tal vez, traducir para entender su discurso, para escucharlo, leerlo y compartirlo en mi propia lengua. Quizá sean las palabras de Randall Jarrell las que mejor describían mis iniciales respuestas de lectora a los poemas de Marianne Moore: «No los entiendo del todo, pero me encanta lo que entiendo, y lo que no entiendo me gusta todavía más» (1969, p. 123). La intuición de que podría romper la coraza si insistía lo suficiente y de que el ejercicio sería gratificante ha resultado cierta. En poesía, encontramos discursos voluntariamente opacos cuya oscuridad es un fin en sí mismo, y que una vez descifrados no revelan nada, o, más bien, revelan la nada sobre la que se construyen; pero también los hay que, siendo oscuros, guardan celosamente sus intenciones y exigen un lector esforzado que obligue a la palabra a desvelar sus significados. La poesía de Moore, quien declaraba abiertamente que no le gustaba la poesía («Poesía»), me interesó por su cualidad argumentativa y por lo fronterizo del género literario en el que se mueve; por la complejidad de relaciones transtextuales (Genette, 1989: 2-20) que presenta; por su utilización de los ritmos de la prosa, la observación científica, el rechazo del lenguaje específicamente poético (véase la versión de «Poesía» en las Notas) y el peculiar modo de composición de la forma de sus estrofas: «Nunca, jamás planifico una estrofa. Las palabras se agrupan como cromosomas y deciden el procedimiento a seguir».[2]

En torno a 1915, el mundo literario de Nueva York estaba compuesto por un grupo de poetas, nacidos en Norteamérica entre 1879 y 1899, que trabajaban, cada uno a su manera, para lograr una formulación moderna del arte. No constituían un grupo homogéneo al estilo del de Bloomsbury ni había un movimiento que dominase sobre los demás; trabajaban de forma experimental y sus proyectos adoptaban formas diversas. La idea de que la cultura norteamericana era un cenagal de mediocridad, a la que solo un renacimiento del arte podía salvar, y la necesidad de una revolución literaria formal –«to make it new», según la conocida exhortación de Ezra Pound– eran el aglutinante de escritores tan dispares como Wallace Stevens, T. S. Eliot, Marianne Moore, E. Pound, W.C. Williams, Alfred Kreymborg, e. e. cummings o Mina Loy, entre otros. La poesía estaba petrificada en la reiteración de viejas formas gastadas e incluso los escritores con algo nuevo que decir estaban obligados a la insinceridad por la dicción y las exigencias de las formas poéticas convencionales.[3] Pen-

2. Véase «Entrevista de Donald Hall a Marianne Moore», al final de este volumen.

3. La sinceridad en arte era un concepto básico del romanticismo, pero en el modernismo la sinceridad no está conectada con el yo privado o social, sino que se dirige hacia fuera, hacia una formulación precisa de la realidad objetiva, lejos tanto de la abstración discursiva como de la abstración personal. Para T. H. Hulme, la sinceridad era la

saban que un corte radical con las formas tradicionales y el lenguaje poético convencional les llevaría a una expresión más honesta. Un poeta tendría algo útil que decir si no se veía forzado a encontrar belleza, bondad y verdad en los consabidos lugares y a expresarlas con los consabidos clichés. La obra de estos poetas supone una alteración radical de los valores y formas poéticas del sistema literario norteamericano, una ruptura en y sobre el discurso literario que, al desplazar a la periferia del sistema los modos de escritura anteriores, pasa a ocupar el centro del canon durante gran parte del siglo XX.[4]

Estos poetas rechazaron la idea de que había un lenguaje «poético», y decidieron que si el metro tradicional, la rima y la estrofa eran inhibitorios, el poeta debía ser libre para escribir en la forma que quisiese (véase «El pasado es el presente»). Por otra parte, si había que expresar una idea, ésta debería ser un objeto dentro del poema.

La alianza entre poesía y artes plásticas,[5] la proliferación de nuevas revistas literarias, que abrieron un espacio a la difusión de la poesía experimental, y el papel de los expatriados –Eliot, Gertrude Stein y, sobre todo, Pound– fueron tres pilares básicos para la revitalización de la escritura norteamericana y la construcción de la poesía moderna en ese país.

Marianne Moore había nacido en Kirkwood, barrio periférico de Saint Louis (Missouri), en 1887. Poco antes de su nacimiento, su padre sufre una crisis nerviosa, de la que no se repone nunca, y la señora Moore se traslada con sus dos hijos, John y Marianne, a casa de su padre, el reverendo John Riddle Warner, ministro presbiteriano de Kirkwood, lugar en el que el abuelo del poeta T. S. Eliot era pastor de la Iglesia Unitaria. Siete años después, muere el abuelo, y la familia se dirige a Carlisle (Pensilvania). Allí, en el Metzer Institute, comienza su educación.

---

aversión a la aproximación, el deseo de lograr «la curva exacta de una cosa». Para Pound era antirretórica. La técnica era la medida de la sinceridad.

4. Véanse, por ejemplo, las diferencias irreconciliables entre dos libros publicados en 1917: *Prufrock and other Observations*, de T. S. Eliot y *Al Que Quiere!*, de W. C. Williams.

5. Sobre la importancia de las artes plásticas en la poesía de Moore, véase Bonnie Costello (1981, pp. 186-214); Patricia C. Willis (1987b); Linda Leavell, en Willis (1990, pp. 297-319) y especialmente L. Leavell (1995).

En 1905 ingresa en Bryn Mawr College y, aunque ella misma afirma que disfruta con las clases de lengua inglesa, sus profesores creen que le falta habilidad para esa materia, y le aconsejan que no haga literatura. Patricia Willis, en *Vision Into Verse* (1987, p. 4), recoge el comentario de uno de sus profesores: «Por favor, ¡un poco de transparencia! Su oscuridad es cada vez mayor».

Se decide por la biología y desea ser pintora, dos actividades que, como ella misma señala en su entrevista con Donald Hall de 1960, son fundamentales en su poesía.

Uno de los cursos en Bryn Mawr más decisivos para su futura carrera literaria fue «Imitative Writing», impartido por la profesora Georgiana Goddard King, que se centraba en el estudio de los estilistas del siglo XVII Francis Bacon, Thomas Browne y Thomas Hooker. El estudio de los ritmos de la King James Bible,[6] de las estrategias de la retórica clásica, de los sermones y de la yuxtaposición de temas diversos, característica de esta prosa, pasan a formar parte de las voces y formas del pasado que estarán en la base de su expresión literaria. No olvidemos que, aunque se atribuye a Eliot el redescubrimiento del siglo XVII para la generación modernista, su «Metaphysical Poets» no aparece hasta 1921 y sus ensayos sobre la prosa del XVII son también posteriores.[7] La misma profesora King parece haber sido también el primer vínculo entre M. Moore y los escritores modernistas.[8]

Durante los años en Bryn Mawr, no establece contacto con los jóvenes escritores de su generación, a pesar de que H. D. (Hilda Doolittle), su compañera de clase, recibía asiduas visitas de sus amigos Pound y Williams. Sin embargo, colabora con varios poemas en *Tipyn o'Bob* y *Lantern*, revistas literarias de la universidad.

6. Tercera traducción de la Biblia al inglés. En 1604, el rey Jacobo I de Inglaterra convocó la Hampton Court Conference, en la que propuso una nueva traducción de la Biblia que diera respuesta a los problemas que los puritanos encontraban en las versiones anteriores. Se publicó en 1611.

7. Véase el artículo aparecido en el *Times Literary Supplement* comentando la antología de los poetas metafísicos de Grierson.

8. Miss King conocía lo que Gertrude Stein y Alfred Stieglitz estaban haciendo en París y Nueva York respectivamente y comentó a M. Moore la reseña de *A Lume Spento* de Pound aparecida en *New York American Journal Examiner*, en diciembre de 1908, según consta en las anotaciones de la autora en un cuaderno de ese año conservado en el Rosenbach Museum and Library de Filadelfia.

En 1909, tras licenciarse en Bryn Mawr, vuelve a Carlisle e inicia su vida como escritora. Envía un poema a *The Atlantic*, que es rechazado, y solicita empleo, sin éxito, al director del *Ladies' Home Journal* de Filadelfia. Tras algunos trabajos esporádicos, comienza su actividad como profesora en la Indian School de Carlisle, donde permanecerá hasta el verano de 1914.

En el verano de 1911, viaja con su madre a Inglaterra y Francia. El viaje es fundamental para la escritora y en él habrá de buscar el lector muchas de las referencias de sus poemas posteriores: un cisne en Oxford se convierte en el cisne de «Críticos y *connaisseurs*»;[9] el techo y los sitiales del coro de Saint George's Chapel, en Windsor, son los de «El pangolín»; «el diamante en la escarapela de lord Nelson», en Whitehall, aparece en «Dime, dime».

Un breve viaje a Nueva York en 1915 marca la primera toma de contacto con la actividad literaria y artística de la ciudad. Conoce a Alfred Kreymborg, Harriet Monroe y a Alfred Stieglitz, y ese mismo año comienza a publicar sus poemas en *The Egoist*, *Poetry* y *Others*. Hemos de tener en cuenta que, antes del número 32, *Poetry* había publicado ya a todos los grandes poetas modernistas, excepto a Eliot, que aparecería en el número siguiente con «The Love Song of J. Alfred Prufrock». A finales de 1915, Moore había publicado diecisiete poemas; los escritores que más le interesaban se habían fijado en ella y había reafirmado su intención de dedicarse a la literatura.

Tres años después, se traslada con su madre a Nueva York y se instalan en Greenwich Village. Continúa escribiendo poesía y empieza a publicar prosa en *The New York Times*, *The Egoist* y *Poetry*, sobre todo, comentarios de poesía contemporánea, como los publicados en esta última revista sobre *Prufrock and Other Observations*, de T. S. Eliot, o *Wild Swans at Coole*, de W. B. Yeats. Celeste Goodridge (1989) estudia los artículos, comentarios y reseñas de Moore sobre sus contemporáneos y, a partir de la obra crítica de la autora, reconstruye el diálogo público que Moore sostuvo con aquellos poetas de su generación que más valoraba y frente a los que sopesaba su propia práctica poética. También por esta época inicia su amistad

9. Véase el diferente uso que hacen del cisne poetas como Baudelaire, Mallarmé, Yeats o Darío. El cisne en Moore no es un *topos* modernista, sino que responde a un animal real, cuyas peculiaridades físicas y actitud desdeñosa ella rememora en el poema mucho tiempo después.

con Williams y su correspondencia con Pound. Algunos de sus poemas más emblemáticos –«Críticos y *connaisseurs*», «Poesía», «Eligiendo con esmero», «Los peces» y «Una tumba»– pertenecen a esta etapa. En ellos aparecen ya los temas y motivos que caracterizan su peculiar voz poética: la elección y el gusto personal como elementos decisivos en la creación artística; la inclusión de todo tipo de lenguaje como material poético; la función de la crítica en la creación y el peligro y la necesidad de la contención (verbal y emocional), como un modo de fortalecimiento interior frente a la agresión externa o frente a las propias oscuridades.

Moore escribe una obra original rompiendo formalmente con su tradición y se salva a través del humor, de la construcción de un mundo propio, «jardines imaginarios con sapos de verdad», de la observación y descripción minuciosa de un universo construido de imágenes poderosas y nuevas por su capacidad de relacionar fragmentos lejanos de la experiencia. Moore contiene sus emociones como un personaje de Henry James «no porque no tenga sentimientos sino porque tiene demasiados»; acepta la fragmentariedad del lenguaje y de la existencia y, al tiempo que subvierte, construye con sus retazos un poderoso palimpsesto sobre la supervivencia en la vida y en el arte. No busca refugio en la recuperación de una tradición poética perdida –como Pound– ni en el orden religioso institucional –como Eliot–; no ordena el caos, sino que lo maneja y trata de vivir en él mediante la ironía y la autodisciplina que busca la palabra precisa con la que formular una experiencia ética y artística de la existencia.

La poesía de Moore, que, según T. S. Eliot, «no tiene antecedentes poéticos inmediatos», es absolutamente personal en su resistencia a ser autobiográfica, elíptica en su presentación y paradójica en sus conclusiones; participa, sin embargo, de las rupturas formales modernistas que se refieren a la organización discursiva (yuxtaposición, polifonía y fragmentación), a las técnicas empleadas (citas, precisión de la imagen e incorporación de los ritmos conversacionales y de la prosa al lenguaje poético), y también respecto a la consideración del texto como un producto no definitivo y al uso del comentario metalingüístico en el poema.

También aparecen ya algunas de sus elecciones formales más características: el diseño visual del texto sobre la página; la estrofa, y no el verso, como unidad del poema; la adopción de la métrica silábica y las rimas casi ocultas, que recaen sobre sílabas inacentuadas. Asimismo, es importante señalar lo que Margaret Holley (1987, p. 11) denomina «la tendencia espacial de su imaginación» frente a la dimensión temporal de la experiencia en poetas como Eliot o Pound. En la poesía de Moore, el poema que enfoca una escena o superpone varias escenas alejadas temporalmente entre sí es más frecuente que el que narra una experiencia inmersa en el fluir del tiempo, es decir, la preferencia de Moore por lo estático frente a lo narrativo.

Otro de los aspectos más destacados de su escritura, presente ya en la poesía de estos años, es la cualidad emblemática de su imaginación en relación con una de las características más subversivas de su poesía: la cita. Si el emblema es una especie de imagen citada, la cita es una reproducción visual de un texto encontrado. En la poesía de Moore la cita es diversa en cuanto a su procedencia y estatus, y también en cuanto al modo de aparecer en el poema, encubierta o explícita. Uno de los efectos de la intertextualidad consiste en preservar el texto antiguo en la nueva obra; pero en Moore lo citado se integra en el nuevo texto y modifica sus viejos valores al ofrecer otros nuevos. A diferencia de Eliot, Moore no cita buscando ecos y, frente al uso que Pound hace de este recurso, ella toma el material citado lejos de su campo original. Sus fuentes son eclécticas: la Biblia, los periódicos, la información enviada por la compañía telefónica, un fragmento de conversación oída al pasar... Ese eclecticismo destruye formas de autoridad basadas en la importancia jerárquica de unos discursos sobre otros. En su discurso, la cita es democrática y antijerárquica; para Moore «style had a politics»,[10] y las palabras ajenas, pertenezcan estas a voces autorizadas de la tradición literaria –Emerson, Tolstoi, Plinio o Henry James–, a personajes anónimos o a articulistas del *New York Times*, reciben un trato similar y tienen parecido estatus discursivo.

Ante la oferta de T. S. Eliot para publicar sus poemas, en una carta fechada el 19 de abril de 1921 (citada en Stapleton, 1978, pp. 27-28) M. Moore responde así:

10. Véase Suzanne Clark (1991, pp. 5-16) que analiza lo que supuso el rechazo modernista contra toda forma de sentimentalidad, convirtiendo lo sentimental –no lo erótico– en obsceno. La exclusión de todo lo que no fuera «forms of high art» ha funcionado como una trituradora en la pérdida de memoria cultural y ha eliminado la presencia en la comunidad modernista de voces femeninas como la de Emma Goldman.

> Si tuviera intención de publicar mis versos, le agradecería mucho la ayuda que me ofrece. Su invitación me tienta a pesar de que sé que no tengo nada que deba aparecer en forma de libro. Creo que el publicar solo pondría de manifiesto la escasez de mi producción. [...] si mis versos volvieran a publicarse, debería ser como complemento a algo más sustancioso. Pero tener amigos es lo más importante y, para mí, su aprobación es más importante que lo que puedo expresarle.

A pesar de sus reticencias, ese mismo año, sus amigas Winifred Ellerman (Bryher) y H.D. publican en Londres el primer libro de poemas de Marianne Moore, *Poems* y, tres años más tarde, *The Dial Press* edita su segundo libro, *Observations*. También ese año recibe The Dial Award. En 1925 comienza su andadura como directora de *The Dial*, que desde 1920 ya había publicado poemas suyos, y durante los cinco años siguientes la revista se convierte en su obra. Además de ocuparse de la edición, escribe numerosos artículos críticos sobre la obra literaria o plástica de sus contemporáneos y múltiples reseñas que aparecen sin firma bajo el epígrafe de «Briefer Mentions».

Diez años más tarde, en 1935, aparecen sus *Selected Poems*, publicados, simultáneamente en Nueva York y Londres con prólogo de T. S. Eliot a la edición inglesa.[11]

La obra obtiene el Ernest Hartsock Memorial Prize. Recoge poemas de los dos libros anteriores y añade nueve originales. Al año siguiente se edita en Inglaterra *The Pangolin and Other Verse*, una colección de cinco poemas, que incorporará en 1941 a *What Are Years*. Entre 1944, la publicación de *Nevertheless* y 1967, en que se editan sus *Complete Poems*, mantiene una actividad ininterrumpida. Durante ocho años traduce, por encargo de Auden, las *Fábulas* de La Fontaine (1954); y años después, una selección de los cuentos de Charles Perrault (1963).[12] En 1955, publica *Predilections*, una recopilación de ensayos críticos, y otros cuatro libros de poemas: *Like a Bulkwark* (1956), *O To Be a Dragon* (1959), *The Arctic Ox* (1964) y

11. Véase el texto de Eliot en la p. 541 de este volumen.

12. Es interesante ver la importancia que tiene la traducción en muchos de los poetas modernistas y cómo todos ellos consideran su reescritura de otros poetas como obra propia. Marianne Moore traduce a La Fontaine; W.C. Williams a Quevedo, y Pound, poesía japonesa, china y provenzal, entre otras.

Tell Me, Tell Me (1966). Asimismo, *Letters From and To the Ford Motor Company* (1958), una divertídisima correspondencia con Robert B. Young, responsable del departamento de marketing de la casa Ford, quien le propone colaborar en la búsqueda de un nombre para un nuevo modelo de coche, y una obra de teatro, *The Absentee* (1962). Muere en Nueva York en 1972.

Pocas veces un poeta ha sido tan querido y alabado por sus compañeros de generación; T. S. Eliot la considera «uno de los pocos que han prestado un gran servicio a la lengua»; Wallace Stevens afirma que la poesía de Moore «nos obliga a ser tan conscientes de la realidad que fuerza nuestra conciencia»; W. H. Auden se siente deudor de los versos de Moore cuando exclama: «Marianne, te he robado más tesoros de los que puedo precisar con exactitud»; William Carlos Williams la considera «la pieza fundamental alrededor de la cual se aglutinaban los esfuerzos dispersos de una generación por deshacerse de los viejos clichés en los que estaba estancada la poesía en lengua inglesa, y librarla de la insipidez. Pound describe su poesía como «logopoeia», «un baile de la inteligencia entre palabras e ideas».[13]

Pocas veces un dáctilo desnudo,[14] privado y contenido en sus emociones, se ha visto expuesto al público y ha recibido tantos honores, premios y reconocimiento a lo largo de su vida;[15] sin embargo, el personaje excéntrico con capa y tricornio negro de terciopelo, amante del béisbol y de los animales –representación escénica que hace de sí misma– es el que ha deslumbrado y cegado a muchos de sus lectores y críticos. Sandra M. Gilbert estudia en un brillante artículo –«Marianne Moore as Female Female Impersonator» (Parisi, 1990, pp. 27-46) la imagen de sí misma que, con su vestimenta y actitudes, Moore proyecta a lo largo de su vida. Todos parecen reconocer la maestría de su técnica poética, su inteligencia y la brillantez

13. Véanse los ensayos de estos poetas recogidos en Tomlinson, 1969, pp. 46-47, 61 y 110 y Williams, 1967, p. 146.

14. Carta de M. Moore a Bryher de 7 de julio de 1921, cuando se entera de que esta última y H.D. han publicado sus poemas: «... tal vez sea razonable que ni siquiera tú, con tu curtida mirada, veas lo que significa ser un perodáctilo sin una roca en la que ocultarse [...] A pesar de mi consternación, el producto es notablemente inocuo [...] Tu desnudo dáctilo».

15. El Contemporary Poetry's Patrons', El National Book, El Pulitzer, la Medalla de Oro del National Institute of Arts and Letters y la National Medal for Literature.

de su dicción; pero, como el poeta Donald Hall constata, «cuando se aclama unánimemente a Marianne Moore como una virtuosa de la técnica, no se dice lo más importante». Su vida libresca de soltera impecable sin amores conocidos y su reticencia a utilizar la pasión amorosa como material poético[16] –«algunos no estamos interesados en la patología sexual», dice la propia Moore– han podido ser algunas de las causas por las que con frecuencia la han acusado de «frigidez emocional», de fabricar brillantes superficies de las que la emoción está ausente, de ignorar el lado oscuro y negativo de la vida y el arte, a pesar de poemas como «Los peces» o «Una tumba», en los que la conciencia de la capacidad del mar para la erosión, la destrucción y la muerte es tan penetrante como esa «[...] cuña/ de hierro por el borde de hierro /del acantilado». Tal vez, como señala Richard Howard,

> [...] para hablar de algunas artistas, como Dickinson u O'Keeffe –o de hombres como Henry James o George Santayana– no hemos inventado o desarrollado todavía un léxico con el que podamos expresar y comprender fácilmente la erótica de la renuncia, el alejamiento, la ambigüedad o la negativa al gesto sexual explícito. (Parisi, 1990, p. 10).

Seguramente esos críticos no están atendiendo a los modos particulares e idiosincrásicos en que la emoción se expresa porque «sentir las cosas de forma personal, por más intensamente que sea, probablemente parezca frigidez a aquellos que solo pueden sentir de manera convencional». Muy probablemente reducen el término a la emoción amorosa y, más aún, a la sexual. No hay un solo poema en Marianne Moore que aborde ese tema –«Matrimonio» no trata sobre la pasión amorosa sino sobre «Esa institución, / o mejor sería definirla como empresa» que es el matrimonio–, aunque trate la poderosa y paradójica fuerza del amor como fuerza aniquiladora y destructiva en poemas como «La argonauta», y «Cabeza de chorlito». Pero ¿acaso no hay emoción en la supervivencia sin agresión de «El pangolín», en la opción por la soledad de «El pelícano fragata», «el más

16. Tampoco T.S. Eliot, Conrad Aiken o Ezra Pound escribieron poesía amorosa; este último expurga incluso sus traducciones provenzales o equivoca los oscuros dobles sentidos e ignora la pornografía de dos elegías de Petronio. Mina Loy fue la única poeta del grupo que escribió versos eróticos (véase Rexroth 1970, pp. 64 y 71).

romántico de los pájaros», o en el intento por asumir las contradicciones y ordenar el caos? ¿No hay emoción en la ironía y el humor, en la aceptación de la paradoja y en la búsqueda apasionada de la palabra precisa y la exactitud de la observación? La emoción, en la escritura de Moore, es transgresora porque no recorre los caminos tradicionales de la sentimentalidad que el crítico está dispuesto a aceptar en la poesía escrita por una mujer y porque explora otros modos de emocionalidad que le permiten mayor libertad creadora.

Las superficies brillantes de sus poemas son escudos protectores de las intensas emociones que ocultan, pero deducir que, puesto que no son convencionales y explícitas, no existen es «haber malinterpretado el asunto [...] confesar/ que no se investigó lo suficiente» («Inglaterra»). La revolución formal y temática de Moore se produce en un doble frente. Si como poeta modernista participa activamente en la alteración del canon poético de la poesía del XIX, como mujer poeta se enfrenta a la tradición de poesía sentimental escrita por mujeres, la de las «poetisas», cuyo ejemplo más destacado sería el de su contemporánea Edna St. Vicent Millay.[17] Gilbert y Gubar (1994, p. 69) se preguntan si las mujeres que escriben poesía en el siglo XX no han formado dos cánones distintos, uno, el de las «poetisas», poéticamente incorrecto desde la perspectiva modernista –del que Millay sería su máximo exponente– y otro, el de las «antipoetisas», estéticamente respetable, cuyo antecedente más sobresaliente lo encontramos en Emily Dickinson y en Marianne Moore.

También la crítica feminista de la década de los setenta padeció, con frecuencia, la misma ceguera para encontrar, en el discurso de Moore, la expresión de una visión femenina del mundo; incluso una poeta como Adrianne Rich (1983, p. 52) la encuentra «púdicamente elegante, intelectual y discreta». Su discurso no es explícitamente erótico como el de Mina Loy; ni sentimental como el de Edna St. Vi-

17. Respecto al uso derogativo de «poetisas» como sinónimo de poesía sentimental decimonónica, véase el uso que hace del término Wallace Stevens en su pequeña pieza teatral «Bowl, Cat and Broomstick» (1972, pp. 23-34), en la que los tres personajes del título exploran la idea de que «there is a special power in the poetry of a beauty». Bowl intenta traducir a su alumno Cat la obra de la poetisa Claire Dupray, cuyo retrato aparece en la portada del libro. A partir de ahí, se inicia una serie de especulaciones sobre el sentido de las palabras en el texto en relación al aspecto y a la edad de la «poetisa».

cent Millay; su biografía no es trágica como la de Silvia Plath; no hay en su escritura la victimización dolorida que encontramos en la poesía de Louise Bogan, sino una voz que se atreve y afirma su singularidad, que se contiene y oculta como condición de supervivencia; un gran ojo de la mente, capaz de ver en los fragmentos de realidad imágenes duras y nítidas, como «cristal de roca» tallado, y contar el acto de observación con precisión quirúrgica; un gran ojo que se apropia imaginativamente del mundo con una sonrisa irónica y paciente –«"Es su temperamento femenino opuesto por completo al nuestro, el que le obliga a comportarse así..." ... y tú has sonreído» («Temporada en la ballena»)–, y un comentario agudo, porque «el humor evita algunos pasos, evita años» («El pangolín»).

En sus «jardines imaginarios», los seres son indulgentes con «el error de sus semejantes» como «el Negro» que guarda la tumba de Washington; civiles como el campanero, C. J. Poole, que coloca carteles advirtiendo del peligro a sus conciudadanos; hoscos y solitarios como el lobo, «cuya lana no se puede esquilar». Esos seres conviven con criaturas acorazadas a las que, como al pangolín, la necesidad –no la vanidad– ha hecho «graciosas»; desproporcionadas como el avestruz y la cebra –«sublime en su anormalidad»– o con su propio «método de conclusiones» como el caracol.

La discontinuidad propugnada por Hulme no es para Marianne Moore una cuestión teórica sino una «propensión» que agota y contra la que se rebela: «Dime, dime/ dónde puede haber un refugio para mí / del egocentrismo /y su propensión a diseccionar, / tergiversar, malinterpretar / y destruir la continuidad» («Dime, dime»).[18]

La «frescura» de visión que ella pretende es la de la luz y la forma original en su sentido etimológico: «[...] cuando Adán /estaba solo,/[...] sencillo de ver y/ de explicar [...]/ una de esas cosas en las que se entrevé gran parte de lo original» («En los días de color prismático»).

La precisión, la búsqueda incansable de la imagen, de la palabra justa que defina la particularidad de su percepción es para Moore,

18. «Tendemos a pensar que las discontinuidades en la naturaleza son sólo aparentes y que una investigación exhaustiva revelaría la continuidad subyacente». (Hulme, T. E. [1924] 1960. *Speculations: Essays on Humanism and the Philosophy of Art*, Londres, Routledge).

como para otros modernistas, una cuestión ética, «un magnetismo, un ardor, una negativa a ser falsa».

Sus poemas, entretejidos de palabras ajenas, son paradójicamente la expresión de una individualidad única y revelan una visión tan singularmente personal que explica el que «de todos los modernistas norteamericanos clásicos, Marianne Moore nunca tuviera discípulos ni tampoco imitadores ocasionales» (Rexroth, 1971, p. 70).[19] Sus poemas nos introducen en un universo formal en el que la contención del lenguaje, la yuxtaposición sintáctica, los complejos implícitos y la puesta en escena de voces que escenifican «un propósito/ que siempre escapa a los superficiales» colaboran en la creación de unos textos que se defienden y ocultan formalmente de lecturas poco atentas.

La traducción de estos poemas me ha ocupado, preocupado, divertido y desesperado alternativamente y, a veces, al mismo tiempo. Ha definido mi propio uso del lenguaje y de las complejas operaciones interpretativas, lingüísticas y estilísticas que se llevan a cabo al trasladar un discurso poético de una lengua a otra. A estas alturas, cuando todos nosotros conocemos mucha de la poesía que admiramos a partir de traducciones, sería banal hacerse la manida pregunta de si es o no posible traducir poesía –es evidente que sí–, pero no lo es tanto preguntarse sobre qué traducimos al traducir poesía. En la poesía de Moore, he buscado, para reescribirlo, esos rasgos relevantes de su discurso poético que lo convierten en único dentro del código modernista; he escuchado una voz, he atendido a su ritmo, su dicción, su tono y sus pausas, también a sus silencios; he tratado de adaptar mi ojo a una visión microscópica y detallada de la realidad; he obligado a mi lengua a un ejercicio de contención y precisión con el propósito de que Moore tenga su merecida *after life* también en español.

OLIVIA DE MIGUEL CRESPO
Valldoreix, diciembre de 2009

19. Véase la relación de Elisabeth Bishop y Marianne Moore en Kalstone (1991). Sobre la influencia de Moore en la poesía norteamericana actual, véase Miller (1995, pp. 204-231).

POESÍA COMPLETA

A Louise Crane

Las omisiones no son accidentales.

M. M.

I

COLLECTED POEMS (1951)

I

POESÍA REUNIDA
(1951)

SELECTED POEMS
(1935)

POEMAS ESCOGIDOS
(1935)

THE STEEPLE-JACK

Dürer would have seen a reason for living
in a town like this, with eight stranded whales
to look at; with the sweet sea air coming into your house
on a fine day, from water etched
with waves as formal as the scales
on a fish.

One by one, in two's and three's, the seagulls keep
flying back and forth over the town clock,
or sailing around the lighthouse without moving their wings–
rising steadily with a slight
quiver of the body–or flock
mewing where

a sea the purple of the peacock's neck is
paled to greenish azure as Dürer changed
the pine green of the Tyrol to peacock blue and guinea
gray. You can see a twenty-five-
pound lobster; and fish nets arranged
to dry. The

whirlwind fife-and-drum of the storm bends the salt
marsh grass, disturbs stars in the sky and the
star on the steeple; it is a privilege to see so
much confusion. Disguised by what
might seem the opposite, the sea–
side flowers and

trees are favored by the fog so that you have
the tropics at first hand: the trumpet vine,
foxglove, giant snapdragon, a salpiglossis that has
spots and stripes; morning-glories, gourds,
or moon-vines trained on fishing twine
at the back door:

EL CAMPANERO

Durero habría encontrado una razón para vivir
en una ciudad así, con ocho ballenas varadas
que mirar, con la suave brisa entrando en casa
un día claro desde el aguafuerte de un mar
con olas tan regulares como las escamas
en un pez.

Una a una, dos a dos, tres a tres, las gaviotas sostienen
su vuelo adelante y atrás sobre el reloj de la ciudad,
o planean alrededor del faro sin mover las alas–
alzándose firmes con un ligero
temblor en el cuerpo– o se reúnen
graznando sobre

un mar púrpura cuello de pavo
que empalidece en un azul verdoso como
el azul pavo y gris topo que Durero prefirió
al verde pino del Tirol. Se ve una langosta
de veinticinco libras; y las redes tendidas
a secar. El

torbellino pífano y tambor de la tormenta inclina
la hierba de la salina, agita estrellas en el cielo y la
estrella del campanario; es un privilegio ver tanta
confusión. Encubiertos por lo
aparentemente adverso, las flores
de la ribera y

los árboles, favorecidos por la niebla, ponen
el trópico a nuestro alcance: el jazmín-trompeta,
la digital, el dragón gigante, la salpiglosis con
lunares y rayas; dondiegos, calabazas
o campanillas emparradas sobre sedal de pescador
en la puerta trasera;

cat-tails, flags, blueberries and spiderwort,
   striped grass, lichens, sunflowers, asters, daisies–
yellow and crab-claw ragged sailors with green bracts– toad-plant,
petunias, ferns; pink lilies, blue
   ones, tigers; poppies; black sweet-peas.
The climate

is not right for the banyan, frangipani, or
   jack-fruit trees; or for exotic serpent
life. Ring lizard and snake-skin for the foot, if you see fit;
but here they've cats, not cobras, to
   keep down the rats. The diffident
little newt

with white pin-dots on black horizontal spaced–
   out bands lives here; yet there is nothing that
ambition can buy or take away. The college student
named Ambrose sits on the hillside
   with his not-native books and hat
and sees boats

at sea progress white and rigid as if in
   a groove. Liking an elegance of which
the sources is not bravado, he knows by heart the antique
sugar-bowl shaped summerhouse of
   interlacing slats, and the pitch
of the church

spire, not true, from which a man in scarlet lets
   down a rope as a spider spins a thread;
he might be part of a novel, but on the sidewalk a
sign says C. J. Poole, Steeple Jack,
   in black and white; and one in red
and white says

Danger. The church portico has four fluted
   columns, each a single piece of stone, made
modester by whitewash. This would be a fit haven for
waifs, children, animals, prisoners,
   and presidents who have repaid
sin-driven

espadañas, gladiolos, arándanos y tradescantía,
cintas, líquenes, girasoles, ásteres, margaritas
–harapientos marinos de amarillo y pinzas de cangrejo con verdes
brácteas–
hongos, petunias, helechos; lirios rosados, azules,
trigidias, amapolas; negros guisantes de olor.
El clima

no es bueno para el baniano, el franchipán o
la nanjea, ni para la vida de una serpiente
exótica. Lagarto y piel de culebra para zapatos, si te va;
pero aquí tienen gatos, no cobras, para
oprimir a las ratas. El tímido
tritoncito

tildado con pinchos blancos en su lomo de rayas negras
vive aquí; no existe nada que la
ambición pueda comprar o llevarse. El estudiante
llamado Ambrose se sienta en la ladera
con sus libros y sombrero extranjeros
y ve los barcos

blancos y rígidos avanzar por el mar como
en un surco. Amante de la distinción que
no nace de la jactancia, conoce de memoria el antiguo
cenador en forma de azucarero con
tablillas entrelazadas y la inexacta
inclinación de la torre

de la iglesia, desde la que un hombre de rojo deja
caer una cuerda como una araña teje su hilo;
parece salido de una novela, pero en la acera
un letrero blanco y negro dice
C. J. Poole, Campanero, y otro rojo
y blanco advierte

Peligro. El pórtico de la iglesia tiene cuatro columnas
acanaladas, cada una de un solo bloque de piedra, al que
el encalado da un aire sencillo. Sería un refugio adecuado
para golfillos, niños, animales, prisioneros
y presidentes que recompensaron a
senadores

senators by not thinking about them. The
place has a school-house, a post-office in a
store, fish-houses, hen-houses, a three-masted
schooner on
the stocks. The hero, the student,
the steeple jack, each in his way,
is at home.

It could not be dangerous to be living
in a town like this, of simple people,
who have a steeple-jack placing danger signs by the church
while he is gilding the solid-
pointed star, which on a steeple
stands for hope.

corruptos no pensando en ellos. El
   lugar tiene una escuela, una oficina de correos
en un almacén, pescaderías, gallineros y una goleta
   con tres mástiles en
los muelles. El héroe, el estudiante,
   el campanero, cada uno a su modo,
tiene su sitio aquí.

No pudo ser peligroso vivir
   en una ciudad así, de gente sencilla,
con su campanero que coloca señales de peligro junto a la iglesia
mientras dora la sólida
   estrella puntiaguda que sobre una torre
simboliza la esperanza.

THE HERO

Where there is personal liking we go.
Where the ground is sour; where there are
weeds of beanstalk height,
snakes' hypodermic teeth, or
the wind brings the «scarebabe voice»
from the neglected yew set with
the semiprecious cat's eyes of the owl–
awake, asleep, «raised ears extended to fine points», and so
on–love won't grow.

We do not like some things, and the hero
doesn't; deviating headstones
and uncertainty;
going where one does not wish
to go; suffering and not
saying so; standing and listening where something
is hiding. The hero shrinks
as what it is flies out on muffled wings, with twin yellow
eyes–to and fro–

with quavering water-whistle note, low,
high, in basso-falsetto chirps
until the skin creeps.
Jacob when a-dying, asked
Joseph: Who are these? and blessed
both sons, the younger most, vexing Joseph. And
Joseph was vexing to some.
Cincinnatus was; Regulus; and some of our fellow
men have been, although devout,

like Pilgrim having to go slow
to find his roll; tired but hopeful–
hope not being hope
until all ground for hope has
vanished; and lenient, looking

EL HÉROE

Donde nos apetece, vamos.
  Donde el suelo es áspero; donde hay
  malas hierbas altas como frijoles,
  dientes hipodérmicos de serpiente, o
  el viento trae la «voz espantaniños»
  desde el descuidado tejo con
  los semipreciosos ojos felinos del búho–
despierto, dormido, «orejas erectas erguidas en finas puntas»–,
en tales lugares el amor no florecerá.

No nos gustan ciertas cosas, y al héroe
  tampoco; ni las lápidas extravagantes
  ni la incertidumbre,
  ir donde no se desea
  ir; sufrir y no decirlo;
  quedarse escuchando donde algo
  se oculta. El héroe se encoge ante
lo que se precipita con aleteo amortiguado y un par
de ojos amarillos –de aquí para allá–

con un trino vibrante y acuoso, bajo,
  alto, con gorjeos en *basso falsetto*
  hasta que la piel se eriza.
  Jacob agonizante preguntó
  a José: ¿Quiénes son estos? y bendijo
  a ambos hijos, más al más joven, irritando a José.
  Y a su vez, José irritaba a otros.
Y también Cincinato, Regulo y algunos de nuestros
compatriotas, se han sentido, aunque piadosos,

como Pilgrim obligado a caminar despacio
  para encontrar su pergamino, cansados pero esperanzados–
  sin que la esperanza sea esperanza
  hasta que toda base para la esperanza se ha
  desvanecido; e indulgentes, considerando

upon a fellow creature's error with the
feelings of a mother–a
woman or a cat. The decorous frock-coated Negro
by the grotto

answers the fearless sightseeing hobo
who asks the man she's with, what's this,
what's that, where's Martha
buried, «Gen-ral Washington
there; his lady, here»; speaking
as if in a play–not seeing her; with a
sense of human dignity
and reverence for mystery, standing like the shadow
of the willow.

Moses would not be grandson to Pharaoh.
It is not what I eat that is
my natural meat,
the hero says. He's not out
seeing a sight but the rock
crystal thing to see–the startling El Greco
brimming with inner light–that
covets nothing that it has let go. This then you may know
as the hero.

el error de sus semejantes con los
sentimientos de una madre–
mujer o gata. El correcto Negro de levita
junto a la gruta

contesta a la intrépida turista que visita el lugar
y pregunta al hombre que la acompaña: qué es esto,
qué es aquello, dónde está Marta
enterrada; «el general Washington,
allí; su señora, aquí»; hablando como
si representara un papel, sin verla; con
sentido de la dignidad humana
y reverencia por el misterio, de pie como la sombra
del sauce.

Moisés no sería nieto del faraón.
No es lo que como
mi alimento natural,
dice el héroe. Él no sale
a ver paisajes, sino cristal
de roca para ver –el asombroso Greco
rebosante de luz interior– que
no ambiciona nada de lo que ha dejado. A este lo reconoceréis
como el héroe.

THE JERBOA

Too Much

A Roman had an
artist, a freedman,
  contrive a cone–pine cone
  or fir cone–with holes for a fountain. Placed on
    the Prison of St. Angelo, this cone
    of the Pompeys which is known

now as the Popes', passed
for art. A huge cast
  bronze, dwarfing the peacock
  statue in the garden of the Vatican,
    it looks like a work of art made to give
    to a Pompey, or native

of Thebes. Others could
build, and understood
  making colossi and
  how to use slaves, and kept crocodiles and put
    baboons on the necks of giraffes to pick
    fruit, and used serpent magic.

They had their men tie
hippopotami
  and bring out dappled dog-
  cats to course antelopes, dikdik, and ibex;
    or used small eagles. They looked on as theirs,
    impalas and onigers,

the wild ostrich herd
with hard feet and bird
  necks rearing in back in the
  dust like a serpent preparing to strike, cranes,
    mongooses, storks, anoas, Nile geese;
    and there were gardens for these–

EL JERBO

Exceso

Un romano encargó a un
artista, un liberto,
  que ideara un cono en forma de piña –de pino
  o de abeto– con agujeros para una fuente. Colocado
    en la prisión de Sant'Angelo, a este cono
    de los pompeyanos, conocido hoy

como el de los Papas, se lo consideró
arte. Una enorme pieza
  de bronce que empequeñece el pétreo pavo
  real en los jardines del Vaticano;
    parece una obra de arte hecha para obsequiar
    a un nativo de Pompeya o

de Tebas. Otros supieron
construir y comprendieron
  cómo emplear a los esclavos
  haciendo colosos, alimentaron cocodrilos, subieron
    mandriles al cuello de las jirafas para recoger
    fruta y utilizaron la serpiente en la magia.

Ordenaban a sus hombres que atasen
hipopótamos
  y lanzaban guepardos manchados
  a perseguir antílopes, dikdik e íbices
    o empleaban aguiluchos. Consideraban suyos
    el impala y el onagro,

las manadas de avestruces salvajes
con dura pezuña y cuello
  de ave que se yergue hacia atrás en el
  polvo como serpiente dispuesta al ataque, las grullas,
    mangostas, cigüeñas, anoas y gansos del Nilo;
    los mantenían en jardines–

combining planes, dates,
limes, and pomegranates,
in avenues –with square
pools of pink flowers, tame fish, and small frogs. Besides
yarns dyed with indigo, and red cotton,
they had a flax which they spun

into fine linen
cordage for yachtsmen.
These people liked small things;
they gave to boys little paired playthings such as
nests of eggs, ichneumon and snake, paddle
and raft, badger and camel;

and made toys for them-
selves: the royal totem;
and toilet boxes marked
with the contents. Lords and ladies put goose-grease
paint in round bone boxes–the pivoting
lid incised with a duck-wing

or reverted duck-
head; kept in a buck
or rhinoceros horn,
the ground horn; and locust oil in stone locusts.
It was a picture with a fine distance;
of drought, and of assistance

in time, from the Nile
rising slowly, while
the pig-tailed monkey on
slab-hands, with arched-up slack-slung gait, and the brown
dandy looked at the jasmine two-leafed twig
and bud, cactus-pads, and fig.

Dwarfs here and there, lent
to an evident
poetry of frog grays,
duck-egg greens, and eggplant blues, a fantasy
and a verisimilitude that were
right to those with, everywhere,

con avenidas flanqueadas
por plátanos, dátiles,
limas y granados– con estanques
cuadrados de rosadas flores, peces domésticos y ranitas. Además
de hilo teñido con añil y algodón rojo,
tejían un lino

que transformaban en fina cordelería
para los navegantes.
A esta gente le gustaban las bagatelas;
daban a sus hijos juguetitos emparejados como
nidos con huevos, mangosta y culebra, remo
y balsa, tejón y camello;

y construían sus propios juguetes: el tótem real;
y cajas de afeites con el contenido
impreso. Los señores y las damas guardaban
grasa de ganso coloreada
en cajas redondas de asta, con el ala
o la cabeza vuelta de un pato

talladas en la tapa
giratoria; guardaban en cuerno de macho cabrío
o de rinoceronte
el cuerno molido; y aceite de acacia en acacias de piedra.
Era un cuadro de elegante frialdad;
de sequía y auxilio

puntual, subiendo lentamente
desde el Nilo, mientras
el macaco cola de cerdo caminaba
sobre sus manos de losa, arqueado, con paso negligente y
el moreno dandi miraba la ramita de jazmín con dos hojas,
los capullos, el cactus y la higuera.

Los enanos aquí y allá añadían
fantasía y
verosimilitud a una poesía
evidente de grises rana, verdes huevo de pato
y azules berenjena que resultaba
perfecta para quienes, en cualquier lugar,

power over the poor.
The bees' food is your
food. Those who tended flower-
beds and stables were like the king's cane in the
form of a hand, or the folding bedroom
made for his mother of whom

he was fond. Princes
clad in queens' dresses,
calla or petunia
white, that trembled at the edge, and queens in a
king's underskirt or fine-twilled thread like silk-
worm gut, as bee-man and milk-

maid, kept divine cows
and bees; limestone brows,
and gold-foil wings. They made
basalt serpents and portraits of beetles; the
king gave his name to them and he was named
for them. He feared snakes, and tamed

Pharaoh's rat, the rust-
backed mongoose. No bust
of it was made, but there
was pleasure for the rat. Its restlessness was
its excellence; it was praised for its wit;
and the jerboa, like it,

a small desert rat,
and not famous, that
lives without water, has
happiness. Abroad seeking food, or at home
in its burrow, the Sahara fieldmouse
has a shining silver house

of sand. O rest and
joy, the boundless sand,
the stupendous sandspout,
no water, no palm trees, no ivory bed,

tienen poder sobre el humilde.
Alimento de abejas es vuestro
alimento. Aquellos que cuidaban los macizos
de flores y las cuadras eran como el báculo real
en forma de mano o como el dormitorio portátil
que el rey construyó para su madre a la que

tanto amaba. Príncipes
vestidos con atavíos de reina,
blanco cala o petunia,
de bordes temblorosos, y reinas con
enaguas de rey de fino hilo cruzado como
entrañas de gusano de seda, disfrazados de apicultor

y de lechera, guardaban las vacas y abejas
sagradas de cejas calizas
y alas de oro batido. Hicieron
serpientes de basalto y retratos de escarabajos; el
rey les daba su nombre y se hacía llamar
como ellos. Temía a la serpiente y domesticaba

la rata del faraón, la mangosta
de lomo rojizo. Nadie esculpió
su busto, pero la rata
era dichosa. Su agitación
fue su mayor gloria y por su ingenio, alabada;
y el jerbo, como ella,

una pequeña rata del desierto,
casi desconocida, que
vive sin agua, es
feliz. Fuera buscando alimento o dentro
en su madriguera, el ratón del Sahara
tiene una brillante casa plateada

de arena. ¡Oh, quietud y
alegría!, la vasta arena,
el prodigioso chorro de arena,
sin agua, ni palmeras, ni cama de marfil,

tiny cactus; but one would not be he
who has nothing but plenty.

Abundance

Africanus meant
the conqueror sent
from Rome. It should mean the
untouched: the sand-brown jumping-rat–free-born; and
the blacks, that choice race with an elegance
ignored by one's ignorance.

Part terrestrial,
and part celestial,
Jacob saw, cudgel staff
in claw hand–steps of air and air angels; his
friends were the stones. The translucent mistake
of the desert, does not make

hardship for one who
can rest and then do
the opposite–launching
as if on wings, from its match-thin hind legs, in
daytime or at night; with the tail as a weight,
undulated out by speed, straight.

Looked at by daylight,
the underside's white,
though the fur on the back
is buff-brown like the breast of the fawn-breasted
bower bird. It hops like the fawn-breast, but has
chipmunk contours–perceived as

it turns its bird head–
the nap directed
neatly back and blending
with the ear which reiterates the slimness
of the body. The fine hairs on the tail,
repeating the other pale

cactus diminutos; solo para aquel
que no posee nada sino la abundancia.

Abundancia

Africano significó
el conquistador enviado
desde Roma. Debió de significar
lo inviolado: la saltarina rata dorada nacida libre; y
los negros, esa raza elegida, con una elegancia
tan solo ignorada por la propia ignorancia.

Entre la tierra
y el cielo,
Jacob vio, la mano nudosa
apoyada en un báculo, peldaños etéreos y etéreos ángeles;
sus amigos eran las piedras. El traslúcido error
del desierto no supone

privación para quien
puede descansar y hacer después
lo contrario: lanzarse
como con alas desde sus patitas traseras de cerilla,
de día o de noche; el rabo como una pesa
ondulado por la velocidad, recto.

Contemplado a la luz diurna,
blanco es el interior de sus flancos,
aunque la piel del lomo
sea de ante marrón como el pecho de gamuza
del ave del paraíso. Salta como pecho de ciervo,
pero tiene perfiles de ardilla listada –percibidos

cuando gira su cabeza de pájaro–
y el pelo dirigido
hábilmente hacia atrás se funde
con la oreja y reitera la delgadez
del cuerpo. Los finos pelos del rabo,
repiten las otras pálidas

markings, lengthen until
at the tip they fill
out in a tuft–black and
white; strange detail of the simplified creature,
fish-shaped and silvered to steel by the force
of the large desert moon. Course

the jerboa, or
plunder its food store,
and you will be cursed. It
honors the sand by assuming its color;
closed upper paws seeming one with the fur
in its flight from a danger.

By fifths and sevenths,
in leaps of two lengths,
like the uneven notes
of the Bedouin flute, it stops its gleaning
on little wheel castors, and makes fern-seed
footprints with kangaroo speed.

Its leaps should be set
to the flageolet;
pillar body erect
on a three-cornered smooth-working Chippendale
claw–propped on hind legs, and tail as third toe,
between leaps to its burrow.

marcas, se alargan hasta
que en la punta se redondean
en un penacho blanco y
negro; extraño detalle de esta elemental criatura
en forma de pez y plateada de acero por el poder
de la gran luna del desierto. Caza

al jerbo, o
saquea su almacén de víveres
y la maldición caerá sobre ti.
Él honra la arena adoptando su color;
las patas delanteras unidas se funden con la piel
al volar de un peligro.

De cinco en cinco, de siete en siete,
en saltos de dos espacios,
como las ondulantes notas
de la flauta beduina, detiene su espigueo
sobre rueditas giratorias y deja huellas
de semilla de helecho a velocidad de canguro.

Sus saltos deberían ser musicados
para caramillo;
el erecto pilar de su cuerpo
sobre una tersa garra tricorne Chippendale
se apoya en las patas traseras y el rabo
como tercer dedo, entre salto y salto hasta su madriguera.

and the Bordeaux plum
from Marmande (France) in parenthesis with
A. G. on the base of the jar–Alexis Godillot–
unevenly blown beside a bubble that
is green when held up to the light; they
are a fine duet; the screw-top
for this graft-grown briar-black bloom
on blackthorn pigeon's-blood,
is, like Certosa, sealed with foil. Appropriate custom.

And they keep under
glass also, camellias catalogued by
lines across the leaf. The French are a cruel race–willing
to squeeze the diner's cucumber or broil a
meal on vine shoots. Gloria mundi
with a leaf two inches, nine lines
broad, they have; and the smaller,
Camellia Sabina
with amanita-white petals; there are several of her

pale pinwheels, and pale
stripe that looks as if on a mushroom the
sliver from a beet root carved into a rose were laid. «Dry
the windows with a cloth fastened to a staff.
In the camellia-house there must be
no smoke from the stove, or dew on
the windows, lest the plants ail,»
the amateur is told;
«mistakes are irreparable and nothing will avail.»

A scentless nosegay
is thus formed in the midst of the bouquet
from bottles, casks and corks, for sixty-four million red wines
and twenty million white, which Bordeaux merchants

LA CAMELIA SABINA

y la ciruela burdeos
de Marmande (Francia) entre paréntesis con
las iniciales A. G. en la base del tarro –Alexis Godillot–
sopladas irregularmente junto a una burbuja que
resulta verde vista al trasluz,
forman un hermoso dúo; la tapa a rosca
para este fruto oscuro como el brezo nacido de un injerto
sobre endrino color sangre de pichón,
está, como Certosa, sellada con estaño. Costumbre pertinente.

Y guardan también
en cristal, camelias catalogadas según
la nervadura de las hojas. Los franceses son una raza cruel, dispuestos
a exprimir el pepino al comensal o a preparar
la comida sobre sarmientos. Tienen la *gloria mundi*,
con hojas de dos pulgadas y nueve nervios
de anchura, y la más pequeña
Camelia Sabina
de pétalos blanco amanita; hay varias

con pálidas espirales y una pálida
raya como una rosa esculpida con tiras de remolacha
sobre un champiñón. «Sequen
las ventanas con un trapo sujeto a un palo.
El invernadero de las camelias no debe tener
humo de estufa ni rocío en
las ventanas, para que las plantas no sufran»,
se aconseja al aficionado;
«los errores son irreparables y nada los puede remediar».

Un ramillete sin aroma
se forma así en medio del bouquet
de toneles y corchos, para sesenta y cuatro millones de botellas de tinto
y veinte millones de blanco, que los comerciantes

and lawyers «have spent a great deal of
trouble» to select, from what was
and what was not Bordeaux. A
food-grape, however –«born
of nature and of art»–is true ground for the grape holiday.

The food of a wild
mouse in some countries is wild parsnip- or sunflower- or
morning-glory-seed, with an occasional
grape. Underneath the vines of the Bolzano
grape of Italy, the Prince of Tails
might stroll. Does yonder mouse with a
grape in its hand and its child
in its mouth not portray
the Spanish fleece suspended by the neck? In that well-piled

larder above your
head, the picture of what you will eat is
looked at from the end of the avenue. The wire cage is
locked, but by bending down and studying the
roof, it is possible to see the
pantomime of Persian thought: the
gilded, too tight undemure
coat of gems unruined
by the rain–each small pebble of jade that refused to mature,

plucked delicately
off. Off jewelry not meant to keep Tom
Thumb, the cavalry cadet, on his Italian upland
meadow mouse, from looking at the grapes beneath
the interrupted light from them, and
dashing round the concours hippique
of the tent, in a flurry
of eels, scallops, serpents,
and other shadows from the blue of the green canopy.

The wine-cellar? No.
It accomplishes nothing and makes the
soul heavy. The gleaning is more than the vintage, though the

y abogados de Burdeos, «tras arduos
esfuerzos», han seleccionado entre lo que era
y no era Burdeos. Una
uva de mesa, sin embargo, –«fruto
de la naturaleza y el arte»– es un verdadero motivo para la
fiesta de la uva.

En ciertos países un ratón de campo
se alimenta de chirivía, o girasol, o
semillas de dondiego, con una uva de vez
en cuando. En Italia, bajo las uvas de las viñas de Bolzano,
el príncipe de las Colas
podría pasearse. Y ese ratón de allá abajo con
una uva en la pata y su hijo
en la boca, ¿no es una imagen acaso
del vellocino de oro español sujeto al cuello? En esa repleta

despensa sobre tu
cabeza, el cuadro de lo que comerás se
ve desde el final del carril. La jaula metálica está
cerrada, pero, si te agachas y observas bien
el techo, se puede ver la
parodia del pensamiento persa: el
dorado manto de gemas,
demasiado apretado e impúdico, sin ajar
por la lluvia –cada pequeño grano de jade que se negó a madurar,

se arranca con delicadeza.
Las joyas arrancadas no trataban
de impedir que Pulgarcito, el cadete de caballería,
a la grupa de su ratón de las altas tierras de Italia, mirase las uvas a
la luz intermitente que ellas destellaban, ni
que se lanzase alrededor del *concours hippique*
de la carpa, en un remolino
de anguilas, vieiras, serpientes
y de otras sombras que caen del cielo de la verde bóveda.

¿La bodega? No.
No logra nada y deja el
alma pesada. El espigueo es más que la vendimia, aunque la

history de la Vigne et du vin *has placed*
mirabelle *in the* bibliothèque
    unique depuis *seventeen-ninety-seven.*
        (Close the window,
    says the Abbé Berlèse,
        for Sabina born under glass.) O generous Bolzano!

historia *de la Vigne et du vin* haya situado a la
mirabelle en la *bibliothèque*
    unique depuis mil setecientos noventa y siete.
        (Cierre la ventana,
    dice el abate Berlèse,
        a la Sabina nacida bajo cristal.) ¡Generosa Bolzano!

NO SWAN SO FINE

«No water so still as the
dead fountains of Versailles.» No swan,
with swart blind look askance
and gondoliering legs, so fine
as the chintz china one with fawn-
brown eyes and toothed gold
collar on to show whose bird it was.

Lodged in the Louis Fifteenth
candelabrum-tree of cockscomb-
tinted buttons, dahlias,
sea-urchins, and everlastings,
it perches on the branching foam
of polished sculptured
flowers–at ease and tall. The king is dead.

NO HAY CISNE TAN DELICADO

«No hay agua tan quieta como la
de las fuentes muertas de Versalles.» Ni cisne
de turbia y ciega mirada recelosa
y patas gondoleras tan delicado
como el de china acharolada de ojos
castaño cervato y collar dentado
de oro donde se lee a quién perteneció el pájaro.

Alojado en el candelabro
Luis XV con capullos pintados
de amaranto, dalias,
erizos marinos y siemprevivas,
montado en la ramificada espuma
de bruñidas flores esculpidas,
cómodo y erguido. El rey ha muerto.

THE PLUMET BASILISK

In Costa Rica

In blazing driftwood
   the green keeps showing at the same place;
as, intermittently, the fire-opal shows blue and green.
   In Costa Rica the true Chinese lizard face
is found, of the amphibious falling dragon, the living fire-work.

He leaps and meets his
   likeness in the stream and, king with king,
helped by his three-part plume along the back, runs on two legs,
   tail dragging; faints upon the air; then with a spring
dives to the stream-bed, hiding as the chieftain with gold body hid in

Guatavita Lake.
   He runs, he flies, he swims, to get to
his basilica– «the ruler of Rivers, Lakes, and Seas,
   invisible or visible,» with clouds to do
as bid–and can be «long or short, and also coarse or fine at pleasure.»

The Malay Dragon

We have ours; and they
   have theirs. Ours has a skin feather crest;
theirs has wings out from the waist which is snuff-brown or sallow.
   Ours falls from trees on water; theirs is the smallest
dragon that knows how to dive head first from a tree top to something
                                                                                          dry.

Floating on spread ribs,
   the boat-like body settles on the

EL BASILISCO EMPLUMADO

En Costa Rica

En el deslumbrante tronco a la deriva
el verde continúa apareciendo en el mismo lugar;
aunque, a intervalos, el ópalo de fuego parece verdiazul.
En Costa Rica se encuentra el verdadero rostro del lagarto
chino, del anfibio dragón meteórico, fuego de artificio viviente.

Salta y encuentra su
imagen en el arroyo, rey con rey,
ayudado por la pluma tripartita de su lomo, corre a dos patas
arrastrando la cola; se desvanece en el aire; luego, tras un brinco,
se zambulle en el cauce del río y se oculta como el cacique de cuerpo
dorado se ocultaba

en el lago Guatavita.
Corre, vuela, nada, para llegar a
su basílica –«soberano de ríos, lagos y mares,
visible o invisible», con nubes que cumplen
sus deseos– y puede ser «largo o corto y también áspero o fino a
voluntad».

El dragón malayo

Nosotros tenemos el nuestro y ellos,
el suyo. El nuestro tiene cresta de piel plumosa;
el suyo, alas desde la cintura marrón tabaco o cetrina.
El nuestro cae del árbol al agua; el suyo es el dragón más
pequeño que se zambulle de cabeza desde la copa de un árbol
a lo seco.

Flotando sobre las costillas desplegadas,
el cuerpo de buque se acomoda sobre la

clamshell-tinted spray sprung from the nut-meg tree–minute legs
trailing half akimbo–the true divinity
of Malay. Among unfragrant orchids, on the unnutririous nut-

tree, myristica
fragrans, *the harmless god spreads ribs that*
do not raise a hood. This is the serpent-dove peculiar
to the East; that lives as the butterfly or bat
can, in a brood, conferring wings on what it grasps, as the air-plant does.

The Tuatera

Elsewhere, sea lizards–
congregated so there is not room
to step, with tails laid criss-cross, alligator-style, among
birds toddling in and out–are innocent of whom
they neighbor. Bird-reptile social life is pleasing. The tuatera

will tolerate a
petrel in its den, and lays ten eggs
or nine–the number laid by dragons since «a true dragon
has nine sons.» The frilled lizard, the kind with no legs,
and the three-horned chameleon, are non-serious ones that take to
flight

if you do not. In
Copenhagen the principal door
of the bourse is roofed by two pairs of dragons standing on
their heads–twirled by the architect–so that the four
green tails conspiring upright, symbolize four-fold security.

In Costa Rica

Now, where sapotans drop
their nuts out on the stream, there is, as
I have said, one of the quickest lizards in the world–the
basilisk–that feeds on leaves and berries and has
shade from palm vines, ferns, and peperonias; or lies basking on a

ramita color concha de almeja que brota del árbol de la nuez moscada
–patas diminutas que arrastra medio en jarras–, el verdadero dios
de Malasia. Entre inodoras orquídeas, sobre el incomestible

nogal, *myristica*
fragans, el inofensivo dios extiende sus costillas
sin levantar ni una cresta. Esta es la serpiente-paloma propia
del Oriente, que vive como la mariposa o el murciélago,
en camadas, confiriendo alas a lo que agarra, como la planta aérea.

La tuátara

En otro lugar, los lagartos marinos–
reunidos sin dejar sitio para pasar,
enredadas sus colas al estilo del caimán, entre pájaros
que dando tumbos entran y salen –son inofensivos para
sus vecinos. La vida social pájaro-reptil es agradable. La tuátara

soporta al
petrel en su cubil y pone diez huevos
o nueve, los que pone el dragón, ya que «el verdadero dragón
tiene nueve hijos». El lagarto engolado, sin patas,
y los camaleones de tres cuernos no son auténticos y huyen

si tú no te vas. En
Copenhague, la puerta principal
de la Bolsa está coronada por dos parejas de dragones en pie
y bocabajo –enroscados por el arquitecto– de modo que
las cuatro colas verdes conspiran alzadas y simbolizan cuádruple
seguridad.

En Costa Rica

Ahora, donde el sapote deja caer
sus nueces sobre el arroyo, existe, como
he dicho, uno de los lagartos más rápidos del mundo –el
basilisco– que se alimenta de hojas y bayas a la
sombra de las palmeras, helechos y paperomias; o yace al sol sobre

horizontal branch
from which sour-grass and orchids sprout. If
beset, he lets go, smites the water, and runs on it–a thing
difficult for fingered feet. But when captured–stiff
and somewhat heavy, like fresh putty on the hand–he is no longer

the slight lizard that
can stand in a receding flattened
S–small, long and vertically serpentine or, sagging,
span the bushes in a fox's bridge. Vines suspend
the weight of his faint shadow fixed on silk.

As by a Chinese brush, eight green
bands are painted on
the tail–as piano keys are barred
by five black stripes across the white. This octave of faulty
decorum hides the extraordinary lizard
till night-fall, which is for man the basilisk whose look will kill; but is

for lizards men can
kill, the welcome dark–with galloped
ground bass of the military drum, the squeak of bag-pipes
and of bats. Hollow whistled monkey-notes disrupt
the castanets. Taps from the back of the bow sound odd on last year's gourd,
or when they touch the
kettledrums–at which (for there's no light),
a scared frog, screaming like a bird, leaps out from weeds in which
it could have hid, with curves of the meteorite,

wide water-bug strokes,
in jerks which express
a regal and excellent awkwardness,

the basilisk portrays
mythology's wish
to be interchangeably man and fish–

traveling rapidly upward, as
spider-clawed fingers can twang the

una rama horizontal
de la que brotan acedera y orquídeas. Si
le hostigan, se va, golpea el agua, y corre sobre ella, algo
difícil para pies con dedos. Pero cuando lo capturan –rígido
y en cierto modo pesado, como masilla fresca en la mano– deja de ser

el delgado lagarto que
se endereza como una contraída y aplastada
S –pequeña, larga y verticalmente serpentina– o se ablanda
y se tiende sobre los arbustos como un puente. Las lianas sostienen
el peso de su frágil sombra impresa en seda.

Como con pincel chino, ocho bandas
verdes están pintadas en
la cola, como teclas de piano listadas
con cinco rayas negras sobre el blanco. Esta octava de incompleto
recato oculta al extraordinario lagarto
hasta el anochecer, cuando para el hombre la mirada del basilisco
mata; pero

para el lagarto es cuando el hombre puede
matar, la hospitalaria oscuridad –con el galopante
bajo obstinado de tambor militar, el chirriar de las gaitas
y los murciélagos. El apagado silbido del mono interrumpe las
castañuelas. Golpes desde el envés del arco suenan extraños sobre
la calabaza del año pasado,
o cuando tocan los
timbales, a cuyo son (como es de noche),
una rana asustada, gritando como un pájaro, salta de la hierba
donde se escondía, con curvas de meteorito,

y amplia brazada de chinche acuático,
con sacudidas que muestran
una regia y magnífica torpeza,

el basilisco encarna
el mítico sueño
de ser alternativamente hombre y pez–

se mueve rápidamente hacia arriba, como
los dedos ungulados de araña puntean

bass strings of the harp, and with steps
as articulate, make their way
back to retirement on strings that
vibrate till the claws are spread flat.

Among tightened wires,
minute noises swell
and change, as in the woods' acoustic shell

they will, with trees as avenues of steel to veil

as from black black opal emerald opal emerald–
scale which Swinburne called in prose, the
noiseless music that hangs about
the serpent when it stirs or springs.

No anonymous
nightingale sings in a swamp, fed on
sound from porcupine-quilled palm-trees
that rattle like the rain. This is our Tower-of-London
jewel that the Spaniards failed to see, among the feather capes

and hawk's-head moths and black-chinned
humming-birds; the innocent, rare, gold-
defending dragon that as you look begins to be a
nervous naked sword on little feet, with three-fold
separate flame above the hilt, inhabiting

fire eating into air. Thus nested
in the phosphorescent alligator that copies each
digression of the shape, he pants and settles–head
up and eyes black as the molested bird's, with look of whetted fierceness,

in what is merely
breathing and recoiling from the hand.
Thinking himself hid among the yet unfound jade ax-heads,
silver jaguars and bats, and amethysts and

las cuerdas bajas del arpa y, con pasos
igualmente articulados, retrocede
y se recoge sobre las cuerdas
que vibran hasta que las garras se extienden lisas.

Entre la tensa alambrada
crecen inaudibles ruidos
y cambian, como si en la concha acústica del bosque

de aceradas alamedas quisieran ocultarse,

desde el negro ópalo esmeralda al ópalo esmeralda,
escala que Swinburne llamó en prosa, la
silenciosa música que ronda a
la serpiente cuando se agita o se yergue.

Ningún ruiseñor
anónimo canta en un pantano, alimentado
del sonido de las palmeras con púas de puercoespín
que resuenan como la lluvia. Esta es la joya de nuestra
Torre de Londres que los españoles no supieron ver, entre capas de pluma,

mariposas con cabeza de halcón y colibríes
de barbilla negra; el extraño, inocente dragón,
defensor del oro, que al mirarlo se convierte en
una nerviosa espada desnuda de pequeños pies, con triple
llamarada en la empuñadura, poblando

el fuego, corroyendo el aire. Así guardado
en el fosforescente caimán que imita cada
digresión del espectro, jadea y se acomoda con la cabeza
erguida y los ojos negros de pájaro inquieto, con mirada de afilada fiereza,

en lo que es meramente
respiración y espanto de la mano.
Creyéndose oculto entre las aún inencontradas hachas de jade,
jaguares y murciélagos de plata, amatistas y

polished iron, gold in a ten-ton chain, and pearls the size of pigeon eggs,

he is alive there
   in his basilisk cocoon beneath
the one of living green; his quicksilver ferocity
   quenched in the rustle of his fall into the sheath
which is the shattering sudden splash that marks his temporary loss.

hierro pulido, una cadena de oro de diez toneladas y perlas como
huevos de paloma,

él sigue vivo allí,
en su capullo de basilisco submarino, debajo
de ese otro capullo verde vivo; su ferocidad de azogue
se aplaca con el chasquido de su caída en la vaina,
el repentino salpicón que al estrellarse marca su pérdida temporal.

THE FRIGATE PELICAN

Rapidly cruising or lying on the air there is a bird
that realizes Rasselas's friend's project
of wings uniting levity with strength. This
hell-diver, frigate-bird, hurricane-
bird; unless swift is the proper word
for him, the storm omen when
he flies close to the waves, should be seen
fishing, although oftener
he appears to prefer

to take, on the wing, from industrious crude-winged species,
the fish they have caught, and is seldom successless.
A marvel of grace, no matter how fast his
victim may fly or how often may
turn. The others with similar ease,
slowly rising once more,
move out of the top
of the circle and stop

and blow back, allowing the wind to reverse their direction–
unlike the more stalwart swan that can ferry the
woodcutter's two children home. Make hay; keep
the shop; I have one sheep; were a less
limber animal's mottoes. This one
finds sticks for the swan's-down-dress
of his child to rest upon and would
not know Gretel from Hänsel.
As impassioned Handel–

meant for a lawyer and a masculine German domestic
career–clandestinely studied the harpsichord
and never was known to have fallen in love,
the unconfiding frigate bird hides
in the height and in the majestic
display of his art. He glides

EL PELÍCANO FRAGATA

A velocidad de crucero o a la deriva en el aire hay un pájaro
que ejecuta el proyecto del amigo de Rasselas:
alas a un tiempo fuertes y livianas. A este
buceador, pájaro-fragata, ave-
huracán, a menos que vencejo sea la palabra adecuada
para él, presagio de tormenta cuando
vuela junto a las olas, se lo puede ver
pescando, aunque más a menudo
parece que prefiera

robar al vuelo a laboriosas especies de ala más tosca
los peces que han cogido, y rara vez falla.
Un portento de gracia, no importa la rapidez
del vuelo de su víctima o la frecuencia de sus
giros. Los otros, con similar desenvoltura,
se elevan lentamente una vez más,
se desplazan a la cima
del círculo, se detienen

y flotan reculando, dejando que el viento tuerza su dirección;
distinto de aquel cisne servicial que lleva a casa
en su lomo a los dos hijos del leñador. Prepara el heno; cuida
la tienda; tengo una oveja, eran consignas
para un animal menos ágil. Este
encuentra palitos sobre los que descansa el ropaje
plumón de cisne de su hijo, y no
distingue a Gretel de Hansel.
Como un Händel apasionado

–destinado al derecho, varonil y hogareña carrera
para un alemán– que estudió clandestinamente clavicémbalo
y se sabe que nunca se enamoró,
el desconfiado pájaro fragata se oculta
en la altura y en la soberana
exhibición de su arte. Planea

a hundred feet or quivers about
as charred paper behaves–full
of feints; and an eagle

of vigilance… Festina lente. *Be gay*
civilly? How so? «If I do well I am blessed
whether any bless me or not, and if I do
ill I am cursed.» We watch the moon rise
on the Susquehanna. In his way,
this most romantic bird flies
to a more mundane place, the mangrove
swamp to sleep. He wastes the moon.
But he, and others, soon

rise from the bough and though flying, are able to foil the tired
moment of danger that lays on heart and lungs the
weight of the python that crushes to powder.

cien pies o revolotea
como papel chamuscado lleno
de estratagemas; con la vigilancia

de un águila... *Festina lente.* ¿Divertirse
civilmente? ¿Y cómo? «Si obro bien, bendito sea
tanto si me bendicen como si no, y si
mal, maldito.» Miramos la luna subir
al Susquehanna. A su aire,
este, el más romántico de los pájaros, vuela
a un lugar más mundano, al manglar
para dormir. Ignora la luna.
Pero pronto él y otros

se levantan de la rama, y aun volando, son capaces de frustrar
el rendido momento de peligro que oprime corazón y pulmones,
el peso de la pitón que constriñe hasta pulverizar.

THE BUFFALO

Black in blazonry means
prudence; and niger, unpropitious. Might
hematite–
black, compactly incurved horns on bison
have significance? The
soot-brown tail-tuft on
a kind of lion

tail; what would that express?
And John Steuart Curry's Ajax pulling
grass–no ring
in his nose–two birds standing on the back?

* * *

The modern
ox does not look like the Augsburg ox's
portrait. Yes,
the great extinct wild Aurochs was a beast
to paint, with stripe and six-
foot horn spread–decreased
to Siamese-cat-

Brown Swiss size or zebu-
shape, with white plush dewlap and warm-blooded
hump; to red-
skinned Hereford or to piebald Holstein. Yet
some would say the sparse-haired
buffalo has met
human notions best

unlike the elephant,
both jewel and jeweller in the hairs
that he wears–
no white-nosed Vermont ox yoked with its twin

EL BÚFALO

En heráldica, negro significa
prudencia; y negritud, lo aciago. ¿Podría ser que
el negro
hematites de la retorcida cornamenta del bisonte
significara algo? Y el
penacho ceniciento de su cola
parecido a la del león

¿qué podría significar?
¿Y el Ajax de John Steuart Curry, que arranca
hierba –sin anilla
en el hocico– con dos pájaros posados sobre el lomo?

* * *

El buey
moderno no se parece al retrato del buey
de Augsburgo. Sí,
aquel gran uro salvaje extinguido era una bestia
digna de pintar, con surcos y cuernos de
dos metros de envergadura, reducido después
al tamaño de gato siamés,

del buey marrón suizo o a la forma
del cebú, con papada de felpa blanca y joroba de
sangre caliente;
al Hereford de piel roja o al Holstein moteado. Sin embargo
algunos dirían que el búfalo
de pelo ralo ha entendido
los conceptos humanos mejor

–a diferencia del elefante,
joya y joyero de las crines
que viste–
el buey con blanco hocico de Vermont uncido a su pareja

to haul the maple sap,
up to their knees in
snow; no freakishly

Over-Drove Ox drawn by
Rowlandson, but the Indian buffalo,
albino-
footed, standing in a mud lake with a
day's work to do. No white
Christian heathen, way-
laid by the Buddha,

serves him so well as the
buffalo–as mettlesome as if check-
reined–free neck
stretching out, and snake tail in a half-twist
on the flank; nor will so
cheerfully assist
the Sage sitting with

feet at the same side, to
dismount at the shrine; nor are there any
ivory
tusks like those two horns which when a tiger
coughs, are lowered fiercely
and convert the fur
to harmless rubbish.

The Indian buffalo,
led by bare-leggèd herd-boys to a hay
hut where they
stable it, need not fear comparison
with bison, with the twins,
indeed with any
of ox ancestry.

para transportar la savia de arce,
hundido en la nieve hasta
las rodillas; ni siquiera el estrafalario

buey fatigado dibujado por
Rowlandson, sino el búfalo indio,
de albina
pezuña, de pie en un lago de barro con un
día de trabajo por delante. Ningún
pagano, blanco y cristiano,
acechado por Buda,

le sirve tan bien como el
búfalo –tan fogoso como si estuviese
embridado– el cuello libre
estirado y el rabo de serpiente en un bucle
sobre el flanco; ni tan
alegremente ayudará
al Sabio sentado con

ambos pies al mismo lado de la grupa, a
desmontar junto al templo; ni hay
colmillos
de marfil como esos dos cuernos que cuando un tigre
tose, descienden fieramente
y reducen la piel
a inocuos desechos.

El búfalo indio,
que pequeños pastores de piernas desnudas conducen
a una cabaña de paja donde
lo estabulan, no ha de temer la comparación
con el bisonte, ni con la pareja,
en realidad, con ninguno
de los ancestros del buey.

NINE NECTARINES

Arranged by two's as peaches are,
at intervals that all may live–
eight and a single one, on twigs that
grew the year before–they look like
a derivative;
although not uncommonly
the opposite is seen–
nine peaches on a nectarine.
Fuzzless through slender crescent leaves
of green or blue or
both, in the Chinese style, the four

pairs' half-moon leaf-mosaic turns
out to the sun the sprinkled blush
of puce-American-Beauty pink
applied to beeswax gray by the
uninquiring brush
of mercantile bookbinding.
Like the peach Yu, *the red-*
cheeked peach which cannot aid the dead,
but eaten in time prevents death,
the Italian
peach nut, Persian plum, Ispahan

secluded wall-grown nectarine,
as wild spontaneous fruit was
found in China first. But was it wild?
Prudent de Candolle would not say.
One perceives no flaws
in this emblematic group
of nine, with leaf window
unquilted by curculio
which someone once depicted on
this much-mended plate
or in the also accurate

NUEVE NECTARINAS

Dispuestas en parejas como los melocotones,
a intervalos para que todas puedan vivir–
ocho y una solitaria, en ramitas
crecidas el año pasado– parecen
un derivado;
aunque no es infrecuente
ver también lo contrario–
nueve melocotones en un nectarino.
Sin vello en las esbeltas hojas alargadas
verdes, azules o
de ambos colores, al estilo chino, el mosaico

de hojas en media luna de los cuatro pares
vuelve hacia el sol su arrebolado
rosa púrpura –American Beauty–
aplicado al gris cera de abeja con la
brocha indiferente
de un artista de la encuadernación mercantil.
Como el melocotón *Yu*, durazno de mejillas
sonrosadas inútil para los muertos,
pero que comido en sazón evita la muerte,
el hueso de melocotón
italiano, la ciruela persa, el nectarino

de Ispahán crecido junto a un apartado muro,
que como fruto salvaje y espontáneo
se encontró en China por primera vez. Pero ¿era salvaje?
El cauto De Candolle no lo afirma.
No se percibe imperfección
en este grupo emblemático
de nueve, con hojas
sin deformar por el gorgojo,
que un día la imaginación plasmó
en este plato tantas veces restaurado,
ni tampoco en el preciso

unantlered moose or Iceland horse
or ass asleep against the old
thick, low-leaning nectarine that is the
color of the shrub-tree's brownish
flower.

* * *

A Chinese «understands
the spirit of the wilderness»
and the nectarine-loving kylin
of pony appearance–the long-
tailed or the tailless
small cinnamon-brown, common
camel-haired unicorn
with antelope feet and no horn,
here enameled on porcelain.
It was a Chinese
who imagined this masterpiece.

alce sin astas ni en el caballo de Islandia
ni en el burro dormido contra el grueso
y viejo nectarino ligeramente inclinado,
pardo como la flor
de un arbusto.

* * *

Un chino «comprende
el espíritu de lo salvaje»
y el kylin amante del nectarino
con apariencia de poni, el de rabo
largo o el pequeño unicornio
sin cola, marrón canela
y pelo de camello común
con pies de antílope y sin cuerno,
esmaltado aquí en porcelana.
Sí, fue un chino
quien imaginó esta obra maestra.

TO A PRIZE BIRD

You suit me well; for you can make me laugh,
nor are you blinded by the chaff
that every wind sends spinning from the rick.

You know to think, and what you think you speak
with much of Samson's pride and bleak
finality, and none dare bid you stop.

Pride sits you well, so strut, colossal bird.
No barnyard makes you look absurd;
your brazen claws are staunch against defeat.

A UN AVE DE PRESA

Me agradas, porque sabes hacerme reír,
no te ciega la paja
  que cualquier viento arrastra en molinetes desde el almiar.

Sabes pensar, y lo que piensas, dices
con parecido orgullo al de Sansón y su sombría
  finalidad; y nadie osaría pedirte que te callaras.

El orgullo te sienta bien, pájaro colosal, tan engreído.
Ningún corral te da una absurda apariencia;
  tus garras de bronce son firmes contra la derrota.

THE FISH

wade
through black jade.
  Of the crow-blue mussel shells, one keeps
  adjusting the ash heaps;
    opening and shutting itself like

an
injured fan.
  The barnacles which encrust the side
  of the wave, cannot hide
    there for the submerged shafts of the

sun,
split like spun
  glass, move themselves with spotlight swiftness
  into the crevices–
    in and out, illuminating

the
turquoise sea
  of bodies. The water drives a wedge
  of iron through the iron edge
    of the cliff; whereupon the stars,

pink
rice-grains, ink-
  bespattered jelly-fish, crabs like green
  lilies, and submarine
    toadstools, slide each on the other.

All
external
  marks of abuse are present on this
  defiant edifice–
    all the physical features of

LOS PECES

cruzan
vadeando el negro jade.
Entre las conchas de mejillón azul cuervo, una se queda
componiendo los montones de ceniza;
abriéndose y cerrándose como

un
abanico herido.
Los percebes incrustados al borde
de las olas no pueden ocultarse
allí porque los sumergidos rayos del

sol,
se resquebrajan como lana
de vidrio, se mueven con ligereza de proyector
entre las grietas–
dentro y fuera, iluminando

el
mar turquesa
de cuerpos. El agua atraviesa una cuña
de hierro por el borde de hierro
del acantilado, sobre el que las estrellas,

rosados
granos de arroz, medusas
salpicadas de tinta, cangrejos como lirios
verdes y hongos
submarinos se deslizan unos sobre otros.

Todos
los rasgos
externos del abuso están presentes en este
desafiante edificio,
todas las características físicas del

ac-
cident–lack
of cornice, dynamite grooves, burns, and
hatchet strokes, these things stand
out on it; the chasm side is

dead.
Repeated
evidence has proved that it can live
on what can not revive
its youth. The sea grows old in it.

ac-
cidente: falta
de cornisa, estrías de dinamita, quemaduras y
golpes de destral, estas cosas se destacan
en él; el abismo está

muerto.
La evidencia
reiterada prueba que puede vivir
a costa de lo que no revive
su juventud. El mar envejece dentro de él.

IN THIS AGE OF HARD TRYING, NONCHALANCE IS GOOD AND

«really, it is not the
business of the gods to bake clay pots.» They did not
do it in this instance. A few
revolved upon the axes of their worth
as if excessive popularity might be a pot;

they did not venture the
profession of humility. The polished wedge
that might have split the firmament
was dumb. At last it threw itself away
and falling down, conferred on some poor fool, a privilege.

«Taller by the length of
a conversation of five hundred years than all
the others,» there was one whose tales
of what could never have been actual–
were better than the haggish, uncompanionable drawl

of certitude; his by-
play was more terrible in its effectiveness
than the fiercest frontal attack.
The staff, the bag, the feigned inconsequence
of manner, best bespeak that weapon, self-protectiveness.

EN ESTA ÉPOCA DE DURAS PRUEBAS, LA INDIFERENCIA ES BUENA Y

«realmente, no es
asunto de los dioses cocer tarros de arcilla».
No lo hicieron en este caso. Unos pocos
obsesionados dieron vueltas a sus méritos
como si la excesiva popularidad fuera un tarro;

no se arriesgaron a
profesar la humildad. La pulida cuña
que pudo haber resquebrajado el firmamento
enmudeció. Por fin ella misma saltó
y, en su caída, otorgó un privilegio a unos pobres tontos.

«Más exagerado que todos los demás
por una conversación que duró
quinientos años», hubo uno, cuyas historias
sobre cosas inverosímiles
eran mejores que la insociable y demoníaca gangosidad

de la certidumbre; sus comentarios
al margen, más terribles en su efectividad
que el más fiero ataque frontal.
El bastón, la bolsa, la fingida inconsecuencia
de modales revelan inequívocamente el arma, autoprotección.

TO STATECRAFT EMBALMED

There is nothing to be said for you. Guard
your secret. Conceal it under your hard
plumage, necromancer.
O
bird, whose tents were «awnings of Egyptian
yarn,» shall Justice' faint zigzag inscription–
leaning like a dancer–
show
the pulse of its once vivid sovereignty?
You say not, and transmigrating from the
sarcophagus, you wind
snow
silence round us and with moribund talk,
half limping and half ladyfied, you stalk
about. Ibis, we find
no
virtue in you–alive and yet so dumb.
Discreet behaviour is not now the sum
of statesmanlike good sense.
Though
it were the incarnation of dead grace?
As if a death mask ever could replace
life's faulty excellence!
Slow
to remark the steep, too strict proportion
of your throne, you'll see the wrenched distortion
of suicidal dreams
go
staggering toward itself and with its bill
attack its own identity, until
foe seems friend and friend seems
foe.

A UN ARTE DE GOBERNAR EMBALSAMADO

No se puede decir nada en tu favor. Guarda
tu secreto. Ocúltalo bajo tu áspero
plumaje, nigromante,
¡Oh
pájaro!, cuyas tiendas eran «marquesinas de hilo
egipcio», ¿la desvaída y zigzagueante inscripción de la Justicia–
inclinándose como una bailarina–
revelará
el pulso de su antaño viva soberanía?
Dices que no, y transmigrando desde
el sarcófago, nos rodeas con un
gélido
silencio y, con charla moribunda
y paso renqueante de pretendida dama, merodeas.
Ibis, no encontramos en ti
virtud
alguna, vivo y aún así tan taciturno.
El comportamiento discreto ya no es el colmo
del buen juicio en un estadista.
¿Aunque
fuera la encarnación de la gracia muerta?
¡Como si una máscara mortuoria pudiera reemplazar
la defectuosa excelencia de la vida!
Lento
en percibir el precipicio, la simetría demasiado rígida
de tu trono, verás la desencajada distorsión
de sueños suicidas
caminar
tambaleante hacia sí misma y con su pico
atacar su propia identidad, hasta que
el enemigo parezca amigo y el amigo,
enemigo.

POETRY

I, too, dislike it.
Reading it, however, with a perfect contempt for it, one discovers in it, after all, a place for the genuine.

POESÍA

A mí también me disgusta.

Al leerla, sin embargo, con absoluto desdén, uno descubre en ella, después de todo, un lugar para lo genuino.

PEDANTIC LITERALIST

Prince Rupert's drop, paper muslin ghost,
white torch–«with power to say unkind
things with kindness, and the most
irritating things in the midst of love and
tears,» you invite destruction.

You are like the meditative man
with the perfunctory heart; its
carved cordiality ran
to and fro at first like an inlaid and royal
immutable production;

then afterward «neglected to be
painful, deluding him with
loitering formality,»
«doing its duty as if it did it not,»
presenting an obstruction

to the motive that it served. What stood
erect in you has withered. A
little «palm tree of turned wood»
informs your once spontaneous core in its
immutable production.

LITERALISTAS PEDANTES

Gota del príncipe Rupert, fantasma de papel de muselina,
antorcha blanca, «con poder para decir cosas
desagradables con amabilidad, y las más
irritantes en medio del amor y las
lágrimas», incitas a la destrucción.

Eres como el hombre meditabundo
con corazón mecánico; primero, la
cordialidad esculpida en aquel corazón lo recorría
de lado a lado como una producción inmutable
de marquetería real

después, «sin importarle resultar
dolorosa, le engañaba con
remolona formalidad»,
«cumpliendo su deber con aire de no hacerlo»,
poniendo obstáculos

a la misma causa que servía. Lo que en ti
se alzaba erguido, se ha marchitado. Una
pequeña «palmera de madera torneada»
anima tu núcleo, en otro tiempo espontáneo, en su
inmutable producción.

CRITICS AND CONNOISSEURS

There is a great amount of poetry in unconscious
fastidiousness. Certain Ming
products, imperial floor-coverings of coach-
wheel yellow, are well enough in their way but I have seen something
that I like better–a
mere childish attempt to make an imperfectly bal-
lasted animal stand up,
similar determination to make a pup
eat his meat from the plate.

I remember a swan under the willows in Oxford,
with flamingo-colored, maple-
leaflike feet. It reconnoitered like a battle-
ship. Disbelief and conscious fastidiousness were
ingredients in its
disinclination to move. Finally its hardihood was
not proof against its
proclivity to more fully appraise such bits
of food as the stream

bore counter to it; it made away with what I gave it
to eat. I have seen this swan and
I have seen you; I have seen ambition without
understanding in a variety of forms. Happening to stand
by an ant-hill, I have
seen a fastidious ant carrying a stick north, south,
east, west, till it turned on
itself, struck out from the flower bed into the lawn,
and returned to the point

from which it had started. Then abandoning the stick as
useless and overtaxing its
jaws with a particle of whitewash–pill-like but
heavy, it again went through the same course of procedure.

CRÍTICOS Y *CONNAISSEURS*

Hay una fuerte dosis de poesía en la inconsciente
meticulosidad. Algunos productos Ming,
alfombras imperiales en carrozas de ruedas
amarillas, están bastante bien a su manera, pero he visto algo
que me gusta más: el
simple intento infantil de poner en pie
un animal imperfectamente lastrado,
y la misma decisión para obligar a un cachorro
a comer su alimento del plato.

Recuerdo un cisne bajo los sauces de Oxford,
con pies color flamenco como hoja de arce.
Inspeccionaba como un barco
de guerra. Escepticismo y meticulosidad consciente eran
ingredientes en su
apatía para moverse. Por fin, su desdén
no resistió su
inclinación a valorar plenamente los trocitos
de comida que el arroyo

alejaba de él; escapó con lo que le di
de comer. He visto este cisne y
te he visto a ti; he visto ambición sin
lucidez en formas diversas. De pie
junto a un hormiguero, he
visto una meticulosa hormiga llevar un palito
de norte a sur, de este a oeste, girar
sobre sí misma, avanzar desde el macizo de flores
al césped y volver al punto

de partida. Después, abandonando el palito como algo
inútil y agobiando
sus mandíbulas con un pedacito de cal, como una píldora
pesada, seguir otra vez el mismo procedimiento.

What is
there in being able
to say that one has dominated the stream in an attitude of self-
defense;
in proving that one has had the experience
of carrying a stick?

¿De qué sirve
poder decir
que se ha dominado el arroyo en una actitud de autodefensa;
o probar que se ha vivido la experiencia
de transportar un palito?

winked too much and were afraid of snakes. The zebras, supreme in
their abnormality; the elephants with their fog-colored skin
and strictly practical appendages
were there, the small cats; and the parakeet–
trivial and humdrum on examination, destroying
bark and portions of the food it could not eat.

I recall their magnificence, now not more magnificent
than it is dim. It is difficult to recall the ornament,
speech, and precise manner of what one might
call the minor acquaintances twenty
years back; but I shall not forget him–that Gilgamesh among
the hairy carnivora–that cat with the

wedge-shaped, slate-gray marks on its forelegs and the resolute tail,
astringently remarking, «They have imposed on us with their pale
half-fledged protestations, trembling about
in inarticulate frenzy, saying
it is not for us to understand art; finding it
all so difficult, examining the thing

as if it were inconceivably arcanic, as symmet-
rically frigid as if it had been carved out of chrysoprase
or marble–strict with tension, malignant
in its power over us and deeper
than the sea when it proffers flattery in exchange for hemp,
rye, flax, horses, platinum, timber, and fur.»

parpadeaban demasiado y temían a las culebras. Las cebras,
sublimes en
su anormalidad; los elefantes de piel color niebla
y apéndices estrictamente prácticos
estaban allí, los pequeños felinos; y el periquito,
trivial y aburrido en la inspección, destruyendo
corteza y trozos de alimento que no podía comer.

Recuerdo su magnificencia, no tan espléndida ahora
como vaga. Es difícil recordar el ornamento,
el lenguaje y los modales exactos de los que
podríamos llamar simples conocidos hace
veinte años; pero a él no lo olvidaré –aquel Gilgamés entre
peludos carnívoros– aquel gato con

manchas gris pizarra en forma de cuña sobre las patas delanteras y
rabo resuelto,
comentando severamente: «Se nos han impuesto con sus descoloridas
y bisoñas protestas, temblando alrededor
con desarticulado frenesí, diciendo
que no podemos comprender el arte; encontrándolo
todo tan difícil, examinándolo

como si fuera inconcebiblemente misterioso, simétrica-
mente frígido, como esculpido en crisoprasa
o mármol, rígido por la tensión, maligno
en su poder sobre nosotros y más profundo
que el mar cuando ofrece adulación a cambio de cáñamo,
centeno, lino, caballos, platino, madera y pieles».

IN THE DAYS OF PRISMATIC COLOR

not in the days of Adam and Eve, but when Adam
was alone; when there was no smoke and color was
fine, not with the refinement
of early civilization art, but because
of its originality; with nothing to modify it but the

mist that went up, obliqueness was a variation
of the perpendicular, plain to see and
to account for: it is no
longer that; nor did the blue-red-yellow band
of incandescence that was color keep its stripe: it also is one of

those things into which much that is peculiar can be
read; complexity is not a crime, but carry
it to the point of murkiness
and nothing is plain. Complexity,
moreover, that has been committed to darkness, instead of

granting itself to be the pestilence that it is, moves all a-
bout as if to bewilder us with the dismal
fallacy that insistence
is the measure of achievement and that all
truth must be dark. Principally throat, sophistication is as it al-

ways has been–at the antipodes from the init-
ial great truths. «Part of it was crawling, part of it
was about to crawl, the rest
was torpid in its lair.» In the short-legged, fit-
ful advance, the gurgling and all the minutiae–we have the classic

multitude of feet. To what purpose! Truth is no Apollo
Belvedere, no formal thing. The wave may go over it if it likes.
Know that it will be there when it says,
«I shall be there when the wave has gone by.»

EN LOS DÍAS DE COLOR PRISMÁTICO

no en los días de Adán y Eva, sino cuando Adán
estaba solo, cuando no había humo y el color era
hermoso, no con el refinamiento
del arte en el albor de la civilización, sino por
su originalidad; sin que nada lo modificara excepto

la niebla ascendente; la oblicuidad era una variante
de lo perpendicular, sencillo de ver y
de explicar. Ya no es así;
ni la banda de incandescencia
azul, roja y amarilla que era el color mantuvo su forma:

una de esas cosas en las que se entrevé gran parte de lo original;
la complejidad no es un crimen, pero llevadla
a un cierto grado de penumbra
y nada es comprensible. La complejidad,
además, que se ha confinado a la oscuridad, en lugar de

admitirse como la pestilencia que es, se mueve de acá
para allá intentando confundirnos con la deprimente
falacia de que la insistencia
es la medida del logro y de que toda verdad
debe ser oscura. Ante todo gutural, la sofisticación está

donde siempre ha estado: en las antípodas de las grandes
verdades originarias. «Una parte de él reptaba y la otra,
a punto de reptar, el resto
estaba aletargado en su cubil.» En el vacilante avanzar
a cuatro patas cortas, en el gruñido y en todas las minucias encontramos
la clásica

multitud de pies. ¡Con qué propósito! La Verdad no es ni el Apolo
de Belvedere, ni nada formal. La ola puede cubrirla si quiere.
Pero que sepas que estará ahí cuando dice:
«Seguiré ahí cuando la ola se retire».

PETER

Strong and slippery,
built for the midnight grass-party
confronted by four cats, he sleeps his time away–
the detached first claw on the foreleg corresponding
to the thumb, retracted to its tip; the small tuft of fronds
or katydid-legs above each eye, numbering all units
in each group; the shadbones regularly set about the mouth
to droop or rise in unison like the porcupine-quills.
He lets himself be flattened out by gravity,
as seaweed is tamed and weakened by the sun,
compelled when extended, to lie stationary.
Sleep is the result of his delusion that one must
do as well as one can for oneself,
sleep–epitome of what is to him the end of life.
Demonstrate on him how the lady placed a forked stick
on the innocuous neck-sides of the dangerous southern snake.
One need not try to stir him up; his prune-shaped head
and alligator-eyes are not a party to the joke.
Lifted and handled, he may be dangled like an eel
or set up on the forearm like a mouse;
his eyes bisected by pupils of a pin's width,
are flickeringly exhibited, then covered up.
May be? I should have said might have been;
when he has been got the better of in a dream–
as in a fight with nature or with cats, we all know it.
Profound sleep is not with him a fixed illusion.
Springing about with froglike accuracy, with jerky cries
when taken in hand, he is himself again;
to sit caged by the rungs of a domestic chair
would be unprofitable–human. What is the good of hypocrisy?
It is permissible to choose one's employment,
to abandon the nail, or roly-poly,
when it shows signs of being no longer a pleasure,

PETER

Fuerte y escurridizo,
nacido para la fiesta en el jardín a medianoche
enfrentado a cuatro gatos, se pasa la vida durmiendo–
la primera uña de la pata delantera, que corresponde al pulgar,
separada, retraída hasta la punta; el pequeño penacho
o patas de chicharra sobre cada ojo cuenta una a una las unidades
de cada grupo; y las raspas de arenque bien ordenadas alrededor de la boca
prontas a caer o elevarse al unísono como púas de puercoespín.
Se deja aplastar por la gravedad,
como un alga marina se amansa y debilita por el sol,
obligado cuando está tumbado a permanecer inmóvil.
El sueño es el resultado de su ilusoria idea de que uno debe
actuar consigo mismo lo mejor que pueda,
el sueño– epítome de lo que, para él, es la finalidad de la vida.
Probad a hacer con él aquello que hacía la señora cuando colocaba un palo ahorquillado
sobre el inocuo cuello de la peligrosa serpiente del sur.
Es mejor no intentar despertarlo; su cabeza de ciruela
y sus ojos de caimán no se prestan a la broma.
Al levantarlo y manejarlo, se le puede zarandear como a una anguila
o colocarlo en el antebrazo como a un ratón;
sus ojos divididos por pupilas como puntas de alfiler,
parpadean y luego se vuelven a cerrar.
¿Se puede? Debería haber dicho se habría podido;
cuando ha sido vencido en uno de esos sueños, que todos conocemos
en los que lucha contra la naturaleza u otros gatos.
El sueño profundo no es, en su caso, una idea fija.
Con saltos precisos de rana y maullidos entrecortados,
si lo coges con las manos, vuelve a ser él mismo;
permanecer enjaulado entre los travesaños de una silla doméstica
sería inútil, humano. ¿De qué sirve ser hipócrita?
Es lícito que uno pueda elegir su trabajo,
dejar las uñas o el pudín
cuando han cesado de ser un placer,

to score the nearby magazine with a double line of strokes.
He can talk but insolently says nothing. What of it?
When one is frank, one's very presence is a compliment.
It is clear that he can see the virtue of naturalness,
that he does not regard the published fact as a surrender.
As for the disposition invariably to affront,
an animal with claws should have an opportunity to use them.
The eel-like extension of trunk into tail is not an accident.
To leap, to lengthen out, divide the air, to purloin, to pursue.
To tell the hen: fly over the fence, go in the wrong way
in your perturbation–this is life;
to do less would be nothing but dishonesty.

o marcar la revista cercana con un buen par de arañazos.
Él sabe hablar, pero, insolente como es, no dice nada. ¿Y qué?
Cuando se es franco, la mera presencia es un cumplido.
Es obvio que sabe apreciar la virtud de la naturalidad,
que no considera el hecho consumado como una derrota.
Y en cuanto a la invariable inclinación a la ofensa,
un animal con garras debería tener ocasión de usarlas.
La extensión del tronco al rabo como una anguila no es una
casualidad.
Saltar, estirarse, dividir el aire, robar, perseguir,
decirle a la gallina: vuela sobre la valla, y toma, en tu desconcierto,
el camino equivocado, así es la vida;
no hacerlo sería una indignidad.

PICKING AND CHOOSING

Literature is a phase of life. If one is afraid of it,
the situation is irremediable; if one approaches it familiarly,
what one says of it is worthless.
The opaque allusion, the simulated flight upward,
accomplishes nothing. Why cloud the fact
that Shaw is self-conscious in the field of sentiment
but is otherwise rewarding; that James
is all that has been said of him. It is not Hardy the novelist
and Hardy the poet, but one man interpreting life as emotion.
The critic should know what he likes:
Gordon Craig with his «this is I» and «this is mine,»
with his three wise men, his «sad French greens,» and his «Chinese cherry»–
Gordon Craig, so inclinational and unashamed–a critic.
And Burke is a psychologist, of acute raccoon-like curiosity.
Summa diligentia; *to the humbug, whose name is so amusing–*
very young and very rushed, Caesar crossed the Alps
on the top of a «diligence»!
We are not daft about the meaning,
but this familiarity with wrong meanings puzzles one.
Humming-bug, the candles are not wired for electricity.
Small dog, going over the lawn nipping the linen and saying
that you have a badger–remember Xenophon;
only rudimentary behaviour is necessary to put us on the scent.
«A right good salvo of barks,» a few strong wrinkles puckering
the skin between the ears, are all we ask.

ELEGIR CON ESMERO

La literatura es una fase de la vida. Si la temes,
la situación es irremediable, te aproximas con familiaridad
lo que se diga de ella no vale la pena.
La alusión opaca, el falso vuelo hacia arriba,
no logran nada. Por qué ocultar
que Shaw es tímido en el campo del sentimiento,
pero es gratificante en otro sentido; que James
es todo lo que se ha dicho de él. Que no hay un Hardy novelista
y un Hardy poeta, sino un hombre que interpreta la vida como
emoción.
El crítico debería saber lo que le gusta:
Gordon Craig con su «este soy yo» y «esto es mío»,
con sus tres reyes magos, sus «tristes prados franceses» y su
«cerezo chino»,
Gordon Craig, tan parcial y descarado, un crítico de verdad.
Y Burke, un psicólogo de aguda curiosidad de mapache.
Summa diligentia: para el farsante de tan cómica reputación
muy joven y con mucha prisa, ¡César cruzó los Alpes
en lo alto de una «*diligencia*»!
Nos damos cuenta del significado,
pero esta familiaridad con significados erróneos desconcierta.
Insecto zumbón, las velas no tienen cable eléctrico.
Perrito que correteas por el césped mordisqueando la ropa blanca
y dices
que has atrapado un tejón: recuerda a Jenofonte;
solo se necesita un comportamiento elemental para ponernos sobre
la pista.
«Una buena salva de ladridos», unas pocas arrugas frunciendo
la piel entre las orejas es lo único que pedimos.

ENGLAND

with its baby rivers and little towns, each with its abbey or its
cathedral,
with voices–one voice perhaps, echoing through the transept–the
criterion of suitability and convenience; and Italy
with its equal shores–contriving an epicureanism
from which the grossness has been extracted:

and Greece with its goat and its gourds,
the nest of modified illusions: and France,
the «chrysalis of the nocturnal butterfly,»
in whose products, mystery of construction
diverts one from what was originally one's object–
substance at the core: and the East with its snails, its emotional

shorthand and jade cockroaches, its rock crystal and its
imperturbability,
all of museum quality: and America where there
is the little old ramshackle victoria in the south,
where cigars are smoked on the street in the north;
where there are no proof-readers, no silkworms, no digressions;

the wild man's land; grassless, linksless, languageless country in
which letters are written
not in Spanish, not in Greek, not in Latin, not in shorthand,
but in plain American which cats and dogs can read!
The letter a *in psalm and calm, when*
pronounced with the sound of a *in candle, is very noticeable, but*

why should continents of misapprehension
have to be accounted for by the fact?
Does it follow that because there are poisonous toadstools
which resemble mushrooms, both are dangerous?
Of mettlesomeness which may be mistaken for appetite,
of heat which may appear to be haste,
no conclusions may be drawn.

con sus riachuelos y pueblos con abadía o catedral,
con voces –quizá una voz, resonando en el crucero– la
sabiduría de lo útil y conveniente; e Italia
con sus equilibradas costas, logrando un epicureísmo
del que se ha extirpado la vulgaridad;

y Grecia con sus cabras y calabazas,
cuna de moderados espejismos; y Francia,
«crisálida de la mariposa nocturna»,
en cuyos productos el misterio de la construcción
te distrae del propósito inicial:
solidez medular; y Oriente con sus caracoles, su emocional

taquigrafía y cucarachas de jade, el cristal de roca y su
imperturbabilidad,
todo con calidad de museo; y América donde
en el sur conducen el pequeño, viejo y desvencijado victoria,
y en el norte fuman puros en la calle;
donde no hay lectores de galeradas, ni gusanos de seda, ni digresiones;

la tierra del salvaje; sin césped ni vínculos, país sin lengua en el
que las letras no se escriben
en español, griego, latín o taquigrafía,
¡sino en simple americano que perros y gatos saben leer!
La letra *a* en *salmo* y *calmo*,
pronunciada con el sonido de la *a* en *candil*, es claramente
perceptible,

pero ¿por qué este hecho debería explicar
continentes de malentendidos?
¿Se deduce de esto que por haber hongos venenosos
parecidos al champiñón, ambos son peligrosos?
De la vivacidad que se puede confundir con apetito,
de la vehemencia que puede parecer atolondramiento
no puede concluirse nada.

To have misapprehended the matter is to have confessed that one has not looked far enough.
The sublimated wisdom of China, Egyptian discernment,
the cataclysmic torrent of emotion
compressed in the verbs of the Hebrew language,
the books of the man who is able to say,
«I envy nobody but him, and him only,
who catches more fish than I do»–
the flower and fruit of all that noted superiority–
if not stumbled upon in America,
must one imagine that it is not there?
It has never been confined to one locality.

Haber malinterpretado el asunto es confesar que no se investigó lo suficiente.
La sublimada sabiduría china, el discernimiento egipcio,
el devastador torrente de emoción
condensado en los verbos de la lengua hebrea,
los libros del hombre capaz de decir:
«No envidio a nadie excepto a él, y solo a él,
mejor pescador que yo»,
la flor y el fruto de todo lo que indicaba superioridad,
si no se encontraban casualmente en América,
¿hay que imaginar que no existen allí?
Jamás estuvieron confinados a una localidad.

WHEN I BUY PICTURES

or what is closer to the truth,
when I look at that of which I may regard myself as the imaginary possessor,
I fix upon what would give me pleasure in my average moments:
the satire upon curiosity in which no more is discernible
than the intensity of the mood;
or quite the opposite–the old thing, the medieval decorated hat-box,
in which there are hounds with waists diminishing like the waist of the hour-glass,
and deer and birds and seated people;
it may be no more than a square of parquetry; the literal biography perhaps,
in letters standing well apart upon a parchment-like expanse;
an artichoke in six varieties of blue; the snipe-legged hieroglyphic in three parts;
the silver fence protecting Adam's grave, or Michael taking Adam by the wrist.
Too stern an intellectual emphasis upon this quality or that detracts from one's enjoyment.
It must not wish to disarm anything; nor may the approved triumph easily be honored–
that which is great because something else is small.
It comes to this: of whatever sort it is,
it must be «lit with piercing glances into the life of things»;
it must acknowledge the spiritual forces which have made it.

CUANDO COMPRO CUADROS

o, lo que es más exacto,
cuando miro aquello de lo que puedo considerarme dueña
imaginaria,
elijo lo que en mi cotidianidad podría darme gozo:
la sátira de una curiosidad en la que solo se discierne
la intensidad del estado anímico;
o bien lo opuesto: el viejo objeto, la sombrerera medieval decorada
con galgos de cintura estrecha como la de un reloj de arena,
y ciervos y pájaros y gente sentada;
puede ser solo un cuadro de marquetería; quizá la biografía literal,
con letras ubicadas a un lado sobre un espacio como de pergamino;
una alcachofa con seis matices de azul; las patas de agachadiza
en un jeroglífico triple;
la valla de plata protegiendo la tumba de Adán o Miguel cogiendo
a Adán por la muñeca.
El énfasis demasiado intelectual sobre esta o aquella cualidad
disminuye el goce.
No debe pretender desmontar nada; ni puede exaltarse el triunfo
fácilmente concedido:
eso que es grande porque otra cosa es pequeña.
Se reduce a esto: de la clase que sea, la obra
debe estar «iluminada con penetrantes destellos en la vida de las
cosas»;
debe confirmar la fuerza espiritual que la creó.

A GRAVE

Man looking into the sea,
taking the view from those who have as much right to it as you have
to it yourself,
it is human nature to stand in the middle of a thing,
but you cannot stand in the middle of this;
the sea has nothing to give but a well excavated grave.
The firs stand in a procession, each with an emerald turkey-foot at
the top,
reserved as their contours, saying nothing;
repression, however, is not the most obvious characteristic of the sea;
the sea is a collector, quick to return a rapacious look.
There are others besides you who have worn that look–
whose expression is no longer a protest; the fish no longer investigate
them
for their bones have not lasted:
men lower nets, unconscious of the fact that they are desecrating a
grave,
and row quickly away–the blades of the oars
moving together like the feet of water-spiders as if there were no such
thing as death.
The wrinkles progress among themselves in a phalanx–beautiful under
networks of foam,
and fade breathlessly while the sea rustles in and out of the seaweed;
the birds swim through the air at top speed, emitting cat-calls as
heretofore–
the tortoise-shell scourges about the feet of the cliffs, in motion
beneath them;
and the ocean, under the pulsation of lighthouses and noise of
bell-buoys,
advances as usual, looking as if it were not that ocean in which
dropped things are bound to sink–
in which if they turn and twist, it is neither with volition nor
consciousness.

UNA TUMBA

Hombre que examinas el mar,
y te apropias del paisaje de quien tiene tanto derecho a él
como tú mismo,
es propio de la naturaleza humana erguirse en medio de las cosas,
pero no puedes erguirte en medio de esto;
el mar no tiene nada que ofrecer excepto una tumba bien excavada.
Los abetos se yerguen en procesión, cada uno con un pie de pavo
esmeralda en la copa,
recatados como sus perfiles, en silencio;
la represión, sin embargo, no es la característica más obvia del mar;
el mar es un coleccionista, rápido en devolver una mirada rapaz.
Hay otros, además de ti, que miraron de ese modo,
cuya expresión ya no es de protesta; los peces ya no los investigan,
porque sus huesos se han disuelto:
los hombres abaten sus redes, inconscientes de estar profanando
una tumba,
y se alejan remando veloces, las palas de los remos
se mueven al unísono como patas de araña acuática, como si
la muerte no existiera.
Los pliegues avanzan sobre sí mismos en falange, hermosos bajo
redes de espuma,
y se desvanecen jadeantes mientras el mar entra y sale presuroso
entre las algas;
los pájaros surcan el aire veloces como flechas, emitiendo silbidos
como antaño,
la concha de carey acosa el pie de los acantilados, moviéndose
bajo ellos;
y el océano, bajo el latido de los faros y el ruido de las boyas,
avanza como de costumbre, como si no fuera ese océano en el que
lo que se arroja está destinado a hundirse
y cuyo girar y retorcerse nada tienen que ver con la voluntad
ni la conciencia.

THOSE VARIOUS SCALPELS,

those
various sounds consistently indistinct, like intermingled echoes
struck from thin glasses successively at random–
the inflection disguised: your hair, the tails of two
fighting-cocks head to head in stone–
like sculptured scimitars repeating the curve of your ears in
reverse order:
your eyes, flowers of ice and snow

sown by tearing winds on the cordage of disabled ships; your raised
hand,
an ambiguous signature: your cheeks, those rosettes
of blood on the stone floors of French châteaux,
with regard to which the guides are so affirmative–
your other hand

a bundle of lances all alike, partly hid by emeralds from Persia
and the fractional magnificence of Florentine
goldwork–a collection of little objects–
sapphires set with emeralds, and pearls with a moonstone, made fine
with enamel in gray, yellow, and dragon-fly blue;
a lemon, a pear

and three bunches of grapes, tied with silver: your dress, a magnificent
square
cathedral tower of uniform
and at the same time diverse appearance–a
species of vertical vineyard rustling in the storm
of conventional opinion. Are they weapons or scalpels?
Whetted to brilliance

by the hard majesty of that sophistication which is superior to
opportunity,
these things are rich instruments with which to experiment.
But why dissect destiny with instruments
more highly specialized than components of destiny itself?

ESOS DIVERSOS BISTURÍS,

esos
diversos sonidos armoniosamente indistintos, como los ecos mezclados
que se arrancan a delicados cristales con ritmo imprevisible;
el tono disfrazado: tu pelo, las colas de dos
gallos de pelea en piedra, cara a cara,
como cimitarras esculpidas que repiten al revés la curva de tus
orejas:
tus ojos, flores de hielo y nieve

sembrados por iracundos vientos en las jarcias de barcos inválidos;
tu mano alzada,
una firma ambigua; tus mejillas, dos rosetones
de sangre en el suelo de piedra de los *châteaux* franceses,
que los guías reseñan con tanta seguridad–
tu otra mano,

un haz de lanzas todas iguales, parcialmente ocultas por esmeraldas
de Persia
y el esplendor fragmentario del oro florentino,
una colección de pequeños objetos,
monturas de zafiros con esmeraldas, y perlas con un ópalo,
embellecidas con esmaltes en gris, amarillo y azul libélula;
un limón, una pera

y tres racimos de uva, atados con hilo de plata: tu vestido, la magnífica
torre cuadrada de una catedral de uniforme
y al mismo tiempo diversa apariencia, una
especie de viña vertical susurrando en la tormenta
de la opinión convencional. ¿Son armas o bisturís?
Afiladas hasta deslumbrar

por la dura majestad de una sofisticación superior a la ocasión,
estas cosas son valiosos instrumentos con los que experimentar.
Pero ¿por qué diseccionar el destino con instrumentos
mucho más precisos que el propio destino?

THE LABORS OF HERCULES

To popularize the mule, its neat exterior
expressing the principle of accommodation reduced to a minimum:
to persuade one of austere taste, proud in the possession of home, and
a musician–
that the piano is a free field for etching; that his «charming tadpole
notes»
belong to the past when one had time to play them:
to persuade those self-wrought Midases of brains
whose fourteen-carat ignorance aspires to rise in value,
augurs disappointment,
that one must not borrow a long white beard and tie it on
and threaten with the scythe of time the casually curious:
to teach the bard with too elastic a selectiveness
that one detects creative power by its capacity to conquer one's
detachment,
that while it may have more elasticity than logic,
it flies along in a straight line like electricity,
depopulating areas that boast of their remoteness,
to prove to the high priests of caste
that snobbishness is a stupidity,
the best side out, of age-old toadyism,
kissing the feet of the man above,
kicking the face of the man below;
to teach the patron-saints-to-atheists
that we are sick of the earth,
sick of the pig-sty, wild geese and wild men;
to convince snake-charming controversialists
that one keeps on knowing
«that the Negro is not brutal,
that the Jew is not greedy,
that the Oriental is not immoral,
that the German is not a Hun.»

LOS TRABAJOS DE HÉRCULES

Popularizar la mula, cuya fina figura
expresa el principio de adaptación reducido al mínimo:
persuadir a alguien de gusto austero, orgulloso de la posesión
de una casa, y, además, músico,
de que el piano es un campo libre para el punteado; de que sus
«encantadores acordes anfibios»
pertenecen a un pasado, en el que había tiempo para tocarlos;
persuadir a esos Midas del cerebro, hechos a sí mismos,
cuya ignorancia de catorce quilates aspira a revalorizarse,
presagio de decepción,
de que no se debe tomar prestada una larga barba blanca, ajustársela
y amenazar con la guadaña del tiempo al curioso ocasional;
enseñar al bardo demasiado complaciente en sus opciones
que uno reconoce la fuerza creativa por su capacidad de vencer la
indiferencia,
y que, aunque pueda tener más elasticidad que lógica,
vuela en línea recta como la electricidad,
despoblando regiones que presumen de su alejamiento;
demostrar a los sumos sacerdotes de una casta
que el esnobismo es una estupidez,
la otra cara de un servilismo antiguo
que besa los pies del que está arriba
y patea la cara del de abajo;
enseñar a los santos patrones de los ateos
que estamos hartos de la tierra,
hartos de pocilgas, de las ocas salvajes y de los hombres salvajes;
convencer a los polemistas encantadores de serpientes
de lo que ya sabemos
«que el negro no es brutal,
que el judío no es avaricioso,
que el oriental no es inmoral,
que el alemán no es un bárbaro».

the savage's romance,
accreted where we need the space for commerce–
the center of the wholesale fur trade,
starred with tepees of ermine and peopled with foxes,
the long guard-hairs waving two inches beyond the body of the pelt;
the ground dotted with deerskins–white with white spots,
«as satin needlework in a single color may carry a varied pattern,»
and wilting eagle's-down compacted by the wind;
and picardels of beaver-skin; white ones alert with snow.
It is a far cry from the «queen full of jewels»
and the beau with the muff,
from the gilt coach shaped like a perfume-bottle,
to the conjunction of the Monongahela and the Allegheny,
and the scholastic philosophy of the wilderness.
It is not the dime-novel exterior,
Niagara Falls, the calico horses and the war-canoe;
it is not that «if the fur is not finer than such as one sees others wear,
one would rather be without it»–
that estimated in raw meat and berries, we could feed the universe;
it is not the atmosphere of ingenuity,
the otter, the beaver, the puma skins
without shooting-irons or dogs;
it is not the plunder,
but «accessibility to experience.»

NUEVA YORK

la epopeya del salvaje,
extendida donde se necesita espacio para el comercio–
el centro de transacciones de pieles al por mayor,
constelado de tiendas indias de armiño y poblada de zorros
con largo pelo defensivo que ondea dos dedos sobre el pellejo;
el suelo salpicado de pieles de ciervo, blancas con manchas blancas,
«como un bordado en raso de un solo color puede tener un diseño
variado»,
y el mustio plumón del águila apelmazado por el viento;
y tiras de piel de castor; blancas, prestas a recibir la nieve.
Muchas millas separan a la «reina cubierta de joyas»
y al petimetre con manguitos,
al carruaje dorado como un frasco de perfume,
de la confluencia del Monongahela y el Allegheny,
y de la filosofía escolástica de las praderas salvajes.
No es la cubierta de una novela barata,
las cataratas del Niágara, los caballos pintos y la canoa de guerra;
no es aquel desdeñoso «si la piel no es mejor que la que otros llevan,
preferiría pasarme sin ella»,
con el que, traducido a carne cruda y bayas, podríamos alimentar el
universo;
no es la atmósfera de extravagante ingenio,
la nutria, el castor, las pieles de puma
sin armas de fuego ni perros;
no es eso lo que cuenta, ni el botín,
sino «el fácil acceso a la experiencia».

PEOPLE'S SURROUNDINGS

They answer one's questions,
a deal table compact with the wall;
in this dried bone of arrangement
one's «natural promptness» is compressed, not crowded out;
one's style is not lost in such simplicity.

The palace furniture, so old-fashioned, so old-fashionable;
Sèvres china and the fireplace dogs–
bronze dromios with pointed ears, as obsolete as pugs;
one has one's preferences in the matter of bad furniture,
and this is not one's choice.

The vast indestructible necropolis
of composite Yawman-Erbe separable units;
the steel, the oak, the glass, the Poor Richard publications
containing the public secrets of efficiency
on paper so thin that «one thousand four hundred and twenty pages make one inch,»
exclaiming, so to speak, When you take my time, you take something I had meant to use;

the highway hid by fir-trees in rhododendron twenty feet deep,
the peacocks, hand-forged gates, old Persian velvet,
roses outlined in pale black on an ivory ground,
the pierced iron shadows of the cedars,
Chinese carved glass, old Waterford, lettered ladies;
landscape gardening twisted into permanence;

straight lines over such great distances as one finds in Utah or in Texas,
where people do not have to be told
that a good brake is as important as a good motor;
where by means of extra sense-cells in the skin

EL ENTORNO DE LAS PERSONAS

Responde nuestras preguntas,
una mesa de pino contra la pared;
en esta austera decoración
la «vivacidad natural» de alguien se comprime, no se calma;
el estilo propio no se pierde en una simplicidad tal.

El mobiliario palaciego, tan anticuado y rancio;
porcelana de Sèvres y perros junto a la chimenea:
dromios de bronce con orejas puntiagudas, obsoletos como los doguillos;
uno tiene sus propias preferencias en materia de muebles malos,
y estos no son de mi elección.

La vasta e indestructible necrópolis
de muebles modulares Yawman-Erbe;
el acero, el roble, el cristal, las publicaciones del Pobre Richard
que contienen los públicos secretos de la eficiencia
en papel tan fino que «mil cuatrocientas veinte páginas hacen una pulgada»,
y declaran, por decirlo de alguna manera, que cuando me quitas tiempo, me quitas algo que pensaba utilizar;

la autopista oculta por abetos nacidos en medio de rododendros de veinte pies de profundidad,
los pavos reales, las verjas forjadas a mano, el antiguo terciopelo de Persia,
las rosas perfiladas de negro claro sobre fondo color marfil,
las férreas sombras perforadas de los cedros,
el cristal chino tallado, el antiguo Waterford, las cultas damas;
el paisajismo dislocado en lo permanente;

líneas rectas tan largas como las de Utah o Texas,
donde no hay que decirle a la gente
que unos buenos frenos son tan importantes como un buen motor;
donde gracias a especiales células sensoriales en la piel

they can, like trout, smell what is coming–
those cool sirs with the explicit sensory apparatus of common sense,
who know the exact distance between two points as the crow flies;
there is something attractive about a mind that moves in a straight line–
the municipal bat-roost of mosquito warfare;
the American string quartet;
these are questions more than answers,

and Bluebeard's Tower above the coral-reefs,
the magic mouse-trap closing on all points of the compass,
capping like petrified surf the furious azure of the bay,
where there is no dust, and life is like a lemon-leaf,
a green piece of tough translucent parchment,
where the crimson, the copper, and the Chinese vermilion of the poincianas
set fire to the masonry and turquoise blues refute the clock;
this dungeon with odd notions of hospitality,
with its «chessmen carved out of moonstones,»
its mockingbirds, fringed lilies, and hibiscus,
its black butterflies with blue half circles on their wings,
tan goats with onyx ears, its lizards glittering and without thickness,

like splashes of fire and silver on the pierced turquoise of the lattices
and the acacia-like lady shivering at the touch of a hand,
lost in a small collision of the orchids–
dyed quicksilver let fall,
to disappear like an obedient chameleon in fifty shades of mauve and amethyst.
Here where the mind of this establishment has come to the conclusion
that it would be impossible to revolve about oneself too much,
sophistication has, «like an escalator,» «cut the nerve of progress.»

In these non-committal, personal-impersonal expressions of appearance,
the eye knows what to skip;
the physiognomy of conduct must not reveal the skeleton;
«a setting must not have the air of being one,»

pueden, como la trucha, oler lo que se avecina–
esos fríos señores con el explícito aparato sensorial del sentido común,
que saben la distancia exacta entre dos puntos mientras vuela el cuervo;
hay algo atractivo en una mente que se mueve en línea recta–
la percha municipal que acoge al murciélago en guerra contra el mosquito;
el cuarteto de cuerda norteamericano;
todo esto son preguntas más que respuestas,

y la torre de Barbazul sobre arrecifes de coral,
la mágica ratonera que se cierra por todos los puntos cardinales,
y corona como olas petrificadas el furioso azul de la bahía,
donde no existe el polvo, y la vida es como una hoja de limonero,
un áspero trozo de pergamino verde y traslúcido,
en el que el carmesí, el cobre y el rojo bermellón de las poincianas
incendian los muros y los azules turquesa desmienten el reloj;
esta mazmorra con extrañas ideas de hospitalidad,
con sus «piezas de ajedrez talladas en piedra lunar»,
sus sinsontes, sus lirios ribeteados y sus hibiscos,
sus negras mariposas con semicírculos azules en las alas,
cabras de cuero con orejas de ónice, sus lagartos relucientes y sin grosor,
como salpicaduras de fuego y plata sobre el calado turquesa de las celosías
y la dama temblorosa como una acacia al contacto con la mano,
perdida en una pequeña colisión con las orquídeas–
mercurio teñido que al caer
se diluye como un obediente camaleón en cincuenta tonos de malva y amatista.
Aquí, donde el espíritu de esta sociedad ha llegado a la conclusión
de que sería imposible dar demasiadas vueltas sobre uno mismo,
la sofisticación, «como una escalera mecánica» ha «cortado el nervio del progreso».

En estas neutras expresiones de la apariencia, personales e impersonales,
la vista sabe qué soslayar;
la fisonomía de la conducta no debe revelar el esqueleto;
«un decorado no debe parecerlo»,

yet with X-ray-like inquisitive intensity upon it, the surfaces go back;
the interfering fringes of expression are but a stain on what stands out,
there is neither up nor down to it;
we see the exterior and the fundamental structure–
captains of armies, cooks, carpenters,
cutlers, gamesters, surgeons and armorers,
lapidaries, silkmen, glovers, fiddlers and ballad-singers,
sextons of churches, dyers of black cloth, hostlers and chimney-sweeps,
queens, countesses, ladies, emperors, travelers and mariners,
dukes, princes and gentlemen,
in their respective places–
camps, forges and battlefields,
conventions, oratories and wardrobes,
dens, deserts, railway stations, asylums and places where engines are made,
shops, prisons, brickyards and altars of churches–
in magnificent places clean and decent,
castles, palaces, dining-halls, theaters and imperial audience-chambers.

sin embargo, con curiosa intensidad de rayos X, las superficies
retroceden;
las líneas que interfieren en la expresión no son sino una mancha
sobre lo visible,
no existe ni arriba ni abajo;
vemos la estructura externa y la fundamental–
capitanes de ejércitos, cocineros, carpinteros,
cuchilleros, jugadores, cerrajeros y armeros,
lapidarios, fabricantes de seda y de guantes, violinistas y cantantes
de baladas,
sacristanes, tintoreros de paño negro, palafreneros y
deshollinadores,
reinas, condesas, damas, emperadores, viajeros y marineros,
duques, príncipes y caballeros,
en sus respectivos lugares–
campamentos, fraguas y campos de batalla,
convenciones, oratorios y roperos,
guaridas, desiertos, estaciones de tren, manicomios y sitios donde
se hacen máquinas,
tiendas, cárceles, fábricas de ladrillos y altares de iglesia–
en magníficos lugares limpios y decentes,
castillos, palacios, refectorios, teatros y salones imperiales de
audiencias.

SNAKES, MONGOOSES, SNAKE CHARMERS, AND THE LIKE

I have a friend who would give a price for those long fingers all of one length–
those hideous bird's claws, for that exotic asp and the mongoose–
products of the country in which everything is hard work, the country of the grass-getter,
the torch-bearer, the dog-servant, the messenger-bearer, the holy-man.
Engrossed in this distinguished worm nearly as wild and as fierce as the day it was caught,
he gazes as if incapable of looking at anything with a view to analysis.
«The slight snake rippling quickly through the grass,
the leisurely tortoise with its pied back,
the chameleon passing from twig to stone, from stone to straw,»
lit his imagination at one time; his admiration now converges upon this.
Thick, not heavy, it stands up from its traveling-basket,
the essentially Greek, the plastic animal all of a piece from nose to tail;
one is compelled to look at it as at the shadows of the alps
imprisoning in their folds like flies in amber, the rhythms of the skating-rink.
This animal to which from the earliest times, importance has attached,
fine as its worshipers have said–for what was it invented?
To show that when intelligence in its pure form
has embarked on a train of thought which is unproductive, it will come back?
We do not know; the only positive thing about it is its shape; but why protest?
The passion for setting people right is in itself an afflictive disease.
Distaste which takes no credit to itself is best.

SERPIENTES, MANGOSTAS, ENCANTADORES DE SERPIENTES Y SIMILARES

Tengo un amigo que daría cualquier cosa por esos dedos largos
todos iguales–
esas espantosas garras de pájaro, por ese áspid exótico y la
mangosta–
productos del país en el que todo es trabajo duro, el país del
buscador de hierba,
el portador de la antorcha, del humilde servidor, del mensajero y el
santón.
Absorto en este distinguido gusano casi tan salvaje y tan fiero como
el día que lo capturaron,
él mira como si fuera incapaz de considerar algo con capacidad
crítica,
«La menuda serpiente que zigzaguea rápidamente entre la hierba,
la pausada tortuga de caparazón moteado,
el camaleón que salta de la rama a la piedra y de la piedra a la paja»,
encendían su imaginación en una época; ahora su admiración se
concentra en esto.
Gruesa, no pesada, se alza de su cesta de viaje,
el animal de plástico, esencialmente griego, de una sola pieza de la
nariz a la cola,
al que uno se siente obligado a mirar como se miran las sombras de
los Alpes
que entre sus pliegues aprisionan, como moscas en ámbar, los ritmos
de la pista de patinaje.
Este animal dotado de importancia desde los tiempos más remotos,
hermoso según sus adoradores, ¿para qué fue inventado?
¿Para demostrar que la inteligencia en estado puro
cuando toma una vía de pensamiento que resulta improductiva
volverá atrás?
Nosotros no lo sabemos; lo único claro en él es su forma; pero
¿por qué protestar?
La pasión por corregir a la gente es de por sí una molesta
enfermedad.
Es mejor el desagrado, que no se atribuye ningún mérito.

BOWLS

on the green
with lignum vitae balls and ivory markers,
the pins planted in wild duck formation,
and quickly dispersed–
by this survival of ancient punctilio
in the manner of Chinese lacquer-carving,
layer after layer exposed by certainty of touch and unhurried incision
so that only so much color shall be revealed as is necessary to the picture,
I learn that we are precisionists,
not citizens of Pompeii arrested in action
as a cross-section of one's correspondence would seem to imply.
Renouncing a policy of boorish indifference
to everything that has been said since the days of Matilda,
I shall purchase an etymological dictionary of modern English
that I may understand what is written,
and like the ant and the spider
returning from time to time to headquarters,
shall answer the question
«Why do I like winter better than I like summer?»
and acknowledge that it does not make me sick
to look playwrights and poets and novelists straight in the face–
that I feel just the same;
and I shall write to the publisher of the magazine
which will «appear the first day of the month
and disappear before one has had time to buy it
unless one takes proper precaution,»
and make an effort to please–
since he who gives quickly gives twice
in nothing so much as in a letter.

BOWLS

sobre el césped
con bolas de palosanto y marcadores de marfil,
las bolas plantadas como una formación de patos salvajes,
dispersadas rápidamente
por la supervivencia del viejo pundonor
al modo de las tallas en laca de la China,
capa sobre capa expuestas por la precisión del toque y la pausada
incisión
de forma que solo aflore el color necesario para el cuadro,
descubro que somos meticulosos,
no ciudadanos de Pompeya detenidos en la acción
como podría deducirse de una muestra representativa de nuestra
correspondencia.
Renunciando a una política de zafia indiferencia
a todo lo que se ha dicho desde tiempos de Matilda,
me compraré un diccionario etimológico de inglés moderno
para poder entender lo escrito,
y, como hacen la hormiga y la araña
que de vez en cuando vuelven a su base,
contestaré la pregunta
«¿por qué me gusta más el invierno que el verano?»
y reconoceré que no me pone enferma
mirar de frente a dramaturgos, poetas y novelistas–,
que yo pienso exactamente lo mismo;
y escribiré al editor de la revista
que «aparece el día uno del mes
y desaparece antes de que uno haya podido comprarla
si no se toman las debidas precauciones»,
y haré un esfuerzo por agradar–
puesto que el que da primero da dos veces
sobre todo al escribir una carta.

NOVICES

anatomize their work
in the sense in which Will Honeycomb was jilted by a duchess;
the little assumptions of the scared ego confusing the issue
so that they do not know «whether it is the buyer or the seller who
gives the money»–
an abstruse idea plain to none but the artist,
the only seller who buys, and holds on to the money.
Because one expresses oneself and entitles it wisdom, one is not a fool.
What an idea!
«Dracontine cockatrices, perfect and poisonous from the beginning,»
they present themselves as a contrast to sea-serpented regions «unlit
by the half-lights of more conscious art.»

Acquiring at thirty what at sixty they will be trying to forget,
blind to the right word, deaf to satire
which like «the smell of the cypress strengthens the nerves of the
brain,»
averse from the antique
with «that tinge of sadness about it which a reflective mind always
feels,
it is so little and so much»–
they write the sort of thing that would in their judgment interest a
lady;
curious to know if we do not adore each letter of the alphabet that goes
to make a word of it–
according to the Act of Congress, the sworn statement of the treasurer
and all the rest of it–
the counterpart to what we are:
stupid man; men are strong and no one pays any attention:
stupid woman; women have charm, and how annoying they can be.
Yes, «the authors are wonderful people, particularly those that write
the most,»
the masters of all languages, the supertadpoles of expression.
Accustomed to the recurring phosphorescence of antiquity,
the «much noble vagueness and indefinite jargon» of Plato,

analizan su trabajo
como Will Honeycomb al recibir calabazas de una duquesa;
las débiles suposiciones del ego asustado confunden el tema
de forma que no saben «si es el comprador o el vendedor quien da
el dinero»–
una idea oscura y abstrusa para cualquiera salvo el artista,
el único vendedor que compra y se queda el dinero.
Porque uno se exprese y califique su expresión de sabiduría, uno
no es idiota. ¡Qué tontería!
«Basiliscos dragontinos, perfectos y venenosos desde el principio»,
se contraponen a las regiones plagadas de serpientes marinas
«sombreadas por la media luz de un arte más consciente».

Adquiriendo a los treinta lo que a los sesenta tratarán de olvidar,
ciegos a la palabra justa, sordos a la sátira
que como «el olor del ciprés revigoriza los nervios del cerebro»,
enemigos de lo antiguo
con «ese deje de tristeza a su alrededor que una mente reflexiva
nota siempre,
tan sutil y a la vez tan excesivo»–
escriben la clase de cosas que en su opinión interesarían a una dama;
curiosos por saber si adoramos cada una de las letras del alfabeto
con la que formarán una palabra–
según el Acta del Congreso, la declaración jurada del tesorero y
todo lo demás–
la contrapartida de lo que somos:
un estúpido; los hombres son fuertes y nadie presta ninguna
atención:
una estúpida; las mujeres son encantadoras, pero qué pesadas
pueden ser.
Sí, «los autores son gente maravillosa, sobre todo los que más
escriben»,
dueños de todas las lenguas, los superrenacuajos de la expresión.
Acostumbrados a la recurrente fosforescencia de la antigüedad,
a la «insigne vaguedad y jerga indefinida» de Platón,

the lucid movements of the royal yacht upon the learned scenery of
Egypt–
king, steward, and harper, seated amidships while the jade and the
rock crystal course about in solution,

their suavity surmounts the surf–
the willowy wit, the transparent equation of Isaiah, Jeremiah,
Ezekiel, Daniel.
Bored by «the detailless perspective of the sea,» reiterative and naïve,
and its chaos of rocks–the stuffy remarks of the Hebrews–
the good and alive young men demonstrate the assertion
that it is not necessary to be associated with that which has annoyed one;
they have never made a statement which they found so easy to prove–
«split like a glass against a wall»
in this «precipitate of dazzling impressions,
the spontaneous unforced passion of the Hebrew language–
an abyss of verbs full of reverberations and tempestuous energy»
in which action perpetuates action and angle is at variance with angle
till submerged by the general action;
obscured by «fathomless suggestions of color,»
by incessantly panting lines of green, white with concussion,
in this drama of water against rocks–this «ocean of hurrying
consonants»
with its «great livid stains like long slabs of green marble,»
its «flashing lances of perpendicular lightning» and «molten fires
swallowed up,»
«with foam on its barriers,»
«crashing itself out in one long hiss of spray.»

a los lúcidos movimientos del yate real sobre el cultivado escenario
de Egipto–
rey, camarero y arpista, sentados en medio de la nave mientras el jade
y el cristal de roca fluyen disueltos,

y cuya suavidad remonta la ola–
y al ingenio sutil, la transparente ecuación de Isaías, Jeremías,
Ezequiel y Daniel.
Aburridos por «la indefinida perspectiva del mar», reiterativa e
ingenua,
y su caos de rocas –los acartonados comentarios de los hebreos–
los buenos y vivaces jóvenes demuestran la afirmación
de que no es necesario asociarse con lo que a uno le fastidia;
nunca han sostenido nada que les resulte tan fácil de probar–
«roto como un vaso estampado contra la pared»
en este «precipitado de deslumbrantes impresiones,
la espontánea pasión natural de la lengua hebrea–
un abismo de verbos lleno de ecos y tempestuosa energía»
en el que la acción se perpetúa en la acción y el ángulo se opone al
ángulo
hasta que todo queda sumergido en la acción general;
oscurecido por «insondables sugerencias de color»,
por líneas verdes de incesante jadeo, blancas por la conmoción,
en este drama de agua contra las rocas, este «océano de apresuradas
consonantes»
con sus «grandes manchas lívidas como largas placas de mármol
verde»,
sus «destellantes lanzas de relámpagos perpendiculares» y «fuegos
líquidos engullidos»,
«con espuma en sus barreras»,
«que rompe en un prolongado silbido de rocío».

MARRIAGE

This institution,
perhaps one should say enterprise
out of respect for which
one says one need not change one's mind
about a thing one has believed in,
requiring public promises
of one's intention
to fulfill a private obligation:
I wonder what Adam and Eve
think of it by this time,
this fire-gilt steel
alive with goldenness;
how bright it shows–
«of circular traditions and impostures,
committing many spoils,»
requiring all one's criminal ingenuity
to avoid!
Psychology which explains everything
explains nothing,
and we are still in doubt.
Eve: beautiful woman–
I have seen her
when she was so handsome
she gave me a start,
able to write simultaneously
in three languages–
English, German, and French–
and talk in the meantime;
equally positive in demanding a commotion
and in stipulating quiet:
«I *should like to be alone»;*
to which the visitor replies,
«I should like to be alone;
why not be alone together?»
Below the incandescent stars

MATRIMONIO

Esta institución,
o mejor sería definirla como empresa
en honor a la cual
decimos que no hay por qué cambiar de opinión
sobre algo en lo que creíamos,
que exige promesas públicas
de la intención que uno tiene
de cumplir una obligación personal:
me pregunto qué piensan hoy de esto
Adán y Eva,
de este acero dorado al fuego
enardecido por el resplandor;
y cómo resplandece–
«con viciadas tradiciones e imposturas,
origen de tanta escoria»,
¡que exige para evitarla
todo nuestro criminal ingenio!
La psicología que todo lo explica
no explica nada,
y aún tenemos dudas.
Eva: hermosa mujer–
la he visto
cuando era tan bella
que asustaba,
capaz de escribir simultáneamente
en tres lenguas:
inglés, alemán y francés,
y de hablar a la vez;
igualmente terminante al exigir emociones
que al imponer tranquilidad:
«Me gustaría estar sola»;
a lo que el visitante contesta:
«Me gustaría estar solo;
¿Por qué no estar solos juntos?».
Bajo las estrellas incandescentes

below the incandescent fruit,
the strange experience of beauty;
its existence is too much;
it tears one to pieces
and each fresh wave of consciousness
is poison.
«See her, see her in this common world,»
the central flaw
in that first crystal-fine experiment,
this amalgamation which can never be more
than an interesting impossibility,
describing it
as «that strange paradise
unlike flesh, stones,
gold or stately buildings,
the choicest piece of my life:
the heart rising
in its estate of peace
as a boat rises
with the rising of the water»;
constrained in speaking of the serpent–
shed snakeskin in the history of politeness
not to be returned to again–
that invaluable accident
exonerating Adam.
And he has beauty also;
it's distressing–the O thou
to whom from whom,
without whom nothing–Adam;
«something feline,
something colubrine»–how true!
a crouching mythological monster
in that Persian miniature of emerald mines,
raw silk–ivory white, snow white,
oyster white, and six others–
that paddock full of leopards and giraffes–
long lemon-yellow bodies
sown with trapezoids of blue.
Alive with words,
vibrating like a cymbal
touched before it has been struck,

bajo el fruto incandescente,
la extraña experiencia de la belleza;
su existencia es demasiado;
nos destroza
y cada fresca oleada de conciencia
es veneno.
«Miradla, miradla en este mundo vulgar»,
el error fundamental
en ese primer experimento cristalino,
esta alianza que nunca podrá ser más
que una interesante imposibilidad,
describiéndolo
como «ese extraño paraíso
distinto de la carne, las piedras,
el oro o el edificio majestuoso,
lo más preciado de mi vida:
el corazón se crece
en estado de paz
como un bote sube
con la subida del agua»;
afectada al hablar de la serpiente–
una muda de piel de serpiente en la historia de la urbanidad
que no volveremos a usar–
ese inestimable accidente
que exculpa a Adán.
Y también él es hermoso;
es inquietante –el ¡Oh tú!
a quién, de quién,
sin él que nada es– Adán;
«algo felino,
algo culebrino» –¡qué cierto!
un agazapado monstruo mitológico
en esa miniatura persa de minas de esmeraldas,
seda cruda –blanco marfil, blanco nieve,
blanco perla y otros seis blancos más–
ese prado repleto de leopardos y jirafas–
largos cuerpos amarillo limón
sembrados con trapecios azules.
Rebosante de palabras,
vibrante como un címbalo
rozado antes de golpearlo,

he has prophesied correctly–
the industrious waterfall,
«the speedy stream
which violently bears all before it,
at one time silent as the air
and now powerful as the wind.»
«Treading chasms
on the uncertain footing of a spear,»
forgetting that there is in woman
a quality of mind
which as an instinctive manifestation
is unsafe,
he goes on speaking
in a formal customary strain,
of «past states, the present state,
seals, promises,
the evil one suffered,
the good one enjoys,
hell, heaven,
everything convenient
to promote one's joy.»
In him a state of mind
perceives what it was not
intended that he should;
«he experiences a solemn joy
in seeing that he has become an idol.»
Plagued by the nightingale
in the new leaves,
with its silence–
not its silence but its silences,
he says of it:
«It clothes me with a shirt of fire.»
«He dares not clap his hands
to make it go on
lest it should fly off;
if he does nothing, it will sleep;
if he cries out, it will not understand.»
Unnerved by the nightingale
and dazzled by the apple,
impelled by «the illusion of a fire
effectual to extinguish fire,»

él ha profetizado con exactitud–
la incansable catarata,
«la rápida corriente
que violenta se lleva todo por delante,
antaño silenciosa como el aire
y ahora poderosa como el viento».
«Recorriendo abismos
sobre el incierto apoyo de un arpón»,
olvidando que la mujer posee
una aptitud mental
que como expresión del instinto
es peligrosa,
él sigue hablando
en su habitual tono formal,
de «situaciones pasadas, de la actual situación,
decide, promete,
del mal que se padece,
del bien que se disfruta,
del infierno y el cielo,
y de todo lo adecuado
para fomentar la propia alegría».
Un estado mental en él
percibe lo que no estaba
previsto que percibiera;
«él experimenta una solemne alegría
al ver que se ha convertido en un ídolo».
Acosado por el silencio
del ruiseñor
entre las hojas nuevas–,
no por su silencio sino por sus silencios,
dice de él:
«Me reviste con una camisa de fuego».
«No osa aplaudir
para obligarle a cantar
no sea que eche a volar;
si no hace nada, el pájaro se dormirá;
si grita, no le entenderá.»
Incómodo por el ruiseñor
y encandilado con la manzana,
empujado por «la ilusión de un fuego
eficaz en apagar el fuego»,

compared with which
the shining of the earth
is but deformity–a fire
«as high as deep
as bright as broad
as long as life itself,»
he stumbles over marriage,
«a very trivial object indeed»
to have destroyed the attitude
in which he stood–
the ease of the philosopher
unfathered by a woman.
Unhelpful Hymen!
a kind of overgrown cupid
reduced to insignificance
by the mechanical advertising
parading as involuntary comment,
by that experiment of Adam's
with ways out but no way in–
the ritual of marriage,
augmenting all its lavishness;
its fiddlehead ferns,
lotus flowers, opuntias, white dromedaries,
its hippopotamus–
nose and mouth combined
in one magnificent hopper–
its snake and the potent apple.
He tells us
that «for love that will
gaze an eagle blind,
that is with Hercules
climbing the trees
in the garden of the Hesperides,
from forty-five to seventy
is the best age,»
commending it
as a fine art, as an experiment,
a duty or as merely recreation.
One must not call him ruffian
nor friction a calamity–
the fight to be affectionate:

y que comparado con él
el brillo de la tierra
no es sino deformidad –un fuego
«tan alto como profundo
tan brillante como ancho
tan largo como la propia vida»,
tropieza con el matrimonio,
«un objeto absolutamente trivial»
para haber destruido la actitud
que él mantenía–
la tranquilidad del filósofo
no engendrado por una mujer.
¡Ineficaz Himeneo!
Una especie de Cupido adulto
reducido a la insignificancia
por la publicidad mecánica
que se hace pasar por comentario involuntario,
por ese experimento de Adán
con vías de salida pero sin vías de entrada–
el ritual del matrimonio,
acrecienta su fastuosidad;
su corona de helechos,
flores de loto, chumberas, blancos dromedarios,
y sus hipopótamos–
boca y nariz combinadas
en una magnífica tolva–
la serpiente y la poderosa manzana.
Él nos dice
que «para un amor capaz
de cegar con la mirada al águila
que acompaña a Hércules
a trepar a los árboles
del jardín de las Hespérides,
de los cuarenta y cinco a los setenta
es la mejor edad»,
y lo recomienda
como un arte, como un experimento,
un deber o una simple diversión.
No debemos llamarle rufián
ni considerar los roces una calamidad–
la lucha por ser afectuoso:

«no truth can be fully known
until it has been tried
by the tooth of disputation.»
The blue panther with blue eyes,
the basalt panther with blue eyes,
entirely graceful–
one must give them the path–
the black obsidian Diana
who «darkeneth her countenance
as a bear doth,»
the spiked hand
that has an affection for one
and proves it to the bone,
impatient to assure you
that impatience is the mark of independence,
not of bondage.
«Married people often look that way»–
«seldom and cold, up and down,
mixed and malarial
with a good day and a bad.»
We Occidentals are so unemotional,
self lost, the irony preserved
in «the Ahasuerus tête-à-tête *banquet»*
with its small orchids like snakes' tongues,
with its «good monster, lead the way,»
with little laughter
and munificence of humor
in that quixotic atmosphere of frankness
in which «four o'clock does not exist,
but at five o'clock
the ladies in their imperious humility
are ready to receive you»;
in which experience attests
that men have power
and sometimes one is made to feel it.
He says, «What monarch would not blush
to have a wife
with hair like a shaving brush?»
The fact of woman
is «not the sound of the flute
but very poison.»

«ninguna verdad puede conocerse por completo
hasta haberle hincado
el diente de la polémica».
A la pantera azul de ojos negros,
a la pantera de basalto con ojos azules,
absolutamente elegantes–
hay que cederles el paso–
la Diana negra de obsidiana
que «ensombrece su expresión
como hace un oso»,
la mano hirsuta
que nos tiene afecto
y lo demuestra hasta el final,
impaciente por asegurarnos
que la impaciencia es la señal de la independencia,
no de la esclavitud.
«Los casados suelen tener ese aspecto»–
«raro y frío, animado y desanimado,
variable y enfermizo
con un día bueno y otro malo».
Nosotros los occidentales somos tan fríos,
el yo perdido, la ironía conservada
en «el banquete *tête à tête* de Asuero»
con sus pequeñas orquídeas como lenguas de serpiente,
su «monstruo bueno, muéstrame el camino»,
las risitas
y magnificencia de actitud
en esa quijotesca atmósfera de sinceridad
en la que «las cuatro no existen,
pero a las cinco en punto
las señoras con su arrogante humildad
están listas para recibirte»;
en la que la experiencia confirma
que los hombres tienen poder
y a veces una se ve obligada a comprobarlo.
Él dice: «¿A qué rey no le sonrojaría
tener una esposa
con un pelo como una brocha de afeitar?».
La realidad de la mujer
«no es el sonido de la flauta
sino puro veneno».

She says, «Men are monopolists
of 'stars, garters, buttons
and other shining baubles'–
unfit to be the guardians
of another person's happiness.»
He says, «These mummies
must be handled carefully–
'the crumbs from a lion's meal,
a couple of shins and the bit of an ear';
turn to the letter M
and you will find
that 'a wife is a coffin,'
that severe object
with the pleasing geometry
stipulating space not people,
refusing to be buried
and uniquely disappointing,
revengefully wrought in the attitude
of an adoring child
to a distinguished parent.»
She says, «This butterfly,
this waterfly, this nomad
that has 'proposed
to settle on my hand for life'–
What can one do with it?
There must have been more time
in Shakespeare's day
to sit and watch a play.
You know so many artists who are fools.»
He says, «You know so many fools
who are not artists.»
The fact forgot
that «some have merely rights
while some have obligations,»
he loves himself so much,
he can permit himself
no rival in that love.
She loves herself so much,
she cannot see herself enough–
a statuette of ivory on ivory,
the logical last touch

Ella dice: «los hombres son acaparadores
de "estrellas, ligas, botones
y otras chucherías brillantes"
incapaces de ser guardianes
de la felicidad de otra persona».
Él dice: hay que manejar
con cuidado a esas momias–
"las migajas de la comida de un león,
un par de espinillas y un trozo de oreja";
vuelve a la letra M
y encontrarás
que "una esposa es un ataúd",
ese objeto severo
de agradable geometría
que redefine el espacio no a la gente,
que se niega a ser enterrado
y singularmente decepcionante,
que vengativo adopta la actitud
de un niño en adoración
ante un ilustre progenitor».
Ella dice: «Esta mariposa,
esta mosca de agua, este nómada
que se "ha propuesto
instalarse en mi mano de por vida"–
¿Qué puedo hacer con ella?
Debía de haber más tiempo
en época de Shakespeare
para sentarse a ver una obra.
Conoces tantos artistas idiotas».
Él dice: «Y tú conoces demasiados idiotas
que no son artistas».
Olvidado el hecho
de que «algunos simplemente tienen derechos
mientras que otros tienen obligaciones»,
él se ama tanto a sí mismo
que no admite
rival en ese amor.
Ella se ama tanto a sí misma
que no se cansa nunca de mirarse–
una estatuilla de marfil sobre marfil,
el lógico toque final

to an expansive splendor
earned as wages for work done:
one is not rich but poor
when one can always seem so right.
What can one do for them–
these savages
condemned to disaffect
all those who are not visionaries
alert to undertake the silly task.
of making people noble?
This model of petrine fidelity
who «leaves her peaceful husband
only because she has seen enough of him»–
that orator reminding you,
«I am yours to command.»
«Everything to do with love is mystery;
it is more than a day's work
to investigate this science.»
One sees that it is rare–
that striking grasp of opposites
opposed each to the other, not to unity,
which in cycloid inclusiveness
has dwarfed the demonstration
of Columbus with the egg–
a triumph of simplicity–
that charitive Euroclydon
of frightening disinterestedness
which the world hates,
admitting:

> *«I am such a cow,*
> *if I had a sorrow*
> *I should feel it a long time;*
> *I am not one of those*
> *who have a great sorrow*
> *in the morning*
> *and a great joy at noon»;*

which says: «I have encountered it
among those unpretentious
protégés of wisdom,

de un expansivo esplendor
ganado como el sueldo por el trabajo:
uno no es rico sino pobre
cuando siempre parece tener razón.
¿Qué puede hacerse por ellos,
por esos salvajes
condenados a enemistarse
con todos esos que no son visionarios
prestos a encargarse de la estúpida tarea
de ennoblecer a la gente?
Este modelo de fidelidad pétrea
que «abandona a su pacífico marido
solo porque se ha cansado de él»–
ese orador que te recuerda
«estoy a su entera disposición».
«Todo lo relacionado con el amor es misterioso;
hace falta más de un día de trabajo
para investigar esa ciencia.»
Uno ve que es raro–
esa impresionante unión de los contrarios
opuestos uno al otro, no a la unidad,
que en un resumen cicloidal
ha eclipsado la demostración
del huevo de Colón–
un triunfo de la simplicidad–
ese generoso Euclidón
de aterradora integridad
odiado por el mundo
que admite:

> «Soy tan imbécil,
> que si tuviera una pena
> me duraría mucho;
> no soy de esos
> que están muy tristes
> por la mañana
> y como unas castañuelas por la noche»;

que dice: «Yo he encontrado
entre esos modestos
protégés de la sabiduría,

where seeming to parade
as the debater and the Roman,
the statesmanship
of an archaic Daniel Webster
persists to their simplicity of temper
as the essence of the matter:

'Liberty and union
now and forever';

the Book on the writing-table;
the hand in the breast-pocket.»

que parecen alardear
como el polemista y el romano,
del arte de gobernar
de un arcaico Daniel Webster
que permanece por su sencillez de espíritu
la esencia del asunto:

> "Libertad y unión
> ahora y siempre";

la Biblia sobre el escritorio;
la mano en el bolsillo del pecho».

of ice. Deceptively reserved and flat,
it lies «in grandeur and in mass»
beneath a sea of shifting snow dunes;
dots of cyclamen-red and maroon on its clearly defined pseudo-podia
made of glass that will bend –a much needed invention–
comprising twenty-eight ice fields from fifty to five hundred feet thick,
of unimagined delicacy.
«Picking periwinkles from the cracks»
or killing prey with the concentric crushing rigor of the python,
it hovers forward «spider fashion
on its arms» misleadingly like lace;
its «ghostly pallor changing
to the green metallic tinge of an anemone-starred pool.»
The fir-trees, in «the magnitude of their root systems,»
rise aloof from these maneuvers «creepy to behold,»
austere specimens of our American royal families,
«each like the shadow of the one beside it.
The rock seems frail compared with their dark energy of life,»
its vermilion and onyx and manganese-blue interior expansiveness
left at the mercy of the weather;
«stained transversely by iron where the water drips down,»
recognized by its plants and its animals.
Completing a circle,
you have been deceived into thinking that you have progressed,
under the polite needles of the larches
«hung to filter, not to intercept the sunlight»–
met by tightly wattled spruce-twigs
«conformed to an edge like clipped cypress
as if no branch could penetrate the cold beyond its company»;
and dumps of gold and silver ore enclosing The Goat's Mirror–
that lady-finger-like depression in the shape of the left human foot,
which prejudices you in favor of itself

de hielo. Aparentemente reservado y plano,
tendido «en toda su esplendorosa mole»
bajo un mar de cambiantes dunas de nieve;
manchas rojo ciclamen y granate en sus claramente definidos
seudópodos
de un cristal que se puede doblar –un invento muy necesario–
compuesto de veintiocho lajas de hielo de cincuenta a quinientos
pies de grosor,
de increíble delicadeza.
«Recogiendo bígaros de las grietas»
o matando una presa con el aplastante rigor concéntrico de la pitón,
se desplaza hacia delante «como la araña
sobre sus patas» con engañoso aspecto de encaje;
su «fantasmal palidez cambia
al tono verde metálico de una charca estrellada de anémonas».
Los abetos, con «la grandeza de sus sistemas radiculares»,
se elevan distantes de esas maniobras «espeluznantes de contemplar»,
austeros especímenes de nuestras familias reales americanas,
«cada uno de ellos como la sombra del que tiene al lado.
La roca parece frágil comparada con la oscura energía vital de los
abetos»,
su lujoso interior bermellón, ónice y azul manganeso
abandonado al albur de la intemperie;
«manchado transversalmente por el óxido donde el agua gotea»,
reconocido por sus plantas y animales.
Al completar el círculo
te engañas al creer que has progresado,
bajo las agujas corteses de los alerces
«colgados para filtrar, no para interceptar la luz del sol»–
reunidas en la trama compacta de las ramitas de conífera
«que forman un borde como cipreses podados
como si ninguna rama pudiera penetrar el hielo en solitario»;
y cúmulos de mineral de plata y oro que rodean el Espejo de la Cabra–
esa depresión como dedos de mujer en forma de pie izquierdo,
que te predispone en su favor

before you have had time to see the others;
its indigo, pea-green, blue-green, and turquoise,
from a hundred to two hundred feet deep,
«merging in irregular patches in the middle lake
where, like gusts of a storm
obliterating the shadows of the fir-trees, the wind makes lanes of
ripples.»
What spot could have merits of equal importance
for bears, elk, deer, wolves, goats, and ducks?
Pre-empted by their ancestors,
this is the property of the exacting porcupine,
and of the rat «slipping along to its burrow in the swamp
or pausing on high ground to smell the heather»;
of «thoughtful beavers
making drains which seem the work of careful men with shovels,»
and of the bears inspecting unexpectedly
ant-hills and berry-bushes.
Composed of calcium gems and alabaster pillars,
topaz, tourmaline crystals and amethyst quartz,
their den is somewhere else, concealed in the confusion
of «blue forests thrown together with marble and jasper and agate
as if whole quarries had been dynamited.»
And farther up, in stag-at-bay position
as a scintillating fragment of these terrible stalagmites,
stands the goat,
its eye fixed on the waterfall which never seems to fall–
an endless skein swayed by the wind,
immune to force of gravity in the perspective of the peaks.
A special antelope
acclimated to «grottoes from which issue penetrating draughts
which make you wonder why you came,»
it stands its ground
on cliffs the color of the clouds, of petrified white vapor–
black feet, eyes, nose, and horns, engraved on dazzling ice-fields,
the ermine body on the crystal peak;
the sun kindling its shoulders to maximum heat like acetylene,
dyeing them white–
upon this antique pedestal,
«a mountain with those graceful lines which prove it a volcano,»
its top a complete cone like Fujiyama's
till an explosion blew it off.

antes de que hayas podido ver las demás;
con sus colores índigo, verde guisante, azul verdoso y turquesa,
de una profundidad de cien a doscientos pies,
«se funden en manchas irregulares en mitad del lago
en el que, como las ráfagas de una tormenta,
borran las sombras de los abetos, el viento forma senderos de olas».
¿Qué lugar puede tener tanta importancia
para osos, alces, ciervos, lobos, cabras y patos?
Ocupada por sus ancestros,
esta tierra pertenece al exigente puercoespín,
y a la rata que «se desliza hasta su madriguera en la ciénaga
o se detiene en los altozanos para oler el brezo»;
a los «reflexivos castores
que construyen canales que parecen obra de meticulosos cavadores»,
y al oso que inspecciona de improviso
hormigueros y arbustos con bayas.
Hecha de gemas de calcio y columnas de alabastro,
topacio, cristales de turmalina y cuarzo amatista,
su guarida está en otro sitio, oculta en la confusión
de «bosques azules mezclados con mármol, jaspe y ágata
como si hubieran dinamitado yacimientos enteros».
Y más arriba, con postura de ciervo acorralado,
como un fragmento fulgurante de estas terribles estalagmitas,
se alza la cabra,
con la mirada fija en la cascada que parece no caer jamás–
una interminable madeja agitada por el viento,
inmune a la fuerza de gravedad en la perspectiva de las cumbres.
Un antílope especial
aclimatado a «grutas de las que escapan mordaces corrientes
que obligan a preguntarse por qué has venido hasta aquí»,
la cabra mantiene su posición
sobre arrecifes color de nube, de petrificado vapor blanco–
pies, ojos, nariz y cuernos negros grabados en deslumbrantes campos de hielo,
el cuerpo de armiño sobre la cumbre de cristal;
el sol calienta al máximo su lomo, como acetileno, hasta teñirlo de blanco–
sobre este milenario pedestal,
«una montaña de esbeltas líneas que prueban que es un volcán»,
con un cono perfecto por cima como la del Fujiyama
hasta el día que la erupción lo truncó.

Distinguished by a beauty
of which «the visitor dare never fully speak at home
for fear of being stoned as an impostor,»
Big Snow Mountain is the home of a diversity of creatures:
those who «have lived in hotels
but who now live in camps–who prefer to»;
the mountain guide evolving from the trapper,
«in two pairs of trousers, the outer one older,
wearing slowly away from the feet to the knees»;
«the nine-striped chipmunk
running with unmammal-like agility along a log»;
the water ouzel
with «its passion for rapids and high-pressured falls,»
building under the arch of some tiny Niagara;
the white-tailed ptarmigan «in winter solid white,
feeding on heather-bells and alpine buckwheat»;
and the eleven eagles of the west,
«fond of the spring fragrance and the winter colors,»
used to the unegoistic action of the glaciers
and «several hours of frost every midsummer night.»
«They make a nice appearance, don't they,»
happy seeing nothing?
Perched on treacherous lava and pumice–
those unadjusted chimney-pots and cleavers
which stipulate «names and addresses of persons to notify
in case of disaster»–
they hear the roar of ice and supervise the water
winding slowly through the cliffs,
the road «climbing like the thread
which forms the groove around a snail-shell,
doubling back and forth until where snow begins, it ends.»
No «deliberate wide-eyed wistfulness» is here
among the boulders sunk in ripples and white water
where «when you hear the best wild music of the forest
it is sure to be a marmot,»
the victim on some slight observatory,
of «a struggle between curiosity and caution,»
inquiring what has scared it:
a stone from the moraine descending in leaps,

Dotada de una belleza
de la que «el visitante nunca osará hablar en casa
por temor a ser lapidado por embustero»,
la Big Show Mountain es el hogar de una gran diversidad de criaturas:
de esos que «han vivido en hoteles
pero que ahora prefieren la tienda de campaña»;
del viejo trampero convertido en guía de montaña,
«con dos pares de pantalones uno encima de otro, el más viejo por fuera,
que se desgastan poco a poco de los pies a las rodillas»;
de «la ardilla con nueve listas
que recorre el tronco con agilidad impropia de un mamífero»;
del mirlo de agua
con «su pasión por los rápidos y las cascadas violentas»,
que anida bajo el arco de alguna pequeña Niágara;
la perdiz de las nieves de cola blanca «en invierno totalmente blanca,
que se alimenta de flores de brezo y trigo sarraceno alpino»;
y las once águilas del oeste,
«amantes de la fragancia primaveral y los colores del invierno»,
acostumbradas a la desinteresada acción de los glaciares
y a «unas cuantas horas de helada cada noche de pleno verano».
«Componen una bella estampa, ¿no es cierto?»
felices de no ver nada.
Posados sobre lava traicionera y piedra pómez–
esos sombreretes de chimenea desencajados y esas hachas
que detallan «el nombre y dirección de las personas a quienes notificar
en caso de desastre»–
oyen el rugir del hielo y examinan el agua
que serpentea lenta entre los acantilados,
la carretera «que sube como el hilo
que surca el entorno de una concha de caracol,
en un ir y venir que solo termina donde empieza la nieve».
Aquí no existe «la deliberada nostalgia asombrada»
entre las rocas hundidas en las olas y el agua blanca
en la que «cuando se oye la más bella entre las bravías músicas del bosque
seguro que es una marmota»,
que se aventura en algún pequeño observatorio,
víctima de «una lucha entre la curiosidad y la cautela»,
que indaga qué es lo que le ha asustado:
una piedra de la morrena que baja a saltos,

another marmot, or the spotted ponies with glass eyes,
brought up on frosty grass and flowers
and rapid draughts of ice-water.
Instructed none knows how, to climb the mountain,
by businessmen who require for recreation
three hundred and sixty-five holidays in the year,
these conspicuously spotted little horses are peculiar;
hard to discern among the birch-trees, ferns, and lily-pads,
avalanche lilies, Indian paintbrushes,
bear's ears and kittentails,
and miniature cavalcades of chlorophylless fungi
magnified in profile on the moss-beds like moonstones in the water;
the cavalcade of calico competing
with the original American menagerie of styles
among the white flowers of the rhododendron surmounting rigid leaves
upon which moisture works its alchemy,
transmuting verdure into onyx.

«Like happy souls in Hell», enjoying mental difficulties, the Greeks
amused themselves with delicate behavior
because it was «so noble and so fair»;
not practised in adapting their intelligence
to eagle-traps and snow-shoes,
to alpenstocks and other toys contrived by those
«alive to the advantage of invigorating pleasures.»
Bows, arrows, oars, and paddles, for which trees provide the wood,
in new countries more eloquent than elsewhere–
augmenting the assertion that, essentially humane,
«the forest affords wood for dwellings and by its beauty
stimulates the moral vigor of its citizens.»
The Greeks liked smoothness, distrusting what was back
of what could not be clearly seen,
resolving with benevolent conclusiveness,
«complexities which still will be complexities
as long as the world lasts»;
ascribing what we clumsily call happiness,
to «an accident or a quality,
a spiritual substance or the soul itself,

otra marmota o los ponis manchados de ojos de cristal,
criados con hierba y flores escarchadas
y las rápidas corrientes de agua gélida.
Adiestrados, nadie sabe cómo, a trepar la montaña,
por hombres de negocios que para divertirse necesitan
trescientas sesenta y cinco fiestas al año,
estos caballitos de manchas llamativas son peculiares;
difíciles de distinguir entre los abedules, helechos y hojas de nenúfar,
los lirios de la nieve, la escrofularia,
la oreja de oso y el rabo de gato,
y las hordas minúsculas de hongos sin clorofila
cuyo perfil destaca sobre los lechos de musgo como piedras lunares
sobre el agua;
un desfile de estampados que puede rivalizar
con la variopinta mezcla de estilos de la primitiva América
entre las blancas flores del rododendro que rematan las rígidas hojas
sobre las que la humedad realiza su alquimia,
y convierte en ónice el verdor.

«Como almas felices en el infierno» que disfrutan con las dificultades
del intelecto, los griegos
se divertían con el comportamiento delicado
porque era «tan noble y tan bello»;
no practicaron en adaptar su inteligencia
y crear trampas para águilas y zapatos para la nieve,
bastones de alpinista y otros juguetes ideados por esos
«sensibles a las ventajas de los placeres estimulantes».
Arcos, flechas, remos y palas cuya madera los árboles proporcionan,
de forma más persuasiva en los nuevos países que en otros lugares,
refuerzan la afirmación de que, esencialmente humano,
«el bosque proporciona madera para nuestras casas y con su belleza
reaviva el coraje moral de sus ciudadanos».
A los griegos les gustaba la suavidad y desconfiaban de lo que estaba
detrás
de lo que no se podía ver con claridad,
y resolvían con benévola determinación,
«complejidades que seguirán siendo complejidades
mientras el mundo dure»;
y atribuían lo que torpemente llamamos felicidad,
a «un accidente o cualidad,
a una sustancia espiritual o al propio espíritu,

an act, a disposition, or a habit,
or a habit infused, to which the soul has been persuaded,
or something distinct from a habit, a power»–
such power as Adam had and we are still devoid of.
«Emotionally sensitive, their hearts were hard»;
their wisdom was remote
from that of these odd oracles of cool official sarcasm,
upon this game preserve
where «guns, nets, seines, traps and explosives,
hired vehicles, gambling and intoxicants are prohibited;
disobedient persons being summarily removed
and not allowed to return without permission in writing.»
It is self-evident
that it is frightful to have everything afraid of one;
that one must do as one is told
and eat rice, prunes, dates, raisins, hardtack, and tomatoes
if one would «conquer the main peak of Mount Tacoma,»
this fossil flower concise without a shiver,
intact when it is cut,
damned for its sacrosanct remoteness–
like Henry James «damned by the public for decorum»;
not decorum, but restraint;
it is the love of doing hard things
that rebuffed and wore them out–a public out of sympathy with neatness.
Neatness of finish! Neatness of finish!
Relentless accuracy is the nature of this octopus
with its capacity for fact.
«Creeping slowly as with meditated stealth,
its arms seeming to approach from all directions,»
it receives one under winds that «tear the snow to bits
and hurl it like a sandblast
shearing off twigs and loose bark from the trees.»
Is «tree» the word for these things
«flat on the ground like vines»?
some «bent in a half circle with branches on one side
suggesting dust-brushes, not trees;
some finding strength in union, forming little stunted groves,
their flattened mats of branches shrunk in trying to escape»
from the hard mountain «planed by ice and polished by the wind»–
the white volcano with no weather side;

a un acto, una disposición, un hábito,
o un hábito innato, al que el espíritu ha sido inducido,
o algo distinto a un hábito, un poder»–
un poder como el que tuvo Adán y del que nosotros aún carecemos.
«Abiertos a la emoción, tenían, sin embargo, el corazón de piedra»;
su sabiduría estaba muy lejos
de la de los extraños oráculos de frío sarcasmo oficial,
en esta reserva de caza
en la que «armas, redes, traínas, trampas y explosivos,
vehículos alquilados, apuestas y drogas están prohibidos;
los transgresores son sumariamente expulsados
y no se les permite regresar sin un permiso escrito.
Evidentemente
es terrorífico que todo nos tenga terror;
que haya que hacer lo que te ordenan
y comer arroz, ciruelas, dátiles, pasas, galletas y tomates
si quieres «conquistar la cumbre más alta del monte Tacoma»,
esa flor fósil, exacta, sin una astilla,
intacta cuando se corta,
condenada por su sacrosanta lejanía–
como Henry James «cuyo recato el público condenaba»;
no recato, sino más bien contención;
es el amor por las cosas difíciles
lo que les repelía y agotaba: un público insensible a la perfección.
¡Perfección del acabado! ¡Perfección del acabado!
Una precisión implacable es la naturaleza de este pulpo
con su capacidad de concreción.
«Se arrastra lentamente con premeditado sigilo,
con sus brazos que parecen avanzar desde cualquier dirección,
te recibe bajo ráfagas de viento que «desgarran la nieve en
fragmentos
y la lanzan como un chorro de arena
desgajando ramitas y la corteza suelta de los árboles».
¿Es «árbol» la palabra adecuada para esas cosas
«postradas en el suelo como viñas»?
algunas «se curvan formando un semicírculo con las ramas a un lado
que parecen cepillos, no árboles;
otras encuentran fuerza en la unión y forman raquíticos bosquecillos
con su aplastada maraña de ramas encogidas tratando de escapar»
de la dura montaña «cepillada por el hielo y lustrada por el viento»–
del blanco volcán azotado por todos sus costados;

the lightning flashing at its base,
rain falling in the valleys, and snow falling on the peak–
the glassy octopus symmetrically pointed,
its claw cut by the avalanche
«with a sound like the crack of a rifle,
in a curtain of powdered snow launched like a waterfall.»

del relámpago que estalla a sus pies,
de la lluvia que cae en los valles y la nieve sobre la cumbre–
el cristalino pulpo de puntas simétricas
con sus tentáculos cortados por la avalancha
«con un sonido parecido al chasquido de un rifle,
en una cortina de nieve en polvo lanzada como una cascada».

with their respective lions–
«mighty monoceroses with immeasured tayles»–
these are those very animals
described by the cartographers of 1539,
defiantly revolving
in such a way that
the long keel of white exhibited in tumbling,
disperses giant weeds
and those sea snakes whose forms, looped in the foam, «disquiet shippers.»
Knowing how a voyager obtained the horn of a sea unicorn
to give to Queen Elizabeth,
who thought it worth a hundred thousand pounds,
they persevere in swimming where they like,
finding the place where sea-lions live in herds,
strewn on the beach like stones with lesser stones–
and bears are white;
discovering Antarctica, its penguin kings and icy spires,
and Sir John Hawkins' Florida
«abounding in land unicorns and lions;
since where the one is,
its arch enemy cannot be missing.»
Thus personalities by nature much opposed,
can be combined in such a way
that when they do agree, their unanimity is great,
«in politics, in trade, law, sport, religion,
china-collecting, tennis, and church going.»
You have remarked this fourfold combination of strange animals,
upon embroideries
enwrought with «polished garlands» of agreeing difference–
thorns, «myrtle rods, and shafts of bay,»
«cobwebs, and knotts, and mulberries»
of lapis lazuli and pomegranate and malachite–
Britannia's sea unicorn with its rebellious child
now ostentatiously indigenous to the new English coast;

con sus respectivos leones–
«poderosos monocerontes de inmensas colas»–
estos son aquellos mismos animales
descritos por los cartógrafos de 1539,
que se revuelven desafiantes
de modo que
la larga quilla blanca visible en su bamboleo,
dispersa algas gigantes
y aquellas serpientes cuyo cuerpo, enroscado en la espuma,
«perturba a los navegantes».
Saben que un marinero consiguió cuerno de unicornio marino
como regalo para la reina Isabel,
que lo valoró en cien mil libras,
aun así perseveran en nadar donde les gusta,
buscan el lugar donde los leones marinos viven en manadas,
esparcidos por la playa como piedras junto a otros guijarros–
y los osos son blancos;
descubren la Antártida, sus pingüinos reales, sus cimas heladas
y la Florida de sir John Hawkings,
«abundante en unicornios de tierra y leones;
puesto que donde está uno,
su insigne enemigo no puede faltar».
Así, personalidades opuestas por naturaleza,
pueden asociarse de tal modo
que cuando están de acuerdo, su unanimidad es total,
«en la política, el comercio, la ley, el deporte, la religión,
las colecciones de porcelana, el tenis y la asistencia a la iglesia».
Esta cuádruple combinación de extraños animales se observa
en paños
recamados con «primorosas guirnaldas» de convenida diferencia–
espinos, «bastoncitos de arrayán y varas de laurel»,
«telas de araña, lazos y moras»
de lapislázuli, granadas y malaquita–
El unicornio marino de Bretaña con su hijo insurrecto
ahora ostentosamente indígena de la nueva costa inglesa;

and its land lion oddly tolerant of those pacific counterparts to it,
the water lions of the west.
This is a strange fraternity–these sea lions and land lions,
land unicorns and sea unicorns:
the lion civilly rampant,
tame and concessive like the long-tailed bear of Ecuador–
the lion standing up against this screen of woven air
which is the forest:
the unicorn also, on its hind legs in reciprocity.
A puzzle to the hunters, is this haughtiest of beasts,
to be distinguished from those born without a horn,
in use like Saint Jerome's tame lion, as domestics;
rebelling proudly at the dogs
which are dismayed by the chain lightning
playing at them from its horn–
the dogs persistent in pursuit of it as if it could be caught,
«deriving agreeable terror» from its «moonbeam throat»
on fire like its white coat and unconsumed as if of salamander's skin.
So wary as to disappear for centuries and reappear,
yet never to be caught,
the unicorn has been preserved
by an unmatched device
wrought like the work of expert blacksmiths–
this animal of that one horn
throwing itself upon which head foremost from a cliff,
it walks away unharmed;
proficient in this feat which, like Herodotus,
I have not seen except in pictures.
Thus this strange animal with its miraculous elusiveness,
has come to be unique,
«impossible to take alive,»
tamed only by a lady inoffensive like itself–
as curiously wild and gentle;
«as straight and slender as the crest,
or antlet of the one-beam'd beast.»
Upon the printed page,
also by word of mouth,
we have a record of it all
and how, unfearful of deceit,

y su león de tierra extrañamente tolerante con sus pacíficos dobles:
los leones del oeste.
Extraña fraternidad la de estos leones marinos y leones de tierra,
unicornios de tierra y unicornios de mar:
el león cortésmente feroz,
sumiso y concesivo como el oso ecuatoriano de larga cola–
el león rampante contra esta trama de aire tejido
que es el bosque:
también el unicornio, sobre sus patas traseras en reciprocidad.
Es un enigma para el cazador, esta, la más altiva de las bestias,
distinta de aquellas nacidas sin cuerno,
–útiles como el león manso de san Jerónimo, tan domésticas–
se rebela orgullosa contra los perros
desalentados por el zigzagueo
de su flamante cuerno;
los perros persisten en la persecución como si pudieran atraparlo,
«disfrutando un convenido terror» de su «garganta lunar»
encendida como su blanco manto e incombustible como piel de
salamandra.
Tan precavido como para desaparecer durante siglos y reaparecer
sin que hayan logrado atraparlo jamás,
el unicornio ha sobrevivido
gracias a un dispositivo sin igual
forjado como la obra de un consumado herrero:
este animal de un solo cuerno
se arroja de cabeza desde un acantilado
y se aleja indemne;
experto en esta proeza que, como Herodoto,
yo solo he visto en pinturas.
Así, este extraño animal milagrosamente evasivo,
ha llegado a ser único,
«imposible de capturar vivo»,
amansado solo por una dama tan inofensiva como él,
tan curiosamente salvaje y gentil;
«tan candoroso y esbelto como la cresta
o cuerno de la bestia de un solo haz».
Sobre la página impresa,
también verbalmente,
tenemos testimonios de él
y de cómo, sin temor al engaño,

etched like an equine monster of an old celestial map,
beside a cloud or dress of Virgin-Mary blue,
improved «all over slightly with shakes of Venice gold,
and silver, and some O's,»
the unicorn, «with pavon high,» approaches eagerly;
until engrossed by what appears of this strange enemy,
upon the map, «upon her lap,»
its «mild wild head doth lie.»

pintado al aguafuerte como un monstruo equino en un viejo mapa
celeste,
junto a una nube o vestido de azul cielo,
realzado «delicadamente con serpientes de oro y plata
venecianos y alguna O»,
el unicornio, «alto el pendón», se aproxima anhelante;
hasta que absorto por quien parece en el mapa
su extraña enemiga, «sobre su regazo»,
«reclina su apacible cabeza indómita».

THE MONKEY PUZZLE

A kind of monkey or pine-lemur
not of interest to the monkey,
in a kind of Flaubert's Carthage, it defies one–
this «Paduan cat with lizard,» this «tiger in a bamboo thicket.»
«An interwoven somewhat,» it will not come out.
Ignore the Foo dog and it is forthwith more than a dog,
its tail superimposed upon itself in a complacent half spiral,
this pinetree–this pinetiger, is a tiger, not a dog.
It knows that if a nomad may have dignity,
Gibraltar has had more–
that «it is better to be lonely than unhappy.»
A conifer contrived in imitation of the glyptic work of jade and hard-
stone cutters,
a true curio in this bypath of curio-collecting,
it is worth its weight in gold, but no one takes it
from these woods in which society's not knowing is colossal,
the lion's ferocious chrysanthemum head seeming kind by
comparison.
This porcupine-quilled, complicated starkness–
this is beauty– «a certain proportion in the skeleton which gives the
best results.»
One is at a loss, however, to know why it should be here,
in this morose part of the earth–
to account for its origin at all;
but we prove, we do not explain our birth.

LA ARAUCARIA

Una especie de mono o lémur del pino
sin ningún interés para el mono,
en una especie de Cartago flaubertiano, te desafía–
este «gato paduano con lagartija», este «tigre en un matorral de
bambú».
«Un algo entretejido», que no se mostrará.
Olvídate del perro Foo que es de inmediato más que un perro,
su cola superpuesta sobre sí misma en una media espiral satisfecha,
este pino –este pino tigre– es un tigre, no un perro.
Sabe que si un nómada puede tener dignidad,
Gibraltar ha tenido de sobra–
que «es mejor estar solo que infeliz».
Conífera creada a imitación del arte glíptico de los tallistas de jade
y piedra dura,
una verdadera rareza en el apartado del coleccionismo de rarezas,
vale su peso en oro, pero nadie se lo lleva
de estos bosques en los que la torpeza de sus habitantes es colosal,
la feroz cabeza de crisantemo del león, parece amable en
comparación.
Esta rigidez tan compleja, punzante como el puercoespín–
esto es belleza– «una cierta proporción en el esqueleto que
da los mejores resultados».
Sin embargo, nadie sabe por qué está aquí,
en esta desolada zona de la tierra–
nadie sabe explicar su origen;
pero nosotros demostramos, no explicamos nuestro nacimiento.

INJUDICIOUS GARDENING

If yellow betokens infidelity,
I am an infidel.
I could not bear a yellow rose ill will
because books said that yellow boded ill,
white promised well.

However, your particular possession,
the sense of privacy,
indeed might deprecate
offended ears, and need not tolerate
effrontery.

JARDINERÍA INDISCRETA

Si el amarillo denota infidelidad,
  soy infiel.
    No podría desearle ningún mal a una rosa amarilla
    porque los libros digan que el amarillo es de mal agüero,
  y el blanco es buena señal.

Sin embargo, ese don especial tuyo,
  tu sentido de la privacidad,
    podría por supuesto menospreciar
    cualquier ofensa al oído, ni tiene por qué tolerar
  la insolencia.

TO MILITARY PROGRESS

You use your mind
like a millstone to grind
chaff.
You polish it
and with your warped wit
laugh

At your torso,
prostrate where the crow
falls
on such faint hearts
as its god imparts,
calls

and claps its wings
till the tumult brings
more
black minute-men
to revive again,
war

at little cost.
They cry for the lost
head
and seek their prize
till the evening sky's
red.

AL PROGRESO MILITAR

Usas tu cerebro
como una muela de triturar
   paja.
Lo abrillantas
y con tu pervertido ingenio
   te ríes

de tu torso,
postrado donde el cuervo
   desciende
sobre los débiles corazones
que su dios le asigna,
   llama

y bate las alas
hasta que el tumulto atrae a
   más
voluntarios negros
para volver a resurgir,
   guerra

a bajo coste.
Ellos lloran por la cabeza
   perdida
y buscan su presa
hasta que el cielo de la tarde
   enrojece.

AN EGYPTIAN PULLED GLASS BOTTLE IN THE SHAPE OF A FISH

Here we have thirst
and patience, from the first,
  and art, as in a wave held up for us to see
  in its essential perpendicularity;

not brittle but
intense–the spectrum, that
  spectacular and nimble animal the fish,
  whose scales turn aside the sun's sword by their polish.

UNA BOTELLA DE CRISTAL EGIPCIO
EN FORMA DE PEZ

Aquí tenemos sed
y paciencia, desde el principio,
   y arte, como en una ola erguida para que la veamos
   en su esencial perpendicularidad;

no frágil sino
intensa: el espectro de los colores, ese
   espectacular y ágil animal, el pez,
   cuyas brillantes escamas desvían la espada del sol.

TO A STEAM ROLLER

The illustration
is nothing to you without the application.
   You lack half wit. You crush all the particles down
      into close conformity, and then walk back and forth on them.

Sparkling chips of rock
are crushed down to the level of the parent block.
   Were not «impersonal judgment in aesthetic
      matters, a metaphysical impossibility,» you

might fairly achieve
it. As for butterflies, I can hardly conceive
   of one's attending upon you, but to question
      the congruence of the complement is vain, if it exists.

A UNA APISONADORA

La ilustración
no significa nada para ti sin la aplicación.
  Eres tonta. Aplastas las partículas
    en compacta conformidad y luego pasas por encima adelante y
atrás.

Relucientes esquirlas de roca
se trituran hasta el nivel del sillar originario.
  Si no fuera porque «en cuestiones estéticas
    el juicio impersonal es una imposibilidad metafísica», tú

podrías perfectamente lograrlo.
En cuanto a las mariposas, no puedo imaginarme
  que una se pose sobre ti; pero es inútil cuestionarse
    la coherencia del complemento, si es que siquiera existe.

TO A SNAIL

If «compression is the first grace of style,»
you have it. Contractility is a virtue
as modesty is a virtue.
It is not the acquisition of any one thing
that is able to adorn,
or the incidental quality that occurs
as a concomitant of something well said,
that we value in style,
but the principle that is hid:
in the absence of feet, «a method of conclusions»;
«a knowledge of principles,»
in the curious phenomenon of your occipital horn.

A UN CARACOL

Si «la concentración es la primera gracia del estilo»,
tú la tienes. Lo contráctil es una virtud
como la modestia es una virtud.
No es la adquisición de algo
que sirve de adorno,
ni la cualidad fortuita que surge
acompañando la frase brillante
lo que valoramos en el estilo,
sino el principio oculto:
en ausencia de pies, «un método de conclusiones»;
«un conocimiento de principios»,
en el curioso fenómeno de tu cuerno occipital.

«NOTHING WILL CURE THE SICK LION BUT TO EAT AN APE»

Perceiving that in the masked ball
attitude, there is a hollowness
that beauty's light momentum can't redeem;
   since disproportionate satisfaction anywhere
   lacks a proportionate air,

he let us know without offense
by his hands' denunciatory
upheaval, that he despised the fashion
   of curing us with an ape–making it his care
   to smother us with fresh air.

«NADA CURARÁ AL LEON ENFERMO SALVO COMERSE UN MONO»

Al percibir que en la actitud
del baile de máscaras hay una vacuidad
que el ímpetu fugaz de la belleza no puede redimir,
   y puesto que la satisfacción desmesurada en el ámbito que sea
   carece siempre de un aire mesurado,

él nos hace saber sin insolencia,
con el gesto de denuncia de su mano levantada,
que despreciaba la moda
   de curarnos con un mono: para cuidarnos
   él nos asfixiaba con aire fresco.

TO THE PEACOCK OF FRANCE

In «taking charge of your possessions when you saw them» you became
a golden jay.
Scaramouche said you charmed his charm away,
but not his color? Yes, his color when you liked.
Of chiseled setting and black-opalescent dye,
you were the jewelry of sense;
of sense, not license; you but trod the pace
of liberty in market-place
and court. Molière,
the huggermugger repertory of your first adventure, is your
own affair.

«Anchorites do not dwell in theatres,» and peacocks do not flourish
in a cell.
Why make distinctions? The results were well
when you were on the boards; nor were your triumphs bought
at horrifying sacrifice of stringency.
You hated sham; you ranted up
and down through the conventions of excess;
nor did the King love you the less
nor did the world,
in whose chief interest and for whose spontaneous delight,
your broad tail was unfurled.

AL PAVO REAL DE FRANCIA

Al «hacerte cargo de tus posesiones nada más verlas» te convertiste
en un arrendajo dorado.
¿Scaramouche dijo que tú le arrebatabas su encanto por encantamiento,
pero no su color? Sí, también su color cuando querías.
De cincelada montura y tinte negro opalino,
eras la joya de la razón;
de la razón, no de la disipación; pero tú avanzaste por el camino
de la libertad en el mercado
y la corte. Molière,
el desordenado repertorio de tu primera aventura es cosa
tuya.

«Los anacoretas no moran en los teatros», ni los pavos reales florecen
en una celda.
¿Por qué hacer distinciones? Los resultados fueron buenos
cuando estabas sobre las tablas; tus éxitos no fueron a costa
de terribles sacrificios de austeridad.
Odiabas la impostura; despotricabas arriba
y abajo contra las convenciones del exceso;
no te amó el rey menos por eso
ni tampoco el mundo,
en cuyo interés y espontáneo deleite, desplegabas tu amplia
cola.

THE PAST IS THE PRESENT

If external action is effete
and rhyme is outmoded,
I shall revert to you,
Habakkuk, as when in a Bible class
the teacher was speaking of unrhymed verse.
He said–and I think I repeat his exact words–
«Hebrew poetry is prose
with a sort of heightened consciousness.» Ecstasy affords
the occasion and expediency determines the form.

EL PASADO ES EL PRESENTE

Si la acción externa es estéril
y la rima está anticuada,
volveré a ti,
Habacuc, como cuando en clase de Biblia
el profesor hablaba del verso sin rima.
Dijo –y creo que repito sus palabras exactas–:
«La poesía hebrea es prosa
con una especie de conciencia exaltada». El éxtasis proporciona
el tema y la conveniencia determina la forma.

«HE WROTE THE HISTORY BOOK»

There! You shed a ray
of whimsicality on a mask of profundity so
terrific, that I have been dumbfounded by
it oftener than I care to say.
The *book? Titles are chaff.*

Authentically
brief and full of energy, you contribute to your father's
legibility and are sufficiently
synthetic. Thank you for showing me
your father's autograph.

«ÉL ESCRIBIÓ EL LIBRO DE HISTORIA»

¡Eso es! Emitías un rayo
de singularidad sobre una máscara de profundidad tan
tremenda que me ha dejado atónita
con más frecuencia de la que me atrevo a confesar.
¿*El* libro? Los títulos son una trivialidad.

Con fervor
sucinto y lleno de energía, tú contribuyes a la legibilidad
de tu padre y eres suficientemente
sintético. Gracias por mostrarme
el autógrafo de tu padre.

SOJOURN IN THE WHALE

Trying to open locked doors with a sword, threading
the points of needles, planting shade trees
upside down; swallowed by the opaqueness of one whom the seas
love better than they love you, Ireland–

you have lived and lived on every kind of shortage.
You have been compelled by hags to spin
gold thread from straw and have heard men say:
«There is a feminine temperament in direct contrast to ours,

which makes her do these things. Circumscribed by a
heritage of blindness and native
incompetence, she will become wise and will be forced to give in.
Compelled by experience, she will turn back;

water seeks its own level»:
and you have smiled. «Water in motion is far
from level.» You have seen it, when obstacles happened to bar
the path, rise automatically.

TEMPORADA EN LA BALLENA

Intentando abrir puertas con una espada, enhebrando
agujas por la punta, plantando árboles de sombra
boca abajo; engullida por la opacidad de una a quien los mares
aman más que a ti, Irlanda,

has vivido y sobrevivido a toda clase de escasez.
Los duendes te han obligado a hilar
paja en hebras de oro y has oído a los hombres decir:
«Es su temperamento femenino opuesto por completo al nuestro

el que le obliga a comportarse así. Circunscrita por una
herencia de ceguera y nativa
incompetencia, se volverá sensata y tendrá que rendirse.
Constreñida por la experiencia, retrocederá;

el agua busca su propio cauce».
Y tú has sonreído. «El agua en movimiento rebasa
el cauce.» Tú la has visto, cuando los obstáculos bloqueaban
el camino, alzarse automáticamente.

SILENCE

My father used to say,
«Superior people never make long visits,
have to be shown Longfellow's grave
or the glass flowers at Harvard.
Self-reliant like the cat–
that takes its prey to privacy,
the mouse's limp tail hanging like a shoelace from its mouth–
they sometimes enjoy solitude,
and can be robbed of speech
by speech which has delighted them.
The deepest feeling always shows itself in silence;
not in silence, but restraint.»
Nor was he insincere in saying, «Make my house your inn.»
Inns are not residences.

SILENCIO

Mi padre solía decir:
«La gente con clase nunca hace visitas largas,
ni hay que enseñarles la tumba de Longfellow
ni las flores de cristal en Harvard.
Seguros de sí mismos como el gato
–que lleva su presa a lugar privado,
la cola lacia del ratón colgando de la boca como cordón de zapato–,
a veces disfrutan de la soledad,
y se les puede dejar sin palabras
con palabras que les agraden.
El sentimiento más profundo se revela siempre en silencio;
no en el silencio, sino en la contención».
No le faltaba sinceridad al decir: «Haz de mi casa tu posada».
Las posadas no son domicilios.

WHAT ARE YEARS
(1941)

QUÉ SON LOS AÑOS
(1941)

WHAT ARE YEARS?

What is our innocence,
what is our guilt? All are
naked, none is safe. And whence
is courage: the unanswered question,
the resolute doubt–
dumbly calling, deafly listening–that
in misfortune, even death,
encourages others
and in its defeat, stirs

the soul to be strong? He
sees deep and is glad, who
accedes to mortality
and in his imprisonment rises
upon himself as
the sea in a chasm, struggling to be
free and unable to be,
in its surrendering
finds its continuing.

So he who strongly feels,
behaves. The very bird,
grown taller as he sings, steels
his form straight up. Though he is captive,
his mighty singing
says, satisfaction is a lowly
thing, how pure a thing is joy.
This is mortality,
this is eternity.

¿QUÉ SON LOS AÑOS?

¿Qué es nuestra inocencia,
cuál nuestra culpa? Todos
desnudos, ninguno a salvo. ¿Y de dónde
el valor: la pregunta incontestada,
la duda firme
–que calladamente llama, que sorda escucha–, que
en la desgracia, incluso en la muerte,
da valor a los demás
y, en su derrota, mueve

al espíritu a ser fuerte?
Sabio y dichoso aquel que
acepta que ha de morir
y en su prisión se eleva
sobre sí mismo como
el mar en una sima, luchando por ser
libre e incapaz de serlo,
y en ese abandono
halla su pervivencia.

Así se comporta
quien siente con vigor.
Como el ave que al cantar
yergue su cuerpo creciéndose.
Aunque cautivo, su poderoso canto
dice qué vulgar es la satisfacción,
qué pura la alegría.
Esto es ser mortal,
esto es ser eterno.

RIGOROUS

«We saw reindeer
browsing,» a friend who'd been in Lapland said:
«finding their own food; they are adapted

to scant reino
or pasture, yet they can run eleven
miles in fifty minutes; the feet spread when

the snow is soft,
and act as snow-shoes. They are rigorists,
however handsomely cutwork artists

of Lapland and
Siberia elaborate the trace
or saddle-girth with saw-tooth leather lace.

One looked at us
with its firm face part brown, part white–a queen
of alpine flowers. Santa Claus' reindeer, seen

at last, had gray-
brown fur, with a neck like edelweiss or
*lion's foot–*leontopodium *more*

exactly.» And
this candelabrum-headed ornament
for a place where ornaments are scarce, sent

to Alaska,
was a gift preventing the extinction
of the Eskimo. The battle was won

by a quiet man,
Sheldon Jackson, evangel to that race
whose reprieve he read in the reindeer's face.

AUSTEROS

«Vimos al reno
pastar», dijo un amigo que había estado en Laponia:
«procurándose comida; están adaptados

al escaso *reino*
o pasto, y aun así pueden correr once millas
en cincuenta minutos; los pies, extendidos en

la nieve blanda,
actúan como raquetas. Son austeros,
aunque artistas del bordado

en Laponia y
Siberia elaboren hermosos arreos,
monturas con cordón de cuero dentado.

Una nos miró
con su tranquilo rostro marrón y blanco –reina
de flores alpinas. El reno de Santa Claus, visto

al fin, tenía la piel
gris pardo y un cuello como edelweiss o
flor de nieve– *leontopodium*, más

exactamente». Y
este adorno con cabeza de candelabro
para un lugar en que el adorno escasea, enviado

a Alaska,
fue un regalo previendo la extinción
del esquimal. La batalla la ganó un

un hombre de paz,
Sheldon Jackson, evangelio para esta raza
cuyo indulto leyó en la cara del reno.

LIGHT IS SPEECH

One can say more of sunlight
than of speech; but speech
and light, each
aiding each–when French–
have not disgraced that still
unextirpated adjective.
Yes, light is speech. Free frank
impartial sunlight, moonlight,
starlight, lighthouse light,
are language. The Creach'h
d'Ouessant light-
house on its defenseless dot of
rock is the descendant of Voltaire

whose flaming justice reached
a man already harmed;
of unarmed
Montaigne whose balance,
maintained despite the bandit's
hardness, lit remorse's saving
spark; of Émile Littré,
philology's determined,
ardent eight-volume
Hippocrates-charmed
editor. A
man of fire, a scientist of
freedoms, was firm Maximilien

Paul Émile Littré. England
guarded by the sea,
we, with re-enforced Bartholdi's
Liberty holding up her
torch beside the port, hear France
demand, «Tell me the truth,
especially when it is

LUZ ES LA PALABRA

Se puede decir más de la luz del sol
   que de la palabra; pero palabra
   y luz, ayudándose una
a otra –si son «francas»–
no degradan ese
adjetivo que aún hoy se usa.
Sí, luz es la palabra. Libre, franca,
imparcial luz solar, luz lunar,
luz estelar, luz de faro,
   son lenguaje. El faro de Creach'h
d'Ouessant
sobre un pedazo de roca indefensa,
es el descendiente de Voltaire,

cuya justicia luminosa alcanzó
   a un hombre ya herido;
   del desarmado
Montaigne, cuyo equilibrio
se mantuvo a pesar de la dureza del
bandido y encendió la salvadora
chispa del remordimiento; de Émile Littré,
filólogo resuelto,
editor fascinado de los
   ocho ardientes volúmenes de
Hipócrates. Un
hombre fogoso, científico de
libertades, Maximilien

Paul Émile Littré fue constante. Inglaterra
   protegida por el mar,
   nosotros, con la robustecida Libertad
de Bartholdi levantando la
antorcha junto al puerto, oímos a Francia
pedir: «Dime la verdad,
especialmente si es

unpleasant.» And we
cannot but reply,
«The word France means
enfranchisement; means one who can
'animate whoever thinks of her.'»

desagradable». Y no
podemos sino responder:
«La palabra Francia significa
franqueza; significa la que
“anima a cualquiera que piense en ella”».

HE «DIGESTETH HARDE YRON»

Although the aepyornis
or roc that lived in Madagascar, and
the moa are extinct,
the camel-sparrow, linked
with them in size–the large sparrow
Xenophon saw walking by a stream–was and is
a symbol of justice.

This bird watches his chicks with
a maternal concentration–and he's
been mothering the eggs
at night six weeks–his legs
their only weapon of defense.
He is swifter than a horse; he has a foot hard
as a hoof; the leopard

is not more suspicious. How
could he, prized for plumes and eggs and young,
used even as a riding-beast, respect men
hiding actor-like in ostrich skins, with the right hand
making the neck move as if alive
and from a bag the left hand strewing grain, that ostriches

might be decoyed and killed! Yes, this is he
whose plume was anciently
the plume of justice; he
whose comic duckling head on its
great neck revolves with compass-needle nervousness
when he stands guard,

in S-like foragings as he is
preening the down on his leaden-skinned back.
The egg piously shown
as Leda's very own
from which Castor and Pollux hatched,

ÉL «DIGIERE EL DURO HIERRO»

Aunque el epiornis
o roc, que vivió en Madagascar, y
el moa se hayan extinguido,
el camello pardal, tan
grande como ellos –el enorme pardal
que Jenofonte vio paseando junto a un arroyo– fue y es
símbolo de justicia.

Este pájaro vigila a sus polluelos con
recogimiento maternal –tras haber
empollado sus huevos
seis semanas por la noche–,
sus patas como única defensa.
Es más veloz que un caballo; con pies duros
como pezuñas; ni el leopardo

es más suspicaz. ¡Cómo
pudo él, apreciado por sus plumas, huevos y crías,
utilizado incluso como cabalgadura, respetar al hombre
que, oculto como un actor en piel de avestruz,
accionaba el cuello con la mano derecha fingiéndose vivo
y, con la izquierda, desde una bolsa, esparcía grano

para poder así matar avestruces atraídas por el señuelo!
Sí, este es aquel cuya pluma fue antaño
pluma de la justicia; él,
cuya cómica cabeza de patito sobre su
gran cuello gira con la excitación de la aguja en la brújula
cuando está al acecho,

y forrajea como una S mientras
se acicala el plumón del plomizo pellejo de la grupa.
El huevo que religiosamente se muestra
como el de Leda,
del que Cástor y Pólux maduraron,

was an ostrich-egg. And what could have been more fit
for the Chinese lawn it

grazed on as a gift to an
emperor who admired strange birds, than this
one who builds his mud-made
nest in dust yet will wade
in lake or sea till only the head shows.

* * *

Six hundred ostrich-brains served
at one banquet, the ostrich-plume-tipped tent
and desert spear, jewel-
gorgeous ugly egg-shell
goblets, eight pairs of ostriches
in harness, dramatize a meaning
always missed by the externalist.

The power of the visible
is the invisible; as even where
no tree of freedom grows,
so-called brute courage knows.
Heroism is exhausting, yet
it contradicts a greed that did not wisely spare
the harmless solitaire

or great auk in its grandeur;
unsolicitude having swallowed up
all giant birds but an alert gargantuan
little-winged, magnificently speedy running-bird.
This one remaining rebel
is the sparrow-camel.

era un huevo de avestruz. ¿Y qué pudo adecuarse
mejor al césped chino donde

pastó como regalo para un
emperador amante de aves raras, que este
constructor de nidos de barro
en tierra aunque tenga que vadear
el lago o el mar hasta que solo asoma la cabeza?

* * *

Seiscientos sesos de avestruz servidos
en un banquete, bajo carpa coronada con plumas
de avestruz y lanza del desierto,
en feas copas de cascarón
enjoyadas, ocho pares de avestruces
enjaezados escenifican un propósito
que siempre escapa a los superficiales.

El poder de lo visible
es lo invisible; y aun allí donde
el árbol de la libertad no crece,
el llamado valor bruto lo sabe.
El heroísmo es agotador, pero
se opone a la gula imprudente que no perdonó
al inofensivo solitario

ni al gran alca en su grandeza;
aunque el descuido haya devorado
todos los pájaros gigantes menos a este atento gargantúa
alicorto, velocísimo pájaro corredor.
Este que permanece rebelde
es el camello pardal.

THE STUDENT

«In America,» began
the lecturer, «everyone must have a
degree. The French do not think that
all can have it, they don't say everyone
must go to college.» We
incline to feel
that although it may be unnecessary

to know fifteen languages,
one degree is not too much. With us, a
school–like the singing tree of which
the leaves were mouths singing in concert–
is both a tree of knowledge
and of liberty–,
seen in the unanimity of college

mottoes, Lux et veritas,
Christo et ecclesiae, Sapiet
felici. *It may be that we*
have not knowledge, just opinions, that we
are undergraduates,
not students; we know
we have been told with smiles, by expatriates

of whom we had asked «When will
your experiment be finished?» «Science
is never finished.» Secluded
from domestic strife, Jack Bookworm led a
college life, says Goldsmith;
and here also as
in France or Oxford, study is beset with

dangers–with bookworms, mildews,
and complaisancies. But someone in New
England has known enough to say

EL ESTUDIOSO

«En América», empezó
el conferenciante, «todos deben tener un
título. Los franceses no creen que
todos puedan tenerlo, no dicen que todo el mundo
   deba ir a la universidad.»
Nos inclinamos a pensar
   que, aunque pueda ser innecesario

conocer quince lenguas,
un título no es demasiado. Para nosotros, una
escuela –como el árbol cantor cuyas
hojas eran bocas cantando a coro–
   es tanto árbol de libertad
como de conocimiento,
   patente en la unanimidad

de los lemas universitarios, *lux et veritas,*
Christo et ecclesiae, sapiet
felici. Puede ser que nosotros
no tengamos conocimiento, sino solo opiniones,
   que seamos alumnos,
no estudiosos; sabemos
   que a nuestra pregunta:

«¿Cuándo terminaréis vuestro experimento?»,
un expatriado ha respondido con una sonrisa: «La ciencia
no termina nunca». Apartado
de la lucha doméstica, Jack Bookworm llevó
   –dice Goldsmith– una vida universitaria;
y aquí también el estudio está rodeado,
   como en Oxford o Francia,

de peligros: polilla, moho
y beneplácitos. Pero alguien en Nueva
Inglaterra sabe lo bastante como para decir

that the student is patience personified,
a variety
of hero, «patient
of neglect and of reproach,»–who can «hold by

himself.» You can't beat hens to
make them lay. Wolf's wool is the best of wool,
but it cannot be sheared because
the wolf will not comply. With knowledge as
with the wolf's surliness,
the student studies
voluntarily, refusing to be less

than individual. He
«gives his opinion and then rests upon it»;
he renders service when there is
no reward, and is too reclusive for
some things to seem to touch
him, not because he
has no feeling but because he has so much.

que el estudioso es la paciencia personificada,
  una variedad
de héroe, «paciente
  de abandono y censura», que «se sostiene

a sí mismo». No se puede pegar a la gallina
para obligarle a poner. La lana del lobo es la mejor,
pero no puede esquilarse porque
el lobo no se somete. Con el conocimiento, como
  con la hosquedad del lobo,
el estudioso estudia
  voluntariamente, negándose a ser menos

que un individuo.
«Da su opinión y la mantiene»;
presta servicio cuando no hay
recompensa, y es demasiado solitario para
  dar la impresión de que hay cosas que
le afectan, no porque no tenga
  sentimientos, sino porque tiene demasiados.

SMOOTH GNARLED CRAPE MYRTLE

A brass-green bird with grass-
green throat smooth as a nut springs from
twig to twig askew, copying the
Chinese flower piece–business-like atom
in the stiff-leafed tree's blue-
pink dregs-of-wine pyramids
of mathematic
circularity; one of a
pair. A redbird with a hatchet
crest lights straight, on a twig
between the two, bending the
peculiar
bouquet down; and there are

moths and ladybugs,
a boot-jack firefly with black wings
and a pink head. «The legendary white-
eared black bulbul that sings
only in pure Sanskrit» should
be here–«tame clever
true nightingale.» The cardinal-
bird that is usually a
pair, looks somewhat odd, like
«the ambassadorial
Inverness
worn by one who dresses

in New York but dreams of
London.» It was artifice saw,
on a patch-box pigeon-egg, room for
fervent script, and wrote as with a bird's claw
under the pair on the
hyacinth-blue lid–«joined in
friendship, crowned by love.»
An aspect may deceive; as the

TERSA LAGERSTROEMIA RUGOSA

Un pájaro verde latón con garganta verde hierba
tersa como una nuez salta de soslayo
de rama en rama, imitando la
flor de porcelana china –eficiente átomo
entre pirámides de circularidad matemática,
azul rosáceo como posos de vino
de este árbol de hoja rígida;
es uno de una pareja.
Un cardenal de roja cresta afilada
se posa erguido, sobre una ramita
entre los otros dos, inclinando el
peculiar
ramillete; y hay

polillas y mariquitas,
una luciérnaga sacabotas de ala negra
y cabeza rosa. «El legendario
ruiseñor persa negro de oreja blanca que solo canta
en puro sánscrito» debería
estar aquí, «inteligente, dócil
y verdadero ruiseñor». El pájaro
cardenal, que generalmente va en
pareja, resulta en cierto modo raro, como
«el macferlán
de embajador
llevado por alguien que se viste

en Nueva York pero sueña con
Londres». Era una máxima ingeniosa,
sobre una caja que imitaba un huevo de pichón, lugar para
una ardiente inscripción, escrita como con uña de pájaro
bajo la pareja, sobre la
tapa azul jacinto: «Unidos en
la amistad, coronados por el amor».
Un aspecto puede engañar; como la trompa

elephant's columbine-tubed trunk
held waveringly out–
an at will heavy thing–is
delicate.
Art is unfortunate.

One may be a blameless
bachelor, and it is but a step
to Congreve. A Rosalindless
redbird comes where people are, knowing they
have not made a point of
being where he is–this bird
which says not sings, «without
loneliness I should be more
lonely, so I keep it»–half in
Japanese. And what of
our clasped hands that swear, «By Peace
Plenty; as
by Wisdom Peace.» Alas!

del elefante similar al tallo tubular de la aguileña
que se tiende ondulante
–un objeto pesado a voluntad–
es delicada.
El arte es desafortunado.

Se puede ser un soltero
sin tacha y estamos a un paso de
Congreve. Un pájaro cardenal
sin su Rosalinda acude donde hay gente, sabiendo que ellos
no han movido un dedo
por estar donde él está –este pájaro
que habla, no canta, medio en
japonés: «sin
soledad estaría más solo,
por eso la mantengo»–. Y qué decir de
nuestras manos entrelazadas que juran: «Por la Paz,
Abundancia; por la
Sabiduría, Paz». ¡Amén!

BIRD-WITTED

With innocent wide penguin eyes, three
large fledgling mocking birds below
the pussy-willow tree,
stand in a row,
wings touching, feebly solemn,
till they see
their no longer larger
mother bringing
something which will partially
feed one of them.

Toward the high-keyed intermittent squeak
of broken carriage-springs, made by
the three similar, meek-
coated bird's-eye
freckled forms she comes; and when
from the beak
of one, the still living
beetle has dropped
out, she picks it up and puts
it in again.

Standing in the shade till they have dressed
their thickly filamented, pale
pussy-willow-surfaced
coats, they spread tail
and wings, showing one by one,
the modest
white stripe lengthwise on the
tail and crosswise
underneath the wing, and the
accordion

is closed again. What delightful note
with rapid unexpected flute-

CABEZA DE CHORLITO

Con inocentes ojos abiertos de pingüino,
   tres grandes sinsontes inexpertos bajo
el sauce
   permanecen en fila,
ala con ala, delicadamente solemnes,
hasta que ven
      a su madre tan grande
      como ellos trayendo
algo que parcialmente
alimentará a uno.

Hacia el agudo crujido intermitente
   de carro con ballestas rotas, que
emiten los tres cuerpecitos sumisos
   moteados de prímulas,
ella se dirige; y cuando
del pico
      de uno, el escarabajo
      aún vivo cae
al suelo, ella lo recoge y se lo
vuelve a dar.

Permanece en la sombra hasta que ellos se peinan
   su denso plumaje filamentoso,
recubierto del pálido manto del sauce,
   extienden la cola y
las alas, mostrando, uno a uno,
la sencilla
      raya blanca que recorre la
      cola y atraviesa
el ala por debajo, y el
acordeón

se vuelve a cerrar. ¿Qué delicioso trino,
   de rápidos e imprevistos sones

sounds leaping from the throat
    of the astute
grown bird, comes back to one from
the remote
        unenergetic sun-
        lit air before
the brood was here? How harsh
the bird's voice has become.

A piebald cat observing them,
    is slowly creeping toward the trim
trio on the tree-stem.
    Unused to him
the three make room–uneasy
new problem.
        A dangling foot that missed
        its grasp, is raised
and finds the twig on which it
planned to perch. The

parent darting down, nerved by what chills
    the blood, and by hope rewarded–
of toil–since nothing fills
    squeaking unfed
mouths, wages deadly combat,
and half kills
        with bayonet beak and
        cruel wings, the
intellectual cautious-
ly c r e e p ing cat.

aflautados brotando de la garganta
  del astuto
pájaro adulto, llega del
lejano
    aire tibio
    otoñal antes
de que la prole estuviera aquí? Qué áspera
se ha vuelto la voz del pájaro.

Un gato moteado los observa,
  arrastrándose lento hacia el pulcro
trío sobre el tronco del árbol.
  Como no lo conocen
los tres le hacen sitio, inquietante
y nueva dificultad.
    Una pata que pende, perdido
    el control, se levanta
y encuentra la ramita sobre la
que planeaba colgarse. La

madre como una saeta, animada por lo que hiela
  la sangre y recompensada por la esperanza–
de la lucha– puesto que nada llena
  las chirriantes bocas
hambrientas, emprende un combate a muerte
y medio mata
    con pico de bayoneta y
    alas despiadadas al
gato intelectual
que r e p t a cauteloso.

VIRGINIA BRITANNIA

Pale sand edges England's Old
Dominion. The air is soft, warm, hot
above the cedar-dotted emerald shore
known to the redbird, the red-coated musketeer,
the trumpet flower, the cavalier,
the parson, and the wild parishioner. A deer-
track in a church-floor
brick, and a fine pavement tomb with engraved top, remain.
The now tremendous vine-encompassed hackberry,
starred with the ivy-flower,
shades the tall tower.
And a great sinner lyeth here under the sycamore.

A fritillary zigzags
toward the chancel-shaded resting-place
of this unusual man and sinner who
waits for a joyful resurrection. We-re-wo-
co-mo-co's fur crown could be no
odder than we were, with ostrich, Latin motto,
and small gold horseshoe:
arms for an able sting-ray-hampered pioneer–
painted as a Turk, it seems–continuously
exciting Captain Smith
who, patient with
his inferiors, was a pugnacious equal, and to

Powhatan as unflattering
as grateful. Rare Indian, crowned by
Christopher Newport! The Old Dominion has
all-green box-sculptured grounds.
An almost English green surrounds
them. Care has formed among un-English insect sounds,
the white wall-rose. As
thick as Daniel Boone's grape vine, the stem has wide-spaced great

VIRGINIA BRITÁNICA

La pálida arena bordea el Antiguo Dominio
británico. Sobre la costa esmeralda
moteada de cedros, familiar al pájaro cardenal,
mosquetero de capa roja, al jazmín trompeta,
al jinete, al párroco y al salvaje parroquiano,
el aire es suave, cálido, tórrido. La huella de un ciervo
en la losa del suelo de una iglesia
y una hermosa tumba con lápida esculpida, perduran.
El almez, ahora inmenso, rodeado por la parra,
estrellado con flores de hiedra,
sombrea el campanario;
y aquí, bajo el sicomoro, yace un gran pecador.

Una fritilaria serpentea
hacia el sombreado presbiterio, lugar de reposo
de este pecador, este hombre singular,
que espera una gloriosa resurrección. La corona
de piel de We-re-wo-co-mo-co no podía resultar más
extraña que nosotros, con el avestruz, la máxima en latín,
y la pequeña herradura de oro:
emblemas para un valiente pionero, oprimido como un pez raya
–y según parece, pintado como un turco–, el siempre
estimulante capitán Smith
que, paciente con
sus subordinados, era beligerante con sus iguales y, con

Powhatan, agradecido
sin adulación. ¡Indio extraordinario, coronado por
Christopher Newport! El Antiguo Dominio tiene
parques de boj esculpido siempre verde.
Los rodea un césped casi inglés.
El desvelo ha levantado, entre el zumbido de insectos no ingleses,
el blanco rosal trepador. Tan
grueso como la parra de Daniel Boone, en el tallo alternan grandes
verrugas romas,

blunt alternating ostrich-skin warts that were thorns.
Care has formed walls of yew
since Indians knew
the Fort Old Field and narrow tongue of land that Jamestown was.

Observe the terse Virginian,
the mettlesome gray one that drives the
owl from tree to tree and imitates the call
of whippoorwill or lark or katydid–the lead-
gray lead-legged mocking-bird with head
held half away, and meditative eye as dead
as sculptured marble
eye, alighting noiseless, musing in the semi-sun,
standing on tall thin legs as if he did not see,
conspicuous, alone,
on the stone-
topped table with lead cupids grouped to form the pedestal.

Narrow herring-bone-laid bricks,
a dusty pink beside the dwarf box-
bordered pansies, share the ivy-arbor shade
with cemetery lace settees, one at each side,
and with the bird: box-bordered tide-
water gigantic jet black pansies–splendor; pride–
not for a decade
dressed, but for a day, in over-powering velvet; and
gray-blue-Andalusian-cock-feather pale ones,
ink-lined on the edge, fur-
eyed, with ochre
on the cheek. The at first slow, saddle-horse quick cavalcade

of buckeye-burnished jumpers
and five-gaited mounts, the work-mule and
show-mule and witch-cross door and «strong sweet prison»
are a part of what has come about–in the Black
idiom–from «advancin' back-
wards in a circle»; from taking the Potomac
cowbirdlike, and on
the Chickahominy establishing the Negro,
inadvertent ally and best enemy of

como de piel de avestruz, que un día fueron espinas.
El esmero ha levantado muros de tejo
desde la época en que los indios conocieron
el Fuerte Old Field y la estrecha lengua de tierra que fue Jamestown.

Observad al sobrio virginiano,
el valiente pájaro gris que lleva a
la lechuza de árbol en árbol e imita la llamada
del chotacabras, la alondra o la chicharra,
el pájaro burlón de color plomizo y patas plúmbeas,
la cabeza inclinada a un lado y los ojos pensativos tan muertos
como esculpidos en mármol,
posándose sin ruido, meditando en la penumbra,
de pie sobre sus largas patas delgadas, como si no viese,
llamativo, solitario,
sobre la mesa de piedra
con un grupo de cupidos de plomo formando el pedestal.

Estrechos ladrillos como espinas de arenque,
un rosa polvoriento junto a los pensamientos enanos
bordeados de boj, comparten la sombra del cenador de hiedra
con bancos de cementerio acordonados, uno a cada lado,
y con el pájaro: dentro de la franja de boj,
los gigantes pensamientos costeros, negro azabache
–esplendor, orgullo–,
vestidos, no para una década, sino para un día, de irresistible
terciopelo; y del pálido gris azulado de las plumas
de gallo andaluz,
perfiladas de tinta en los bordes, ojo de piel
con ocre en la mejilla. El desfile a caballo, primero lento, después
veloz,

de los saltadores lustrosos como castañas de Indias,
y la monta al trote y al galope, el mulo de trabajo y
el de exhibición, la cruz en la puerta de la bruja
y la «severa y dulce prisión» son una parte del resultado
–en el habla de los negros– del «avanzar
hacia atrás en círculos»; de coger al garrapatero
del Potomac, y
de haber asentado al Negro en Chickahominy,
involuntario aliado y el mejor enemigo de la tiranía.

tyranny. Rare unscent-
ed, provident-
ly hot, too sweet, inconsistent flower bed! Old Dominion

flowers are curious. Some wilt
in daytime and some close at night. Some
have perfume; some have not. The scarlet much-quilled
fruiting pomegranate, the African violet,
fuchsia and camellia, none; yet
the house-high glistening green magnolia's velvet-
textured flower is filled
with anesthetic scent as inconsiderate as
the gardenia's. Even the gardenia-sprig's
dark vein on greener
leaf when seen
against the light, has not near it more small bees than the frilled

silk substanceless faint flower of
the crape-myrtle has. Odd Pamunkey
princess, birdclaw-ear-ringed; with a pet raccoon
from the Mattaponi (what a bear!). Feminine
odd Indian young lady! Odd thin-
gauze-and-taffeta-dressed English one! Terrapin
meat and crested spoon
feed the mistress of French plum-and-turquoise-piped chaise-longue;
of brass-knobbed slat front door, and everywhere open
shaded house on Indian-
named Virginian
streams in counties named for English lords. The rattlesnake soon

said from our once dashingly
undiffident first flag, «Don't tread on
me»–tactless symbol of a new republic.
Priorities were cradled in this region not
noted for humility; spot
that has high-singing frogs, cotton-mouth snakes and cot-
ton-fields; a unique
Lawrence pottery with loping wolf design; and too
unvenomous terrapin in tepid greenness,
idling near the sea-top;

¡Arriate incongruente, empalagoso y
precavidamente cálido
de raras flores sin perfume! Las flores

del Antiguo Dominio son curiosas. Unas se marchitan
durante el día y otras se cierran por la noche. Unas
tienen perfume, y otras, no. La flor escarlata y plumosa
del granado, la violeta africana,
la fucsia y la camelia no tienen olor;
pero la aterciopelada flor del magnolio
alto como una casa verde brillante,
está colmada de un perfume anestésico, tan indiscreto
como el de la gardenia. Ni el nervio oscuro
de la hoja en un ramito de gardenia,
que parece más verde visto a contraluz,
está tan asediado por pequeñas abejas como lo está

la pálida, sedosa y evanescente flor fruncida
de la *Lagerstroemia indica*. La extraña princesa
Pamunkey con sus pendientes de garra de pájaro y su mapache
del Mattaponi (¡qué oso!). ¡Extraña
y femenina joven dama india! ¡Extraña
dama inglesa vestida de muselina y tafetán!
Carne de tortuga y cuchara heráldica
alimentan a la señora de la *chaise-longue* francesa de caña
verde ciruela y azul turquesa;
de la casa sombreada, abierta a todos lados,
con puerta principal de madera y manilla de latón,
a la orilla de arroyos virginianos de nombre indio
en condados con nombre de aristócrata inglés. De la que un día fue

nuestra vigorosa y arrogante primera bandera,
la serpiente cascabel pronto dijo: «No me aplastéis»
–símbolo indiscreto de una nueva república–.
El derecho de prioridad nació en esta región
que no se distingue por su humildad; lugar
rico en ranas cantoras, serpientes de boca de algodón y
campos de algodón; una incomparable
cerámica Lawrence con dibujos de lobos corriendo; y también
inocuas tortugas en un verdor tibio,
ganduleando junto a la orilla del mar;

tobacco-crop
records on church walls; a Devil's Woodyard; and the one-brick-

thick serpentine wall built by
Jefferson. Like strangler figs choking
a banyan, not an explorer, no imperialist,
not one of us, in taking what we
pleased–in colonizing as the
saying is–has been a synonym for mercy.
The redskin with the deer-
fur crown, famous for his cruelty, is not all brawn
and animality. The outdoor tea-table,
the mandolin-shaped big
and little fig,
the silkworm-mulberry, the French mull dress with the Madeira-

vine-accompanied edge are,
when compared with what the colonists
found here in tidewater Virginia, stark
luxuries. The mere brown hedge-sparrow, with reckless
ardor, unable to suppress
his satisfaction in man's trustworthy nearness,
even in the dark
flutes his ecstatic burst of joy–the caraway seed-
spotted sparrow perched in the dew-drenched juniper
beside the window-ledge;
this little hedge-
sparrow that wakes up seven minutes sooner than the lark.

The live oak's darkening filigree
of undulating boughs, the etched
solidity of a cypress indivisible
from the now aged English hackberry,
become with lost identity,
part of the ground, as sunset flames increasingly
against the leaf-chiseled
blackening ridge of green; while clouds, expanding above
the town's assertiveness, dwarf it, dwarf arrogance
that can misunderstand
importance; and
are to the child an intimation of what glory is.

inscripciones sobre la cosecha de tabaco
en los muros de la iglesia; un almacén de madera de olivo y

el muro sinuoso del grosor de un ladrillo construido
por Jefferson. Como higueras opresoras sofocando un
baniano, ni el explorador, ni el imperialista,
ninguno de nosotros, al apropiarnos de lo que
deseábamos –al colonizar, como lo llaman–,
ha sido sinónimo de compasión.
El piel roja con corona de piel de ciervo
famoso por su crueldad no es todo músculo
y animalidad. La mesa de té en el jardín,
el higo grande o pequeño
con forma de mandolina,
la morera de los gusanos de seda, el vestido francés de muselina

con ribete color vino de Madeira son,
comparados con lo que los colonizadores
encontraron aquí, en la costa de Virginia, meros
lujos. La simple curruca parda, con ardor
temerario, incapaz de ocultar
su satisfacción por la fidedigna vecindad humana,
incluso en la oscuridad
silba su extasiada explosión de alegría –el gorrión
moteado como con semilla de alcaravea, subido al junípero
empapado de rocío, junto a la repisa de la ventana;
esta pequeña curruca
que se despierta siete minutos antes que la alondra.

La ensombrecida filigrana en la rama ondulada
del roble perenne, la indeleble
solidez de un ciprés inseparable
del ahora vetusto almez inglés,
se convierten en parte de la tierra
perdiendo su identidad, cuando la puesta del sol creciente
se incendia contra el cincelado perfil ennegrecido
de la hoja; mientras las nubes, extendiéndose sobre
la agresividad de la ciudad, la merman, merman la ignorancia
que puede malinterpretar
lo valioso; e
insinúan al niño en qué consiste la gloria.

has not altered;–
a place as kind as it is green,
the greenest place I've never seen.
Every name is a tune.
Denunciations do not affect
the culprit; nor blows, but it
is torture to him to not be spoken to.
They're natural,–
the coat, like Venus'
mantle lined with stars,
buttoned close at the neck,–the sleeves new from disuse.

If in Ireland
they play the harp backward at need,
and gather at midday the seed
of the fern, eluding
their «giants all covered with iron,» might
there be fern seed for unlearn-
ing obduracy and for reinstating
the enchantment?
Hindered characters
seldom have mothers
in Irish stories, but they all have grandmothers.

It was Irish;
a match not a marriage was made
when my great great grandmother'd said
with native genius for
disunion, «Although your suitor be
perfection, one objection
is enough; he is not
Irish.» Outwitting
the fairies, befriending the furies,
whoever again
and again says, «I'll never give in,» never sees

no ha cambiado–;
   un lugar tan amable como verde,
   el lugar más verde que he visto jamás.
Cada nombre es una tonada.
Las condenas no afectan
      al reo; ni los golpes, pero es
una tortura para él que no le hablen.
Son gente natural–
         el abrigo, como el manto
de Venus forrado de estrellas,
ajustado al cuello con un botón–, las mangas, nuevas de no usarlas.

Si en Irlanda
   tocan el arpa al revés, si es preciso,
   y recogen al mediodía semilla
de helecho para eludir
a sus «gigantes cubiertos de hierro», ¿podría
      haber semilla de helecho para des-
aprender la terquedad y restablecer
el hechizo?
         Los personajes problemáticos
de los cuentos irlandeses rara vez tienen madre,
pero todos tienen abuela.

Un cuento irlandés:
   organizaron una pelea, no un matrimonio,
   cuando mi tatarabuela, con su nativo
genio para la desunión, dijo:
«Aunque tu pretendiente sea
      la perfección, una objeción
es suficiente; no es
irlandés». Burlando
         a las hadas, ayudando a las furias,
quienquiera que diga
una y otra vez: «Jamás me rendiré», no ve

that you're not free
until you've been made captive by
supreme belief,–credulity
you say? When large dainty
fingers tremblingly divide the wings
of the fly for mid-July
with a needle and wrap it with peacock-tail,
or tie wool and
buzzard's wing, their pride,
like the enchanter's
is in care, not madness. Concurring hands divide

flax for damask
that when bleached by Irish weather
has the silvered chamois-leather
water-tightness of a
skin. Twisted torcs and gold new-moon-shaped
lunulae aren't jewelry
like the purple-coral fuchsia-tree's. Eire–
the guillemot
so neat and the hen
of the heath and the
linnet spinet-sweet–bespeak relentlessness? Then

they are to me
like enchanted Earl Gerald who
changed himself into a stag, to
a great green-eyed cat of
the mountain. Discommodity makes
them invisible; they've dis-
appeared. The Irish say your trouble is their
trouble and your
joy their joy? I wish
I could believe it;
I'm troubled, I'm dissatisfied, I'm Irish.

que uno no es libre
hasta que no es prisionero de la
suprema creencia, ¿credulidad
dices? Cuando a mediados de julio
grandes y delicados dedos separan temblorosos,
con una aguja, las alas de la mosca
y la envuelven en plumas de pavo real,
o atan lana y ala
de milano, su orgullo,
como el del hechicero,
está en el cuidado, no es locura. Las manos reunidas

separan lino para damasco
que, blanqueado por el clima irlandés,
parece plateada piel de gamuza con
la impermeabilidad de una
piel. Gargantillas retorcidas y lúnulas de oro en forma de luna
nueva no son joyería
como el coral púrpura de la fucsia. Eire:
el alca
tan pulcra, la gallina
del brezal y la
dulce espineta del jilguero, ¿revelan inflexibilidad?

Entonces, son para mí
como el hechizado conde Gerald
convertido a sí mismo en ciervo, en
un gran gato montés de ojos
verdes. La incomodidad los hace
invisibles; des-
aparecen. ¿Los irlandeses dicen que tu inquietud es su
inquietud y tu
alegría, su alegría? Desearía
poder creerlo;
estoy inquieta, estoy descontenta, soy irlandesa.

FOUR QUARTZ CRYSTAL CLOCKS

There are four vibrators, the world's exactest clocks;
and these quartz timepieces that tell
time intervals to other clocks,
these worksless clocks work well;
independently the same, kept in
the 41° Bell
Laboratory time

vault. Checked by a comparator with Arlington,
they punctualize the «radio,
cinéma,» and «presse»–a group the
Giraudoux truth-bureau
of hoped-for accuracy has termed
«instruments of truth.» We know–
as Jean Giraudoux says

certain Arabs have not heard–that Napoleon
is dead; that a quartz prism when
the temperature changes, feels
the change and that the then
electrified alternate edges
oppositely charged, threaten
careful timing; so that

this water-clear crystal as the Greeks used to say,
this «clear ice» must be kept at the
same coolness. Repetition, with
the scientist, should be
synonymous with accuracy.
The lemur-student can see
that an aye-aye is not

an angwan-tíbo, potto, or loris. The sea-
side burden should not embarrass
the bell-boy with the buoy-ball

CUATRO RELOJES DE CRISTAL DE CUARZO

Hay cuatro péndulos, los relojes más exactos del mundo;
y estas piezas de cuarzo que dan
los intervalos de tiempo a otros relojes,
estos relojes sin engranaje funcionan a la perfección;
independientes e iguales, guardados a
41° en la cripta del tiempo
del Laboratorio Bell.

Verificados con Arlington por un medidor,
sincronizan «la radio,
le cinéma» y «la presse» –un grupo al que el
centro de precisión Giraudoux,
de presumible exactitud, ha llamado
«instrumentos de precisión». Sabemos,
como dice Jean Giraudoux,

que algunos árabes no han oído que Napoleón
ha muerto; que un prisma de cuarzo,
cuando la temperatura cambia, nota
el cambio y que entonces los
bordes alternos, electrificados
con carga opuesta, amenazan
la precisión horaria; así

ese cristal transparente como el agua, decían los griegos,
ese «hielo diáfano» debe mantenerse
a un frío constante. La repetición debería ser
para los científicos
sinónimo de precisión.
El estudioso del lémur distingue
un ayeaye de

un anguantibo, de un potto o de un lori.
El trabajo en la playa no debería confundir
al botones con la boya

endeavoring to pass
hotel patronesses; nor could a
practiced ear confuse the glass
eyes for taxidermists

with eye glasses from the optometrist. And as
MEridian-7 one-two
one-two gives, each fifteenth second
in the same voice, the new
data–«The time will be» so and so–
you realize that «when you
hear the signal,» you'll be

hearing Jupiter or jour pater, the day god–
the salvaged son of Father Time–
telling the cannibal Chronos
(eater of his proxime
newborn progeny) that punctuality
is not a crime.

que trata de hacer frente
a las clientas del hotel; ni puede
un oído experto tomar los ojos de
cristal para taxidermistas

por cristal para los ojos del optometrista. Y
cuando MEridiano-7 uno-dos
uno-dos da, cada quince segundos,
en el mismo tono de voz, los nuevos
datos –«La hora es» tal y cual–,
te das cuenta de que «cuando
oigas la señal», estarás

oyendo a Júpiter o *jour pater*, el dios del día
–el hijo rescatado del Padre Tiempo–,
que dice al caníbal Cronos
(devorador de sus
vástagos recién nacidos) que la puntualidad
no es un crimen.

THE PANGOLIN

Another armored animal–scale
lapping scale with spruce-cone regularity until they
form the uninterrupted central
tail-row! This near artichoke with head and legs and grit-equipped gizzard,
the night miniature artist engineer is,
yes, Leonardo da Vinci's replica–
impressive animal and toiler of whom we seldom hear.
Armor seems extra. But for him,
the closing ear-ridge–
or bare ear lacking even this small
eminence and similarly safe

contracting nose and eye apertures
impenetrably closable, are not; a true ant-eater,
not cockroach-eater, who endures
exhausting solitary trips through unfamiliar ground at night,
returning before sunrise; stepping in the moonlight,
on the moonlight peculiarly, that the outside
edges of his hands may bear the weight and save the claws
for digging. Serpentined about
the tree, he draws
away from danger unpugnaciously,
with no sound but a harmless hiss; keeping

the fragile grace of the Thomas-
of-Leighton Buzzard Westminster Abbey wrought-iron vine, or
rolls himself into a ball that has
power to defy all effort to unroll it; strongly intailed, neat
head for core, on neck not breaking off, with curled-in feet.
Nevertheless he has sting-proof scales; and nest
of rocks closed with earth from inside, which he can thus darken.
Sun and moon and day and night and man and beast
each with a splendor

EL PANGOLÍN

Otro animal acorazado –las escamas
se ensamblan con regularidad de piña de abeto hasta
formar el ininterrumpido renglón central del rabo.
Esta cuasi alcachofa con cabeza, patas y molleja pedregosa,
este ingeniero artista, miniatura nocturna es,
sí, la réplica de Leonardo da Vinci–
animal inquietante y trabajador del que rara vez se habla.
Parece que le sobre la coraza. Pero a él,
el reborde de la oreja que se cierra,
o el desnudo oído carente incluso de esta pequeña
distinción, con nariz contráctil igualmente

segura y orificios oculares
de cierre blindado, no le sobran; verdadero devorador
de hormigas, no de cucarachas, soporta
agotadores viajes nocturnos en solitario por terrenos desconocidos,
y regresa antes del alba; camina de forma insólita en el
claro de luna, sobre el claro de luna, con los nudillos
de las manos sosteniendo el peso y así proteger las uñas
para escarbar. Enroscado alrededor
del árbol, se libra
del peligro pacíficamente,
sin ruido, salvo un inofensivo silbido; conserva

la frágil gracia de la parra en hierro forjado
de Thomas de Leighton Buzzard en la abadía de Westminster, o
se enrolla como una pelota capaz
de desafiar cualquier intento de estirarlo; fuertemente encolado,
limpia cabeza en el centro, sobre cuello irrompible y pies
ovillados. Sin embargo, tiene escamas a prueba de aguijón;
y una guarida de rocas cerrada con tierra por dentro
para poder así oscurecerla.
Sol y luna, día y noche, hombre y animal,
cada cual con su esplendor,

which man in all his vileness cannot
set aside; each with an excellence!

«Fearful yet to be feared,» the armored
ant-eater met by the driver-ant does not turn back, but
engulfs what he can, the flattened sword-
edged leafpoints on the tail and artichoke set leg- and body-plates
quivering violently when it retaliates
and swarms on him. Compact like the furled fringed frill
on the hat-brim of Gargallo's hollow iron head of a
matador, he will drop and will
then walk away
unhurt, although if unintruded on,
he cautiously works down the tree, helped

by his tail. The giant-pangolin-
tail, graceful tool, as prop or hand or broom or ax, tipped like
an elephant's trunk with special skin,
is not lost on this ant- and stone-swallowing uninjurable
artichoke which simpletons thought a living fable
whom the stones had nourished, whereas ants had done
so. Pangolins are not aggressive animals; between
dusk and day they have the not unchain-like machine-like
form and frictionless creep of a thing
made graceful by adversities, con-

versities. To explain grace requires
a curious hand. If that which is at all were not forever,
why would those who graced the spires
with animals and gathered there to rest, on cold luxurious
low stone seats–a monk and monk and monk–between the thus
ingenious roofsupports, have slaved to confuse
grace with a kindly manner, time in which to pay a debt,
the cure for sins, a graceful use
of what are yet
approved stone mullions branching out across
the perpendiculars? A sailboat

que ni el hombre con toda su vileza puede
ignorar; ¡cada uno con su excelencia!

«Temeroso hasta de ser temido»; el acorazado
hormiguero enfrentado a la hormiga devoradora no retrocede,
sino que engulle lo que puede, las aplastadas hojas del rabo,
puntiagudas como filo de espada, y las placas de alcachofa
en patas y cuerpo
se agitan violentas cuando la hormiga se desquita y
trepa sobre él. Compacto como el ribete fruncido del faralá
del ala del sombrero en la cabeza de hierro hueco
de un torero de Gargallo, se deja caer y
se marcha después
ileso, aunque no lo amenacen,
desciende con precaución del árbol, con ayuda

del rabo. La graciosa herramienta, el rabo gigante del pangolín,
soporte o mano, escoba o hacha, guarnecido como
trompa de elefante con piel especial,
no se pierde en esta alcachofa inconmovible devoradora de
hormigas y piedras que los simples juzgaron una fábula viviente
alimentada de piedras, cuando son las hormigas quienes
lo nutren. El pangolín no es un animal agresivo; entre
la noche y el día tiene forma de máquina sin desenganchar
y el deslizarse sin roce de algo
a lo que adversidades y cambios han hecho

gracioso. Explicar la gracia
requiere una mano curiosa. Si lo que es no fuera eterno,
¿por qué aquellos que embellecieron los capiteles
con animales y se reunieron allí para descansar, en lujosos y fríos
asientos bajos de piedra –un monje y otro monje y otro monje– entre
los ingeniosos soportes del techo, se habrían afanado
en confundir gracia y amabilidad, tiempo para pagar una
deuda,
remedio para el pecado, un uso gracioso
de lo que aún
se consideran parteluces de piedra ramificándose
sobre las perpendiculares? La primera máquina

was the first machine. Pangolins, made
for moving quietly also, are models of exactness,
on four legs; on hind feet plantigrade,
with certain postures of a man. Beneath sun and moon, man slaving
to make his life more sweet, leaves half the flowers worth having,
needing to choose wisely how to use his strength;
a paper-maker like the wasp; a tractor of foodstuffs,
like the ant; spidering a length
of web from bluffs
above a stream; in fighting, mechanicked
like the pangolin; capsizing in

disheartenment. Bedizened or stark
naked, man, the self, the being we call human, writing-
master to this world, griffons a dark
«Like does not like like that is obnoxious»; and writes error with
four
r's. Among animals, one *has a sense of humor.*
Humor saves a few steps, it saves years. Unignorant,
modest and unemotional, and all emotion,
he has everlasting vigor,
power to grow,
though there are few creatures who can make one
breathe faster and make one erecter.

Not afraid of anything is he,
and then goes cowering forth, tread paced to meet an obstacle
at every step. Consistent with the
formula–warm blood, no gills, two pairs of hands and a few
hairs–that
is a mammal; there he sits in his own habitat,
serge-clad, strong-shod. The prey of fear, he, always
curtailed, extinguished, thwarted by the dusk, work partly
done,
says to the alternating blaze,
«Again the sun!
anew each day; and new and new and new,
that comes into and steadies my soul.»

fue un velero. También el pangolín, hecho
para moverse lentamente, es modelo de exactitud,
a cuatro patas, con pies traseros de plantígrado,
y ciertas posturas de hombre. Bajo el sol y la luna, el hombre se afana
para hacer su vida más placentera, abandona parte de las flores
que valen la pena,
necesita elegir sabiamente cómo usar su fuerza;
fabricante de papel como la avispa; remolcador de comida
como la hormiga; teje un hilo
de araña desde los riscos
sobre un arroyo; mecánico en la lucha
como el pangolín; se voltea

en el desaliento. Emperifollado o en cueros,
el hombre, el yo, el ser que llamamos humano, escriba
de este mundo, garabatea algo oscuro:
«Al semejante no le gusta lo semejante detestable», y escribe
error con cuatro
erres. Entre los animales hay uno con sentido del humor.
El humor evita algunos pasos, evita años. Sabio
modesto, inconmovible, y todo emoción,
tiene un vigor inagotable,
capacidad de crecer,
aunque hay pocas criaturas más capaces de
acelerarnos la respiración y ponernos erguidos.

No tiene miedo a nada,
y sale agazapado, con paso mesurado para encontrar un
obstáculo
a cada paso. De acuerdo con la
fórmula –sangre caliente, sin agallas, dos pares de manos y unos
pocos pelos–,
es un mamífero; se sienta allí, en su propio hábitat,
vestido de estameña y con recio calzado. Él, víctima del
miedo,
siempre reducido, aniquilado, bloqueado por la
oscuridad, casi cumplida la tarea,
dice al resplandor alternativo:
«¡De nuevo el sol!,
nuevamente otro día; y otro y otro y otro,
que penetra y refuerza mi espíritu».

THE PAPER NAUTILUS

For authorities whose hopes
are shaped by mercenaries?
Writers entrapped by
teatime fame and by
commuters' comforts? Not for these
the paper nautilus
constructs her thin glass shell.

Giving her perishable
souvenir of hope, a dull
white outside and smooth-
edged inner surface
glossy as the sea, the watchful
maker of it guards it
day and night; she scarcely

eats until the eggs are hatched.
Buried eight-fold in her eight
arms, for she is in
a sense a devil-
fish, her glass ram'shorn-cradled freight
is hid but is not crushed;
as Hercules, *bitten*

by a crab loyal to the hydra,
was hindered to succeed,
the intensively
watched eggs coming from
the shell free it when they are freed,–
leaving its wasp-nest flaws
of white on white, and close-

laid Ionic *chiton-folds*
like the lines in the mane of
a Parthenon *horse,*

LA ARGONAUTA

¿Para poderosos con esperanzas
definidas por mercenarios?
¿Para escritores atrapados por
la reputación a la hora del té
y las comodidades de la casa en las afueras?
No es para ellos para quien la argonauta
construye su fina cáscara de cristal.

Regalando su perecedero
souvenir de esperanza, por fuera
blanco opaco
y con la superficie interior
satinada como el mar, la vigilante
hacedora lo protege
noche y día; apenas

come hasta que los huevos maduran.
Enterrados ocho veces en sus ocho
brazos, pues ella es,
en cierto modo un pulpo,
su carga protegida en el córneo buque de cristal
está oculta pero no comprimida;
como Hércules, mordido

por un cangrejo fiel a la hidra,
obstaculizado en su empeño,
los huevos, intensamente vigilados,
al salir de la concha
la liberan al liberarse a sí mismos,
dejando sus cavidades como nido de avispa,
blanco sobre blanco, y pliegues

de chitón jónico dispuestos con precisión
como las líneas en la crin
de un caballo del Partenón,

round which the arms had
wound themselves as if they knew love
is the only fortress
strong enough to trust to.

en torno a las cuales los tentáculos
se han enroscado como si supieran
que el amor es la única fortaleza
lo bastante firme en la que confiar.

NEVERTHELESS
(1944)

SIN EMBARGO
(1944)

NEVERTHELESS

you've seen a strawberry
  that's had a struggle; yet
  was, where the fragments met,

a hedgehog or a star-
  fish for the multitude
  of seeds. What better food

than apple-seeds–the fruit
  within the fruit–locked in
  like counter-curved twin

hazel-nuts? Frost that kills
  the little rubber-plant-
  leaves of kok-saghyz-*stalks, can't*

harm the roots; they still grow
  in frozen ground. Once where
  there was a prickly-pear-

leaf clinging to barbed wire,
  a root shot down to grow
  in earth two feet below;

as carrots form mandrakes
  or a ram's-horn root some-
  times. Victory won't come

to me unless I go
  to it; a grape-tendril
  ties a knot in knots till

knotted thirty times–so
  the bound twig that's under-
  gone and over-gone, can't stir.

SIN EMBARGO

has visto una fresa
que ha librado un combate; ahí,
donde los fragmentos se han reunido,

debió de haber un puercoespín o una estrella
de mar, tal era la multitud
de semillas. ¿Qué mejor alimento

que semillas de manzana –el fruto
dentro del fruto– encerrado
como avellanas gemelas

curva contra curva? El hielo, que mata
las hojitas gomosas
de los tallos del *kok-saghyz*, no puede

dañar las raíces; siguen creciendo
en terreno helado. Una vez, donde
había una espinosa hoja de peral

agarrada a un alambre espinoso,
una raíz se lanzaba para crecer
en la tierra dos pies más abajo;

como las zanahorias forman mandrágoras
o a veces una raíz como cuerno
de carnero. La victoria no vendrá

a mí si yo no voy
a ella; un zarcillo de viña
hace un nudo sobre otro nudo hasta

anudarse treinta veces, de forma
que la ramita, anudada por arriba
y por abajo, no puede moverse.

The weak overcomes its
menace, the strong over-
comes itself. What is there

like fortitude! What sap
went through that little thread
to make the cherry red!

Así el débil supera su
amenaza interior y el fuerte se vence
a sí mismo. ¿Qué hay más poderoso

que la fortaleza? ¡Qué savia
atravesó ese delgado hilo
que tiñe de rojo la cereza!

emerges daintily, the skunk–
don't laugh–in sylvan black and white chipmunk
regalia. The inky thing
adaptively whited with glistening
goat fur is wood-warden. In his
ermined well-cuttlefish-inked wool, he is
determination's totem. Out-
lawed? His sweet face and powerful feet go about
in chieftain's coat of Chilcat cloth.
He is his own protection from the moth,

noble little warrior. That
otter-skin on it, the living pole-cat,
smothers anything that stings. Well,–
this same weasel's playful and his weasel
associates are too. Only
wood-weasels shall associate with me.

LA COMADREJA DE BOSQUE

asoma con delicadeza, la mofeta
–no se rían– con el ropaje boscoso, blanco y negro,
de la ardilla listada. La criatura tintada,
blanqueada por mimetismo con una reluciente
piel de cabra, es la guardiana del bosque. Con su
capa de armiño bien tintada de sepia, es
el tótem de la audacia. ¿Una
forajida? Su dulce rostro y sus fuertes pies van por ahí
con manto de cacique de paño de Chilcat.
Ella es su propia protección contra la polilla,

la pequeña y noble guerrera. Esa
piel de nutria que la cubre, el turón viviente,
detiene cualquier aguijón. Pues bien,
esta misma comadreja es juguetona,
y, como ella, sus colegas. Solo
las comadrejas de bosque serán mis colegas.

ELEPHANTS

Uplifted and waved till immobilized
wistaria-like, the opposing opposed
mouse-gray twined proboscises' trunk formed by two
trunks, fights itself to a spiraled inter-nosed

deadlock of dyke-enforced massiveness. It's a
knock-down drag-out fight that asks no quarter? Just
a pastime, as when the trunk rains on itself
the pool siphoned up; or when–since each must

provide his forty-pound bough dinner–he broke
the leafy branches. These templars of the Tooth,
these matched intensities, take master care of
master tools. One, sleeping with the calm of youth,

at full length in the half-dry sun-flecked stream-bed,
rests his hunting-horn-curled trunk on shallowed stone.
The sloping hollow of the sleeper's body
cradles the gently breathing eminence's prone

mahout, asleep like a lifeless six-foot
frog, so feather light the elephant's stiff
ear's unconscious of the crossed feet's weight. And the
defenseless human thing sleeps as sound as if

incised with hard wrinkles, embossed with wide ears,
invincibly tusked, made safe by magic hairs!
As if, as if, it is all ifs; we are at
much unease. But magic's masterpiece is theirs–

Houdini's serenity quelling his fears.
Elephant-ear-witnesses-to-be of hymns
and glorias, these ministrants all gray or
gray with white on legs or trunk, are a pilgrims'

ELEFANTES

Levantado y agitado hasta quedar inmóvil
el tronco de glicinia de dos trompas trenzadas
color gris rata, probóscides contrarias y opuestas,
se retuerce hasta alcanzar una espiral de narices enlazadas

con la solidez de un dique reforzado. ¿Es una
demorada lucha agotadora y sin cuartel? Tan solo
un pasatiempo, como cuando la trompa derrama sobre sí
la charca que aspiró; o rompe –puesto que cada uno ha

de procurarse cuarenta libras de ramas para la cena–
las ramas con hojas. Estos templarios del Diente de Buda,
estas emparejadas intensidades, cuidan regiamente de
sus regias herramientas. Uno, duerme con la placidez de la juventud

a pierna suelta en el lecho del río medio seco y, salpicado por el sol,
reposa su trompa curva, como un cuerno de caza, en una piedra
superficial.
El hueco inclinado del cuerpo durmiente
acuna la suave respiración del *mahout* bocabajo

sobre el promontorio, dormido como una rana exánime
de seis pies, tan ligero que la rígida oreja del elefante
ignora el peso de los pies cruzados. ¡Y la indefensa criatura
humana duerme tan profundo como si también él estuviese

marcado por profundas arrugas, adornado con amplias orejas
e invencibles colmillos, y protegido por mágicos pelos!
Como si, como si, y todo como si; nosotros nos sentimos
inquietos, pero ellos son maestros de la magia:

la serenidad de Houdini disipa sus miedos.
Nacido para convertirse en testigo auricular de himnos
y glorias, estos oficiantes, completamente grises o
grises con blanco en patas o trompa, son un modelo

pattern of revery not reverence–a
religious procession without any priests,
the centuries-old carefullest unrehearsed
play. Blessed by Buddha's Tooth, the obedient beasts

themselves as toothed temples blessing the street, see
the white elephant carry the cushion that
carries the casket that carries the Tooth.
Amenable to what, matched with him, are gnat

trustees, he does not step on them as the white-
canopied blue-cushioned Tooth is augustly
and slowly returned to the shrine. Though white is
the color of worship and of mourning, he

is not here to worship and he is too wise
to mourn–a life prisoner but reconciled.
With trunk tucked up compactly–the elephant's
sign of defeat–he resisted, but is the child

of reason now. His straight trunk seems to say: when
what we hoped for came to nothing, we revived.
As loss could not ever alter Socrates'
tranquillity, equanimity's contrived

by the elephant. With the Socrates of
animals as with Sophocles the Bee, on whose
tombstone a hive was incised, sweetness tinctures
his gravity. His held-up fore-leg for use

as a stair, to be climbed or descended with
the aid of his ear, expounds the brotherhood
of creatures to man the encroacher, by the
small word with the dot, meaning know–the verb bůd.

These knowers «arouse the feeling that they are
allied to man» and can change roles with their trustees.
Hardship makes the soldier; then teachableness
makes him the philosopher–as Socrates,

de la meditación, no de la reverencia de los peregrinos:
una procesión religiosa sin sacerdotes,
un espectáculo milenario perfecto, sin ensayo
previo. Bendecidas por el Diente de Buda, las dóciles bestias,

ellas mismas como templos dentados, bendicen las calles y ven
al elefante blanco llevando el cojín que
lleva el cofre que lleva el Diente.
Dócil con sus custodios que, comparados con él, son

como mosquitos, él no los pisa mientras el Diente,
en el cojín azul bajo el baldaquino blanco, es restituido
solemne y lentamente a su santuario. Aunque el blanco sea
el color de la adoración y el duelo, él

no está aquí para adorar y es demasiado sabio
para dolerse, un prisionero de por vida, pero resignado.
Con la trompa totalmente recogida –signo de la derrota
para el elefante– él ha resistido, pero ahora es hijo

de la razón. Su trompa enhiesta parece decir: cuando
aquello que esperábamos se quedó en nada, nosotros renacimos.
Igual que la pérdida nunca pudo alterar la tranquilidad
de Sócrates, la serenidad es una conquista

para el elefante. Con este Sócrates de
los animales, como con Sófocles, la Abeja, en cuya
tumba se grabó una colmena, la dulzura matiza
su gravedad. Su pata delantera levantada para servir

de escalera, por la que subir o descender
ayudados por su oreja, muestra la fraternidad
entre las criaturas y el hombre invasor, a través de
la pequeña palabra con la tilde, que significa saber: el verbo *bůd*.

Estos sabios «dan la sensación de ser aliados
del hombre», dispuestos a intercambiar papeles con sus cuidadores.
Las dificultades hacen al soldado; después, la voluntad de aprender
hace de él un filósofo, como Sócrates,

prudently testing the suspicious thing, knew
the wisest is he who's not sure that he knows.
Who rides on a tiger can never dismount;
asleep on an elephant, that is repose.

poniendo a prueba cautamente lo sospechoso, sabía que el más sabio es el que no está seguro de saber. Quien cabalga sobre un tigre no puede desmontar; duerme sobre un elefante y tendrás reposo.

A CARRIAGE FROM SWEDEN

They say there is a sweeter air
where it was made, than we have here;
a Hamlet's castle atmosphere.
At all events there is in Brooklyn
something that makes me feel at home.

No one may see this put-away
museum-piece, this country cart
that inner happiness made art;
and yet, in this city of freckled
integrity it is a vein

of resined straightness from north-wind
hardened Sweden's once-opposed-to-
compromise archipelago
of rocks. Washington and Gustavus
Adolphus, forgive our decay.

Seats, dashboard and sides of smooth gourd-
rind texture, a flowered step, swan-
dart brake, and swirling crustacean-
tailed equine amphibious creatures
that garnish the axle-tree! What

a fine thing! What unannoying
romance! And how beautiful, she
with the natural stoop of the
snowy egret, gray-eyed and straight-haired,
for whom it should come to the door–

of whom it reminds me. The split
pine fair hair, steady gannet-clear
eyes and the pine-needled-path deer-
swift step; that is Sweden, land of the
free and the soil for a spruce tree–

UN CARRUAJE DE SUECIA

Dicen que allí donde lo fabricaron
    el aire es más dulce que el nuestro;
    una atmósfera de castillo de Hamlet.
De todos modos hay algo también en Brooklyn
que me hace sentir en casa.

Es posible que nadie vea esta pieza de museo
    arrinconada, este carruaje de campo
    al que una felicidad interior convirtió en arte;
y, sin embargo, en esta ciudad de salpicada
integridad hay una veta

de resinosa rectitud que llega de una Suecia
    endurecida por el viento del norte
    de aquel archipiélago de rocas
que en un tiempo rehusó el compromiso. Washington
y Gustavo Adolfo, perdonad nuestra decadencia.

Asientos, guardabarros y laterales de suave textura como
    piel de calabaza, estribo florido, frenos de disco
    y turbulentas criaturas anfibias
con forma equina y colas de crustáceo
que decoran el eje de las ruedas. ¡Qué

cosa tan estupenda! ¡Qué fantasía
    tan placentera! Y qué hermosa, ella,
    con la inclinación natural del
níveo penacho, ojos grises y pelo liso,
para quien el carruaje estaba destinado

y cuya figura viene a mi memoria. El cabello
    rubio como astillas de pino, los ojos de alcatraz
    firmes y claros, y el paso rápido de ciervo sobre
un sendero de pinaza: eso es Suecia, tierra del
hombre libre y suelo apropiado para el abeto,

vertical though a seedling–all
needles: from a green trunk, green shelf
on shelf fanning out by itself.
The deft white-stockinged dance in thick-soled
shoes! Denmark's sanctuaried Jews!

The puzzle-jugs and hand-spun rugs,
the root-legged kracken shaped like dogs,
the hanging buttons and the frogs
that edge the Sunday jackets! Sweden,
you have a runner called the Deer, who

when he's won a race, likes to run
more; you have the sun-right gable-
ends due east and west, the table
spread as for a banquet; and the put-
in twin vest-pleats with a fish-fin

effect when you need none. Sweden,
what makes the people dress that way
and those who see you wish to stay?
The runner, not too tired to run more
at the end of the race? And that

cart, dolphin-graceful? A Dalén
lighthouse, self-lit?–responsive and
responsible. I understand;
it's not pine-needle-paths that give spring
when they're run on, it's a Sweden

of moated white castles–the bed
of white flowers densely grown in an S
meaning Sweden and stalwartness,
skill, and a surface that says
Made in Sweden: carts are my trade.

recto hasta cuando es un plantón, todo
agujas: del tronco verde se abren en abanico
verdes anaqueles unos sobre otros.
¡La danza ágil con medias blancas y calzado de suela
gruesa! ¡Refugio de los judíos de Dinamarca!

¡Las rústicas jarras y mantas tejidas a mano,
el *kraken* con patas de raíz y forma canina,
los botones colgantes y los alamares
que bordean las chaquetas de los domingos! Suecia,
tienes un corredor llamado Ciervo, que,

tras haber ganado una carrera, sigue corriendo;
tienes los aleros de tus casas orientados al sol
de levante y de poniente, la mesa
puesta como para un banquete y los dobles pliegues
insertados en el chaleco como aletas de pescado

cuando no los necesitas. Suecia,
¿qué es lo que hace que la gente se vista así
e inspira a los que te ven deseos de quedarse?
¿Acaso ese corredor, no demasiado cansado para seguir
corriendo al final de la carrera? ¿O esa

carreta, graciosa como un delfín? ¿Será el faro Dalén
que se enciende solo?, que responde y
es responsable. Entiendo;
no son los senderos de pinaza que dan brío
a quien los recorre, es una Suecia

de blancos castillos con foso –el lecho
de flores blancas densamente plantadas en forma de S
que simboliza Suecia, sinceridad,
sutileza y una superficie en la que está escrito:
Fabricado en Suecia: las carretas son mi especialidad.

THE MIND IS AN ENCHANTING THING

is an enchanted thing
like the glaze on a
katydid-wing
subdivided by sun
till the nettings are legion.
Like Gieseking playing Scarlatti;

like the apteryx-awl
as a beak, or the
kiwi's rain-shawl
of haired feathers, the mind
feeling its way as though blind,
walks along with its eyes on the ground.

It has memory's ear
that can hear without
having to hear.
Like the gyroscope's fall,
truly unequivocal
because trued by regnant certainty,

it is a power of
strong enchantment. It
is like the dove-
neck animated by
sun; it is memory's eye;
it's conscientious inconsistency.

It tears off the veil; tears
the temptation, the
mist the heart wears,
from its eyes–if the heart
has a face; it takes apart
dejection. It's fire in the dove-neck's

LA MENTE ES UN MECANISMO ENCANTADOR

es un mecanismo encantado
        como el brillo en el
ala de una chicharra
                subdividida por el sol
                hasta que las cuadrículas son legión.
Como Gieseking interpretando a Scarlatti;

como el pico punzón
        del ápterix o el
chal del kiwi
                de peludas plumas para la lluvia, la mente,
                tanteando su camino como un ciego,
camina con la vista fija en el suelo.

Posee el oído del recuerdo
        que oye sin
necesidad de oír.
                Como la caída del giroscopio,
                de inequívoca exactitud
porque está ajustado con soberana certeza,

es un poder de
        dramático encanto.
Es como el collar de
                la paloma animado
                por el sol; es el ojo del recuerdo;
es concienzuda inconsistencia.

Arranca el velo; desgarra
        la tentación y la bruma
que visten los ojos
                del corazón –si el corazón
                tiene rostro; hace pedazos
el abatimiento. Es fuego en el iridiscente

iridescence; in the
inconsistencies
of Scarlatti.
Unconfusion submits
its confusion to proof: it's
not a Herod's oath that cannot change.

collar de la paloma; en las
        inconsistencias
de Scarlatti.
            El orden pone
            a prueba su desorden;
no es el inmutable juramento de Herodes.

IN DISTRUST OF MERITS

Strengthened to live, strengthened to die for
medals and positioned victories?
They're fighting, fighting, fighting the blind
man who thinks he sees,–
who cannot see that the enslaver is
enslaved; the hater, harmed. O shining O
firm star, O tumultuous
ocean lashed till small things go
as they will, the mountainous
wave makes us who look, know

depth. Lost at sea before they fought! O
star of David, star of Bethlehem,
O black imperial lion
of the Lord–emblem
of a risen world–be joined at last, be
joined. There is hate's crown beneath which all is
death; there's love's without which none
is king; the blessed deeds bless
the halo. As contagion
of sickness makes sickness,

contagion of trust can make trust. They're
fighting in deserts and caves, one by
one, in battalions and squadrons;
they're fighting that I
may yet recover from the disease, My
Self; some have it lightly; some will die. «Man's
wolf to man» and we devour
ourselves. The enemy could not
have made a greater breach in our
defenses. One pilot-

ing a blind man can escape him, but
Job disheartened by false comfort knew

DESCONFIANDO DE LOS MÉRITOS

¿Fortalecidos para vivir, fortalecidos para morir
por medallas y victorias estratégicas?
Combaten, combaten, combaten al ciego
que pretendidamente ve,
y no puede ver un esclavo en el negrero;
y un hombre herido en quien odia. ¡Oh inmóvil
estrella resplandeciente!, ¡oh tumultuoso océano
agitado, hasta que los pequeños objetos van
a su antojo!, la montañosa ola
obliga a quienes miramos a conocer

en profundidad. ¡Perdidos en el mar antes de luchar! ¡Oh
estrella de David, estrella de Belén!
¡Oh negro león imperial
del Señor! –símbolo
de un mundo naciente–, uníos al fin,
uníos. Hay una corona de odio bajo la que todo es
muerte. Hay una de amor sin la que no se puede
reinar; las acciones santas santifican
la aureola. Como el contagio
de la enfermedad produce enfermedad,

el contagio de la confianza puede producir confianza.
Combaten en desiertos y cuevas, uno a
uno, en batallones y escuadrones;
combaten para que yo
pueda aún curarme de la enfermedad, Yo
Misma; unos tienen síntomas, otros morirán. «El hombre
es un lobo para el hombre» y nos devoramos.
el enemigo no habría
abierto una brecha mayor en nuestras
defensas. El que guía

a un ciego, puede eludirlo, pero
Job abatido por un falso consuelo sabía

that nothing can be so defeating
as a blind man who
can see. O alive who are dead, who are
proud not to see, O small dust of the earth
that walks so arrogantly,
trust begets power and faith is
an affectionate thing. We
vow, we make this promise

to the fighting–it's a promise–«We'll
never hate black, white, red, yellow, Jew,
Gentile, Untouchable.» We are
not competent to
make our vows. With set jaw they are fighting,
fighting, fighting,–some we love whom we know,
some we love but know not–that
hearts may feel and not be numb.
It cures me; or am I what
I can't believe in? Some

in snow, some on crags, some in quicksands,
little by little, much by much, they
are fighting fighting fighting that where
there was death there may
be life. «When a man is prey to anger,
he is moved by outside things; when he holds
his ground in patience patience
patience, that is action or
beauty,» the soldier's defense
and hardest armor for

the fight. The world's an orphan's home. Shall
we never have peace without sorrow?
without pleas of the dying for
help that won't come? O
quiet form upon the dust, I cannot
look and yet I must. If these great patient
dyings–all these agonies
and wound-bearings and bloodshed–
can teach us how to live, these
dyings were not wasted.

que nada hay tan descorazonador
como un ciego que ve.
¡Oh vivos que estáis muertos!,
orgullosos de no ver, ¡oh polvillo de la tierra
que caminas tan arrogante!,
la confianza engendra poder y la fe es
algo afectuoso.
Juramos, se lo prometemos

a los que combaten –es una promesa–: «No odiar
jamás al negro, blanco, rojo, amarillo, judío,
gentil, intocable». No estamos
capacitados para
hacer estas promesas. Combaten con uñas y dientes,
combaten, combaten –algunos a los que amamos y conocemos,
otros a los que amamos sin conocer– para que
los corazones puedan sentir sin entumecerse.
Me cura; o ¿soy aquello en lo que
no puedo creer? Unos

en la nieve, otros en peñascos, otros en arenas movedizas,
poco a poco, mucho a mucho,
combaten, combaten, combaten para que donde
había muerte pueda
haber vida. «Cuando un hombre es presa de la ira,
le mueven las cosas externas; pero cuando se mantiene
firme en la paciencia, paciencia,
paciencia que es acción o
belleza», ahí encuentra el soldado defensa
y la coraza más dura para

el combate. El mundo es un orfanato.
¿No tendremos jamás paz sin dolor?
¿Sin súplicas de los agonizantes pidiendo
una ayuda que no llegará?
¡Oh cuerpo inmóvil en el polvo!, no puedo
mirar y sin embargo debo. Si estos grandes y pacientes
moribundos –todas estas agonías
y figuras heridas y matanzas–
pueden enseñarnos a vivir, estos
moribundos no serán en vano.

Hate-hardened heart, O heart of iron,
iron is iron till it is rust.
There never was a war that was
not inward; I must
fight till I have conquered in myself what
causes war, but I would not believe it.
I inwardly did nothing.
O Iscariot-like crime!
Beauty is everlasting
and dust is for a time.

Corazón endurecido por el odio. ¡Oh corazón de hierro!,
  el hierro es hierro hasta que se oxida.
Jamás hubo una guerra que no fuese
  interna; debo
combatir hasta vencer en mí la
causa de la guerra, pero no lo creería.
    Yo no hice nada en mi fuero interno.
      ¡Oh crimen como el de Iscariote!
    La belleza es imperecedera
      y el polvo, pasajero.

COLLECTED LATER
(1951)

OTROS POEMAS
(1951)

A FACE

«I am not treacherous, callous, jealous, superstitious,
supercilious, venomous, or absolutely hideous»:
studying and studying its expression,
exasperated desperation
though at no real impasse,
would gladly break the mirror;

when love of order, ardor, uncircuitous simplicity
with an expression of inquiry, are all one needs to be!
Certain faces, a few, one or two–or one
face photographed by recollection–
to my mind, to my sight,
must remain a delight.

UNA CARA

«No soy falsa, insensible, celosa, supersticiosa,
arrogante, maligna, ni fea del todo»:
   a fuerza de estudiarme la expresión,
   de crispada desesperación
      aun sin estar en un verdadero atolladero,
      rompería de buena gana el espejo;

¡si amor al orden, entusiasmo y directa sencillez
con una expresión curiosa, es lo único que hay que tener!
   Ciertas caras, unas pocas, una o dos –o una
   cara impresa en el recuerdo–,
      para mi mente y mi vista
      permanecen como una delicia.

BY DISPOSITION OF ANGELS

Messengers much like ourselves? Explain it.
Steadfastness the darkness makes explicit?
Something heard most clearly when not near it?
Above particularities,
these unparticularities praise cannot violate.
One has seen, in such steadiness never deflected,
how by darkness a star is perfected.

Star that does not ask me if I see it?
Fir that would not wish me to uproot it?
Speech that does not ask me if I hear it?
Mysteries expound mysteries.
Steadier than steady, star dazzling me, live and elate,
no need to say, how like some we have known; too like her,
too like him, and a-quiver forever.

POR DISPOSICIÓN DE LOS ÁNGELES

¿Mensajeros parecidos a nosotros? Explícalo.
¿Tenacidad que la oscuridad hace explícita?
¿Algo que se oye más claro desde lejos?
Por encima de las singularidades
el elogio no puede profanar lo que no es singular.
Vemos, en esa tenacidad sin alteración,
cómo la oscuridad perfecciona una estrella.

¿Estrella que no pregunta si la veo?
¿Abeto que no quiere que lo arranque?
¿Discurso que no pregunta si lo oigo?
Los misterios proponen misterios.
Más firme que lo firme, estrella que me deslumbras, viva y ufana,
no necesito decir cuánto se parece a algunos que hemos conocido;
muy parecida a ella,
muy parecida a él, y un temblor permanente.

THE ICOSASPHERE

«In Buckinghamshire hedgerows
the birds nesting in the merged green density,
weave little bits of string and moths and feathers and thistledown,
in parabolic concentric curves» and,
working for concavity, leave spherical feats of rare efficiency;
whereas through lack of integration,

avid for someone's fortune,
three were slain and ten committed perjury,
six died, two killed themselves, and two paid fines for risks they'd run.
But then there is the icosasphere
in which at last we have steel-cutting at its summit of economy,
since twenty triangles conjoined, can wrap one

ball or double-rounded shell
with almost no waste, so geometrically
neat, it's an icosahedron. Would the engineers making one,
or Mr. J. O. Jackson tell us
how the Egyptians could have set up seventy-eight-foot solid granite vertically?
We should like to know how that was done.

LA ICOSAESFERA

«En los setos vivos de Buckinghamshire
los pájaros anidan en la verde espesura sumergida,
tejen trocitos de cuerda, polilla, plumas y vilanos,
en parabólicas curvas concéntricas» y,
buscando la concavidad, dejan proezas esféricas de rara eficacia;
mientras que por falta de integración,

ávidos de la fortuna ajena,
tres fueron asesinados y diez cometieron perjurio,
seis murieron, dos se suicidaron y dos pagaron multas por los
riesgos que corrieron.
Pero entonces aparece la icosaesfera
donde por fin se consigue cortar acero con mínimo desperdicio,
ya que veinte triángulos unidos envuelven una

pelota o una doble concha esférica
sin apenas recortes, tal es la limpieza geométrica
de un icosaedro. ¿Quieren explicarnos los ingenieros
que la construyeron,
o Mr. J. O. Jackson
cómo pudieron los egipcios levantar verticalmente setenta y ocho
pies cúbicos de granito?
Nos gustaría saber cómo lo hicieron.

HIS SHIELD

The pin-swin or spine-swine
(the edgehog miscalled hedgehog) with all his edges out,
echidna and echinoderm in distressed-
pin-cushion thorn-fur coats, the spiny pig or porcupine,
the rhino with horned snout–
everything is battle-dressed.

Pig-fur won't do, I'll wrap
myself in salamander-skin like Presbyter John.
A lizard in the midst of flames, a firebrand
that is life, asbestos-eyed asbestos-eared, with tattooed nap
and permanent pig on
the instep; he can withstand

fire and won't drown. In his
unconquerable country of unpompous gusto,
gold was so common none considered it; greed
and flattery were unknown. Though rubies large as tennis-
balls conjoined in streams so
that the mountain seemed to bleed,

the inextinguishable
salamander styled himself but presbyter. His shield
was his humility. In Carpasian
linen coat, flanked by his household lion-cubs and sable
retinue, he revealed
a formula safer than

an armorer's: the power of relinquishing
what one would keep; that is freedom. Become dinosaur-
skulled, quilled or salamander-wooled, more ironshod
and javelin-dressed than a hedgehog battalion of steel, but be
dull. Don't be envied or
armed with a measuring-rod.

SU DEFENSA

El cerdo de púas o jabalí
(cerdo espín mal llamado erizo) con espinas de punta,
equidna y equidermo con peligroso
abrigo-acerico de punzante piel, erizado cerdo o puerco espín,
el rino de hocico cornudo,
todo en él dispuesto para la batalla.

La piel de cerdo no servirá, me envolveré
en piel de salamandra como el Preste Juan.
Lagarto en medio de las llamas, antorcha que
es vida, con ojos y orejas de amianto, tatuado el vello
y con metal inalterable
en el empeine; puede resistir

el fuego y no se aparta. En su
inconquistable país de gustos sencillos,
el oro era tan común que nadie lo valoraba; la avaricia
y el halago se desconocían. Aunque rubíes enormes como pelotas
de tenis se reunían en los arroyos como
si el monte sangrara,

él, la inextinguible
salamandra, solo se dio título de preste. Su defensa
era su humildad. Vestido con lino
de los Cárpatos, flanqueado por leoncitos domésticos y
un séquito de cibelinas, revelaba
una fórmula más segura que

la de una armadura: el poder de abandonar
lo que se posee; eso es libertad. Ponte calavera
de dinosaurio, con plumas o lana de salamandra, botas de hierro
y más vestido de jabalinas que un batallón alambrado de acero,
pero pasa desapercibido. Que no te envidien ni
te armen con la vara de medir.

«KEEPING THEIR WORLD LARGE»

All too literally, their flesh and their spirit are our shield.
New York Times, *June 7, 1944*

I should like to see that country's tiles, bedrooms,
stone patios
and ancient wells: Rinaldo
Caramonica's the cobbler's, Frank Sblendorio's
and Dominick Angelastro's country–
the grocer's, the iceman's, the dancer's–the
beautiful Miss Damiano's; wisdom's

and all angels' Italy, this Christmas Day
this Christmas year.
A noiseless piano, an
innocent war, the heart that can act against itself. Here,
each unlike and all alike, could
so many–stumbling, falling, multiplied
till bodies lay as ground to walk on–

«If Christ and the apostles died in vain,
I'll die in vain with them»
against this way of victory.
That forest of white crosses!
My eyes won't close to it.

All laid like animals for sacrifice–
like Isaac on the mount,
were their own sacrifice.

Marching to deatg, marching to life?
«Keeping their world large»
whose spirits and whose bodies
all too literally were our shield,
are still our shield.

«EN DEFENSA DE SU MUNDO»

> Su cuerpo y su espíritu, tal vez demasiado literalmente, son nuestro escudo.
> *New York Times*, 7 de junio de 1944

De ese país me gustaría ver los azulejos, los dormitorios,
los patios de piedra
y los antiguos pozos: el país de Rinaldo
Caramonica el zapatero, el de Frank Sblendorio
y Dominick Angelastro:
el tendero, el vendedor de hielo, la bailarina–
la hermosa Miss Damiano; la Italia

de la sabiduría y de todos los ángeles, en esta Navidad
de este año navideño.
Un piano mudo, una
guerra inocente, el corazón capaz de actuar contra sí mismo. Aquí,
cada uno diferente y todos iguales, ¿cuántos
podrían decir –tropezando, cayendo, multiplicados
hasta que los cuerpos formen un suelo sobre el que caminar–

«Si Cristo y los apóstoles murieron en vano,
yo moriré en vano con ellos»
contra esta forma de victoria?
¡ese bosque de cruces blancas!
No cerraré los ojos ante él.

Tendidos como animales para el sacrificio,
como Isaac en el monte,
holocausto de sí mismos.

¿Marchan hacia la muerte, marchan hacia la vida?
«En defensa de su mundo»,
ellos, cuyos cuerpos y espíritus
fueron, demasiado literalmente, nuestro escudo
y aún son nuestro escudo.

They fought the enemy,
we fight fat living and self-pity.
Shine, o shine,
unfalsifying sun, on this sick scene.

Ellos combatieron al enemigo,
nosotros combatimos la vida fácil y la autocompasión.
¡Brilla, sol!,
tú que no falsificas, brilla sobre este escenario enfermo.

EFFORTS OF AFFECTION

Genesis tells us of Jubal and Jabal.
One handled the harp and one herded the cattle.

Unhackneyed Shakespeare's
«hay, sweet hay, which hath no fellow,»
love's extraordinary-ordinary stubbornness
like La Fontaine's done
by each as if by each alone,
smiling and stemming distraction;
how welcome:

vermin-proof and pilfer-proof integration
in which unself-righteousness humbles inspection.

«You know I'm not a saint!» Sainted obsession.
The bleeding-heart's–that strange rubber fern's attraction

puts perfume to shame.
Unsheared sprays of elephant-ears
do not make a selfish end look like a noble one.
Truly as the sun
can rot or mend, love can make one
bestial or make a beast a man.
Thus wholeness–

wholesomeness? best say efforts of affection–
attain integration too tough for infraction.

ESFUERZOS DE CARIÑO

El Génesis nos habla de Jubal y Jabal.
Uno tocaba el arpa y el otro pastoreaba el ganado.

El original verso de Shakespeare
«heno, dulce heno, que no tiene igual»,
la extraordinaria y ordinaria tozudez del amor
como la de La Fontaine
común a todos y propia de cada uno
sonriente y contenida diversión;
   bienvenida sea:

la integración a prueba de bribones y rateros
en la que la rectitud altruista humilla la inspección.

«¡Sabes que no soy un santo!» Santa obsesión.
La atracción del «corazón sangrante», el extraño helecho de caucho

vale más que cualquier perfume.
Los mechones sin tonsurar en la oreja del elefante
no otorgan nobleza a un fin innoble.
Tan cierto como que el sol
puede corromper o curar, el amor puede trocarnos
en bestias o hacer de una bestia un hombre.
   Y así la entereza,

¿integridad? digamos mejor esfuerzos de cariño
que logran una integración que desafía cualquier trasgresión.

VORACITIES AND VERITIES SOMETIMES ARE INTERACTING

I don't like diamonds;
the emerald's «grass-lamp glow» is better;
and unobtrusiveness is dazzling,
upon occasion.
Some kinds of gratitude are trying.

Poets, don't make a fuss;
the elephant's «crooked trumpet» «doth write»;
and to a tiger-book I am reading–
I think you know the one–
I am under obligation.

One may be pardoned, yes I know
one may, for love undying.

Tiger book: Major James Corbett's *Man-Eaters of Kumaon.*

VORACIDADES Y VERDADES
A VECES INTERACTÚAN

No me gustan los diamantes;
mejor el brillo de «lámpara vegetal» de la esmeralda;
la discreción es deslumbrante
en ocasiones,
y algunas formas de gratitud agotan.

Poetas, no os soliviantéis;
también la «trompa torcida» del elefante «escribe»,
y con un libro de tigres que estoy leyendo
–creo que sabéis cuál–
me siento en deuda.

Se puede ser perdonado, sí, sé
que se puede, por un amor sin fin.

Libro sobre tigres: *Man-Eaters of Kumaon*, del comandante James Corbett.

PROPRIETY

is some such word
as the chord
Brahms had heard
from a bird,
sung down near the root of the throat;
it's the little downy woodpecker
spiraling a tree–
up up up like mercury:

a not long
sparrow-song
of hayseed
magnitude–
a tuned reticence with rigor
from strength at the source. Propriety is
Bach's Solfeggietto–
harmonica and basso.

The fish-spine
on firs, on
somber trees
by the sea's
walls of wave-worn rock–have it; and
a moonbow and Bach's cheerful firmness
in a minor key.
It's an owl-and-a-pussy-

both-content
agreement.
Come, come. It's
mixed with wits;
it's not a graceful sadness. It's
resistance with bent head, like foxtail
millet's. Brahms and Bach,
no; Bach and Brahms. To thank Bach

EL DECORO

es una palabra que recuerda
el acorde
que Brahms había oído
cantar a un pájaro,
desde el fondo de su garganta;
es el sedoso pajarillo carpintero
que se alza en espiral en torno a un árbol,
alto, alto, alto, como mercurio;

una breve melodía
de gorrión
del calibre
de una semilla de heno–
una entonada reticencia con el rigor
procedente de una fuente vigorosa. El decoro es
el Solfeggietto de Bach–
armónica y bajo.

La espina de pescado
en los abetos,
y en los árboles de sombra
junto a los muros marinos
de roca batida por las olas, lo tienen;
y también un arco de luna y la firmeza alegre
de Bach en clave menor.
Es un acuerdo entre

búho y gatita
que conviene a los dos.
Venid, venid. Dentro hay
brotes de humor;
no es una tristeza graciosa. Es
resistencia con la cabeza inclinada, como el mijo
de «cola de zorro». Brahms y Bach,
no; Bach y Brahms. Pero es un error

for his song
first, is wrong.
Pardon me;
both are the
unintentional pansy-face
uncursed by self-inspection; blackened
because born that way.

agradecer primero
a Bach su canto.
Perdonadme;
ambos son el
espontáneo rostro de la flor del pensamiento
inmune a la introspección; tiznados
porque han nacido así.

ARMOR'S UNDERMINING MODESTY

At first I thought a pest
Must have alighted on my wrist.
It was a moth almost an owl,
Its wings were furred so well,
with backgammon-board wedges interlacing
on the wing–

like cloth of gold in a pattern
of scales with a hair-seal Persian
sheen. Once, self-determination
made an ax of a stone
and hacked things out with hairy paws. The consequence–our mis-set
alphabet.

Arise, for it is day.
Even gifted scholars lose their way
through faulty etymology.
No wonder we hate poetry,
and stars and harps and the new moon. If tributes cannot
be implicit,

give me diatribes and the fragrance of iodine,
the cork oak acorn grown in Spain;
the pale-ale-eyed impersonal look
which the sales-placard gives the bock beer buck.
What is more precise than precision? Illusion.
Knights we've known,

like those familiar
now unfamiliar knights who sought the Grail, were
ducs *in old Roman fashion*
without the addition
of wreaths and silver rods, and armor gilded
or inlaid.

LA DESARMANTE MODESTIA DE LA CORAZA

Al principio pensé que un bicho
habría aterrizado en mi muñeca.
Era una polilla, casi un búho,
con alas de hermosa piel peluda,
y cuñas de tablero de backgammon
entrelazadas sobre el ala

como un paño de oro con diseño
de láminas y un lustre de pelo de foca
persa. Una vez, el tesón
fabricó un hacha de una piedra
y esculpió objetos con zarpas peludas. El resultado:
nuestro desordenado
alfabeto.

Levantaos, porque es de día.
Incluso los eruditos más dotados se pierden
entre falsas etimologías.
No es de extrañar que odiemos la poesía,
y las estrellas y el harpa y la luna nueva. Si los elogios no pueden
ser implícitos,

dadme diatribas y la fragancia del yodo,
la bellota del alcornoque de España;
la mirada impersonal de pálida cerveza
que el cartel publicitario confiere al ciervo de la cerveza alemana.
¿Qué hay más preciso que la precisión? La ilusión.
Los caballeros que hemos conocido,

como aquellos caballeros populares
y ahora impopulares que buscaban el Grial, eran
duces en la tradición de los antiguos romanos
sin el complemento
de guirnaldas y cetros de plata, ni corazas doradas
o con taraceas.

They did not let self bar
their usefulness to others who were
different. Though Mars is excessive
in being preventive,
heroes need not write an ordinal of attributes to enumerate
what they hate.

I should, I confess,
like to have a talk with one of them about excess,
and armor's undermining modesty
instead of innocent depravity.
A mirror-of-steel uninsistence should countenance
continence,

objectified and not by chance,
there in its frame of circumstance
of innocence and altitude
in an unhackneyed solitude.
There is the tarnish; and there, the imperishable wish.

Ellos no permitían que su ego les impidiera
la ayuda que podían brindar a los que eran
diferentes. Aunque Marte sea excesivo
en la prevención,
los héroes no necesitan escribir una lista de atributos para enumerar
lo que odian.

A mí, lo confieso, me gustaría
charlar con uno de ellos del exceso,
y de la desarmante modestia de la coraza
en vez de la depravación inocente.
El desinterés de un espejo de acero debería favorecer
la continencia,

objetivada y no accidental,
ahí en ese marco indispensable
de inocencia y elevación
en una genuina soledad.
Ahí está la pátina opaca y el deseo incorruptible.

II

LATER POEMS

II

POEMAS POSTERIORES

LIKE A BULWARK
(1956)

COMO UN BALUARTE
(1956)

LIKE A BULWARK

Affirmed. Pent by power that holds it fast–
a paradox. Pent. Hard pressed,
   you take the blame and are inviolate.
      Abased at last?
      Not the tempest-tossed.
Compressed; firmed by the thrust of the blast
   till compact, like a bulwark against fate;
      lead-saluted,
      saluted by lead?
As though flying Old Glory full mast.

COMO UN BALUARTE

Asegurado. Confinado por el poder que lo amarra:
una paradoja. Confinado. Oprimido,
  aceptas la culpa y permaneces íntegro.
    ¿Humillado al fin?
    Inamovible ante la tempestad.
Comprimido. Afianzado por la embestida de la ráfaga
  aún compacto, como un baluarte contra el destino;
    ¿saludo de plomo?
    ¿saludado por el plomo?
Como la bandera con barras y estrellas ondeando en el mástil.

APPARITION OF SPLENDOR

Partaking of the miraculous
since never known literally,
Dürer's rhinoceros
might have startled us equally
if black-and-white-spined elaborately.

Like another porcupine, or fern,
the mouth in an arching egret
was too black to discern
till exposed as a silhouette;
but the double-embattled thistle of jet–

disadvantageous supposedly–
has never shot a quill. Was it
some joyous fantasy,
plain eider-eared exhibit
of spines rooted in the sooty moss,

or «train supported by porcupines–
a fairy's eleven yards long»?...
as when the lightning shines
on thistlefine spears, among
prongs in lanes above lanes of a shorter prong,

«with the forest for nurse,» also dark
at the base–where needle-debris
springs and shows no footmark;
the setting for a symmetry
you must not touch unless you are a fairy.

Maine should be pleased that its animal
is not a waverer, and rather
than fight, lets the primed quill fall.
Shallow oppressor, intruder,
insister, you have found a resister.

APARICIÓN DEL ESPLENDOR

Asociado a lo prodigioso
        ya que no conocido literalmente,
el rinoceronte de Durero
        nos habría sorprendido igualmente
        con una elaborada armadura de púas blancas y negras.

Como otro puercoespín, o helecho,
        la boca como un penacho arqueado
era demasiado oscura para verla
        hasta que se desvelaba como una silueta;
        pero el cardo azabache de doble almena

–tan peligroso a primera vista–
        jamás ha lanzado una púa. ¿Fue tal vez
una venturosa fantasía,
        el simple espectáculo de orejas plumosas
        con espinas enraizadas en el musgo tiznado,

o «la cola de once metros de un hada,
        arrastrada por puercoespines»?...
como cuando el relámpago brilla
        sobre lanzas finas como cardos, entre
        carriles de puntas sobre carriles con puntas más cortas,

«con el bosque como nodriza», también oscuro
        en su base, allí donde los restos de pinaza
saltan e impiden dejar huella;
        escenario para una simetría
        que no debes tocar salvo si eres un hada.

A Maine debería complacerle que su animal
        no sea un indeciso y que antes
de luchar deje caer la púa ya cargada.
        Banal opresor, intruso,
        persistente, has encontrado un resistente.

THEN THE ERMINE:

«rather dead than spotted»; and believe it
despite reason to think not,
I saw a bat by daylight;
hard to credit

but I knew that I was right. It charmed me–
wavering like a jack-in-
the-green, weaving about me
insecurely.

Instead of hammer-handed bravado
strategy could have chosen
momentum with a motto:
Mutare sperno

vel timere–*I don't change, am not craven;*
on what ground could one
say that I am hard to frighten?
Nothing's certain.

Fail, and Lavater's physiography
has another admirer
of skill in obscurity–
now a novelty.

So let the palisandre *settee express it,*
«ebony violet,»
Master Corbo in full dress,
and shepherdess,

an exhilarating hoarse crow-note
or dignity with intimacy.
Foiled explosiveness is yet
a kind of prophet,

Y LUEGO EL ARMIÑO:

«antes muerto que manchado»; y debéis creerlo
a pesar de las razones para no hacerlo,
he visto un murciélago en pleno día;
difícil de admitir

aunque supiera que estaba en lo cierto. Me encantó–
oscilante como un fantoche
de carnaval, bamboleándose a mi alrededor
inseguro.

En lugar de contundentes bravatas
la estrategia podría haber elegido
impulso con una divisa:
Mutare sperno

Vel timere– yo no cambio, no soy cobarde;
¿con qué base puede decirse
que es difícil asustarme?
Nada es seguro.

Equivócate y la fisiografía de Lavater
tiene otra admiradora
de la destreza en la oscuridad,
hoy en día una novedad.

Así pues, que el diván de palisandro exprese todo esto:
«violeta de ébano»,
Master Corvo vestido de gala
y una pastorcilla,

una estimulante nota de cuervo desabrida,
tendrá dignidad con intimidad.
La explosividad frustrada es aun así
una especie de profeta,

a perfecter, and so a concealer–
with the power of implosion;
like violets by Dürer;
even darker.

una perfeccionista, y por tanto una ocultadora
    con poder de implosión;
como una violeta de Durero;
incluso más oscura.

TOM FOOL AT JAMAICA

Look at Jonah embarking from Joppa, deterred by
the whale; hard going for a statesman whom nothing could detain,
although one who would not rather die than repent.
Be infallible at your peril, for your system will fail,
and select as a model the schoolboy in Spain
who at the age of six, portrayed a mule and jockey
who had pulled up for a snail.

«There is submerged magnificence, as Victor Hugo
said.» Sentir avec ardeur; *that's it; magnetized by feeling.*
Tom Fool «makes an effort and makes it oftener
than the rest»–out on April first, a day of some significance
in the ambiguous sense–the smiling
Master Atkinson's choice, with that mark of a champion, the extra
spurt when needed. Yes, yes. «Chance

is a regrettable impurity»; like Tom Fool's
left white hind foot–an unconformity; though judging by
results, a kind of cottontail to give him confidence.
Up in the cupola comparing speeds, Fred Capossela keeps his head.
«It's tough,» he said; «but I get 'em; and why shouldn't I?
I'm relaxed, I'm confident, and I don't bet.» *Sensational. He does not*
bet on his animated

valentines–his pink and black-striped, sashed or dotted silks.
Tom Fool is «a handy horse,» with a chiseled foot. You've the beat
of a dancer to a measure or harmonious rush
of a porpoise at the prow where the racers all win easily–
like centaurs' legs in tune, as when kettledrums compete;
nose rigid and suede nostrils spread, a light left hand on the rein, till
well–this is a rhapsody.

TOM FOOL EN EL JAMAICA

Mira a Jonás que zarpó de Jaffa, detenido por
la ballena; mala pasada para un estadista que no se detenía ante nada,
aunque estuviera menos dispuesto a morir que a arrepentirse.
Sé infalible por tu cuenta y riesgo, es posible que tu sistema falle,
y elige como modelo al escolar español
que a los seis años dibujó una mula y un jockey
que se detienen en seco ante un caracol.

«Existe una grandeza oculta, como dijo Víctor Hugo».
Sentir avec ardeur; eso es; magnetizado por la sensibilidad.
Tom Fool «se esfuerza y lo hace más a menudo
que los demás caballos» –es uno de abril, un día con cierto
significado
en doble sentido– el favorito
del sonriente Master Atkinson, con el sello del campeón y el
sprint adicional si es necesario. Sí, sí. «La suerte

es una lamentable impureza»; como lo es el blanco en la pata
trasera izquierda de Tom Fool –una anomalía; aunque, a juzgar por
los resultados, una especie de pata de conejo que le da confianza.
Arriba, en la torreta del hipódromo, comparando velocidades,
Fred Capossela no pierde la cabeza.
«Es duro», ha dicho; «pero lo conseguiré; ¿por qué no iba a hacerlo?
Estoy relajado, tengo confianza y además, *no apuesto*». Sensacional.
Él no apuesta a sus alegres

colores– sus casacas rosa con rayas negras, con faja o lunares.
Tom Fool es «un caballo hábil», de pezuña cincelada. Tiene el ritmo
de un bailarín o el impulso armonioso
de un delfín en la proa, donde todos los corredores ganan
fácilmente–
como patas de centauro acompasadas, como timbales que compiten;
nariz rígida y las aletas de gamuza infladas, la suave mano izquierda
en la rienda, hasta que...
bien –esto es una rapsodia.

Of course, speaking of champions, there was Fats Waller
with the feather touch, giraffe eyes, and that hand alighting in
Ain't Misbehavin'! Ozzie Smith and Eubie Blake
ennoble the atmosphere; you recall the Lippizzaner;
the time Ted Atkinson charged by on Tiger Skin–
no pursuers in sight–cat-loping along. And you may have seen a
monkey
on a greyhound. «But Tom Fool...

Desde luego, si hablamos de campeones, ahí está Fats Waller
con su toque de pluma, sus ojos de jirafa y ¡esa mano enardecida en
Ain't Misbehavin'!, Ozzie Smith y Eubie Blake
ennoblecen el ambiente; recuerdan al caballo lipizano;
la vez que Ted Atkinson salió a la carrera sobre Tiger Skin
–sin perseguidores a la vista– como un gato al galope. Y puede
que hayas visto un mono
a la grupa de un galgo. «Pero Tom Fool...

grows till it is not what but which,
blurred by too much. The very blasé alone could
choose the contest or fair to which to go.
The crossbow tournament at Gubbio?

For quiet excitement, canoe-ers
or peach fairs? or near Perugia, the mule-show;
If not the Palio, slaying the Saracen.
One salutes–on reviewing again

this modern mythologica
esopica–*its nonchalances of the mind,*
that «fount by which enchanting gems are spilt.»
Are we not charmed by the result?–

quite different from what goes on
at the Sorbonne; but not entirely, since flowering
in more than mere talent for spectacle.
Because the heart is in it all is well.

The greater part of stanzas 1 and 2 is quoted from an article by Mitchell Goodman, «Festivals and Fairs for the Tourist in Italy,» *New York Times*, April 18,1954.

LA TELA QUE UNO TEJE DE ITALIA

crece hasta tal punto que se pierde el hilo
entre tanta oferta. Solo el perfecto apático podría
    elegir el concurso o la feria a la que ir.
    ¿La competición de arqueros en Gubbio?

Para un tranquilo entretenimiento, ¿los piragüistas
o la feria de melocotón? o ¿la muestra de mulas cerca de Perugia?
    Y si no, el Palio del sarraceno.
    Uno saluda, al examinar de nuevo

esta moderna *mythologica*
aesopica, la indiferencia de la mente,
    aquella «fuente de la que manaban gemas maravillosas».
    ¿No es fascinante el resultado?

bien distinto de lo que sucede
en la Sorbona; pero no totalmente, ya que todo esto
    es algo más que simple talento para el espectáculo.
    Y bien está puesto que hay corazón en todo ello.

La mayor parte de la 1.ª y 2.ª estrofas procede de un artículo de Mitchell Goodman, «Festivals and Fairs for the Tourist in Italty», *New York Times*, 18 de abril de 1954.

THE STAFF OF AESCULAPIUS

A symbol from the first, of mastery,
experiments such as Hippocrates *made*
and substituted for vague
speculation, stayed
the ravages of a plague.

A «going on»; yes, anastasis *is the word*
for research a virus has defied,
and for the virologist
with variables still untried–
too impassioned to desist.

Suppose that research has hit on the right one
and a killed vaccine is effective
say temporarily–
for even a year–although a live
one could give lifelong immunity,

knowledge has been gained for another attack.
Selective injury to cancer
cells without injury to
normal ones–another
gain–looks like prophecy come true.

Now, after lung resection, the surgeon fills space.
To sponge implanted, cells following
fluid, adhere and what
was inert becomes living–
that was framework. Is it not

like the master-physician's Sumerian rod?–
staff and effigy of the animal
which by shedding its skin
is a sign of renewal–
the symbol of medicine.

LA VARA DE ESCULAPIO

Símbolo de maestría desde el principio:
experimentos como los de Hipócrates
que, en sustitución de vagas
especulaciones, detenían
los estragos de una plaga.

Un «avance»; sí, *anastasis* es la palabra
para la investigación de un virus que se resiste,
y para el virólogo
con variables aún inexploradas–
demasiado apasionado para desistir.

Supongamos que la investigación ha dado en el clavo
y que una vacuna muerta sea eficaz
digamos que temporalmente
–incluso durante un año– aunque una vacuna viva
ofrezca inmunidad de por vida:

conocimiento adquirido para otras batallas.
El ataque selectivo a las células
cancerosas sin atacar las
normales –otra
adquisición– parece una profecía hecha realidad.

Ahora, tras la resección pulmonar, el cirujano llena el hueco.
A la esponja implantada, las células de la sangre
se adhieren y lo que
estaba inerte cobra vida–
lo que había sido simple soporte. ¿No es

como el bastón sumerio del consumado médico?–
vara y efigie del animal
que al mudar su piel
es signo de renovación–
símbolo de la medicina.

THE SYCAMORE

Against a gun-metal sky
I saw an albino giraffe. Without
leaves to modify,
chamois-white as
said, although partly pied near the base,
it towered where a chain of
stepping-stones lay in a stream nearby;
glamor to stir the envy

of anything in motley–
Hampshire pig, the living lucky-stone; or
all-white butterfly.
A commonplace:
there's more than just one kind of grace.
We don't like flowers that do
not wilt; they must die, and nine
she-camel-hairs aid memory.

Worthy of Imami,
the Persian–clinging to a stiffer stalk
was a little dry
thing from the grass,
in the shape of a Maltese cross,
retiringly formal
as if to say: «And there was I
like a field-mouse at Versailles.»

EL SICOMORO

Contra un cielo gris metálico
he visto una jirafa albina. Sin
hojas que la modificasen,
de gamuza blanca como
se dice, aunque algo ruana en la base,
se alzaba donde una fila de
piedras descansaba sobre un arroyo cercano;
un esplendor capaz de despertar la envidia

de cualquier cosa multicolor–
el cerdo de Hampshire, el talismán viviente; o
la mariposa totalmente blanca.
Un lugar común:
la gracia reviste múltiples formas.
No nos gustan las flores que no
se marchitan; deben morir, y nueve
pelos de camella ayudan a la memoria.

Digna de Imami,
el persa, agarrada a un tallo más robusto
había una cosita seca
procedente de la hierba
en forma de una cruz de Malta,
retraídamente digna
como si dijera: «Y allí estaba yo
como un ratón de campo en Versalles».

ROSEMARY

Beauty and Beauty's son and rosemary–
Venus and Love, her son, to speak plainly–
born of the sea supposedly,
at Christmas each, in company,
braids a garland of festivity.
        Not always rosemary–

since the flight to Egypt, blooming differently.
With lancelike leaf, green but silver underneath,
its flowers–white originally–
turned blue. The herb of memory,
imitating the blue robe of Mary,
        is not too legendary

to flower both as symbol and as pungency.
Springing from stones beside the sea,
the height of Christ when thirty-three–
it feeds on dew and to the bee
«hath a dumb language»; is in reality
        a kind of Christmas-tree.

ROMERO

La Belleza, el hijo de la Belleza y el romero:
Venus –supuestamente nacida del mar–
y Amor, su hijo, por decirlo claro,
cada uno por separado, y en compañía,
trenzan en Navidad una guirnalda festiva.
        No siempre de romero–

porque, desde el viaje a Egipto, su floración es distinta.
Con verdes hojas lanceoladas, pero de envés plateado,
sus flores –originalmente blancas–
se tornaron azules. La hierba de la memoria,
que imita el vestido azul de la Virgen,
        no es tampoco demasiado legendaria

para florecer como símbolo y como aroma.
Germina entre piedras junto al mar,
alcanza la altura de Cristo a los treinta y tres,
se alimenta de rocío y con la abeja
«mantiene un lenguaje mudo»; es en realidad
        una especie de árbol de Navidad.

STYLE

revives in Escudero's constant of the plumbline,
axis of the hairfine moon—his counter-camber of the skater.
No more fanatical adjuster
of the tilted hat
than Escudero; of tempos others can't combine.
And we—besides evolving
the classic silhouette, Dick Button whittled slender—

have an Iberian-American champion yet,
the deadly Etchebaster. Entranced, were you not, by Soledad?
black-clad solitude that is not sad;
like a letter from
Casals; or perhaps say literal alphabet-
S soundholes in a 'cello
set contradictorily; or should we call her

la lagarta? or bamboos with fireflies a-glitter;
or glassy lake and the whorls which a vertical stroke brought about,
of the paddle half-turned coming out.
As if bisecting
a viper, she can dart down three times and recover
without disaster, having
been a bull-fighter. Well; she has a forgiver.

Etchebaster's art, his catlike ease, his mousing pose,
his genius for anticipatory tactics, preclude envy
as the traditional unwavy
Sandeman sailor
is Escudero's; the guitar, Rosario's—
wrist-rest for a dangling hand
that's suddenly set humming fast fast fast and faster.

revive en el firme eje vertical de Escudero
como una luna capilar –su versión de la contra curva del patinador.
Nadie puede igualar la vehemencia
con la que Escudero se ajusta el sombrero
descolocado; o los ritmos inaccesibles para otros.
Y nosotros –además de haber perfeccionado
la clásica silueta, Dick Button afilado como un junco–

tenemos un campeón iberoamericano,
el certero Etchebaster. Y ¿no les ha encantado Soledad?
soledad vestida de un negro que no resulta triste;
como una carta de
Casals; o tal vez como el alfabeto de
eses enfrentadas en la caja
de resonancia de un violoncelo; ¿o deberíamos llamarla

la lagarta? ¿o bambú con relumbrantes luciérnagas?;
¿o un lago vítreo y espirales que acaban con un golpe vertical
de la cuchilla semivuelta hacia fuera?
Como si bisecase
una víbora, Soledad puede abatirse tres veces como un dardo
y recuperar la compostura sin incidentes, después de
haber sido un torero. Bien; hay alguien dispuesto a
perdonarla.

El arte de Etchebaster, su soltura felina, su postura de
cazarratones,
su genio para las tácticas anticipatorias, impiden la envidia
como el del impávido marinero
tradicional Sandeman
es el de Escudero; y la guitarra, la de Rosario:
reposo de la muñeca para una mano oscilante
que de repente se activa y vibra cada vez más y más rápido.

There is no suitable simile. It is as though
the equidistant three tiny arcs of seeds in a banana
had been conjoined by Palestrina;
it is like the eyes,
or say the face, of Palestrina by El Greco.
O Escudero, Soledad,
Rosario Escudero, Etchebaster!

No hay un símil apropiado. Es como si
Palestrina hubiera unido
los equidistantes arquitos de semillas en una banana;
como los ojos
o el rostro de Palestrina pintado por el Greco.
¡Ay Escudero, Soledad,
Rosario Escudero, Etchebaster!

LOGIC AND THE MAGIC FLUTE

Up winding stair,
here, where, in what theater lost?
was I seeing a ghost–
a reminder at least
of a sunbeam or moonbeam
that has not a waist?
By hasty hop
or accomplished mishap,
the magic flute and harp
somehow confused themselves
with China's precious wentletrap.

Near Life and Time
in their peculiar catacomb,
abalonean gloom
and an intrusive hum
pervaded the mammoth cast's
small audience-room.
Then out of doors,
where interlacing pairs
of skaters raced from rink
to ramp, a demon roared
as if down flights of marble stairs:

«'What is love and
shall I ever have it?'» The truth
is simple. Banish sloth,
fetter-feigning uncouth
fraud. Trapper Love with noble
noise, the magic sleuth,
as bird-notes prove–
first telecolor-trove–
illogically wove
what logic can't unweave:
one need not shoulder, need not shove.

LA LÓGICA Y *LA FLAUTA MÁGICA*

Ascendente escalera de caracol,
aquí, ¿dónde?, ¿en qué teatro perdida?
¿estaba viendo un fantasma,
o al menos un recuerdo
de un rayo de sol o de luna
sin cuerpo?
Por un salto apresurado
o un perfecto contratiempo,
la flauta mágica y el arpa
se confundían extrañamente
con la preciosa caracola marina de China.

Junto a *Life* y *Time*
en su peculiar catacumba,
una penumbra abalónica
y un penetrante zumbido
invadían la pequeña platea
de aquella transmisión faraónica.
Luego, en el exterior,
donde se entrelazaban parejas
de patinadores en la carrera de la pista
a la rampa, un demonio rugió
como si descendiera por una escalera de mármol:

«¿Qué es el amor y podré
yo conocerlo alguna vez?». La verdad
es sencilla. Destierra la pereza,
el torpe engaño que simula
obstáculos. El Amor cazador con sus nobles
trampas sonoras, el mágico sabueso
como el canto del pájaro demuestra
–primer tesoro en telecolor–
ha tejido ilógicamente
lo que la lógica no puede destejer:
uno no tiene que avanzar a empujones entre la multitud.

BLESSED IS THE MAN

who does not sit in the seat of the scoffer–
the man who does not denigrate, depreciate, denunciate;
who is not «characteristically intemperate,»
who does not «excuse, retreat, equivocate; and will be heard.»

(Ah, Giorgione! there are those who mongrelize
and those who heighten anything they touch; although it may well be
that if Giorgione's self-portrait were not said to be he,
it might not take my fancy. Blessed the geniuses who know

that egomania is not a duty.)
«Diversity, controversy; tolerance»–in that «citadel
of learning» we have a fort that ought to armor us well.
Blessed is the man who «takes the risk of a decision»–asks

himself the question: «Would it solve the problem?
Is it right as I see it? Is it in the best interests of all?»
Alas. Ulysses' companions are now political–
living self-indulgently until the moral sense is drowned,

having lost all power of comparison,
thinking license emancipates one, «slaves whom they themselves have bound.»
Brazen authors, downright soiled and downright spoiled, as if sound
and exceptional, are the old quasi-modish counterfeit,

mitin-*proofing conscience against character.*
Affronted by «private lies and public shame,» blessed is the author
who favors what the supercilious do not favor–
who will not comply. Blessed, the unaccommodating man.

que no ocupa el sitio del mordaz,
el hombre que no denigra, desprecia, denuncia;
que, no es «habitualmente destemplado»,
quien no «se disculpa, se retracta, es ambiguo; pues será
escuchado».

(¡Ah, Giorgione! Existen los que prostituyen
y los que enaltecen cuanto tocan; aunque bien pudiera ser
que, si no hubiera sabido que era el autorretrato de Giorgione,
no me habría cautivado. Bendito el genio que sabe

que la egomanía no es un deber.)
«Diversidad, controversia, tolerancia»; en esa «ciudadela
del aprendizaje» tenemos un fuerte que debería acorazarnos.
Bendito el hombre que «asume el riesgo de una decisión» y

se pregunta: «¿Solucionaría esto el problema?
¿Es correcto mi modo de verlo? ¿Es de interés común?»
¡Ay! Los compañeros de Ulises son ahora políticos
y viven con desenfreno hasta ahogar el sentido moral,

perdido por completo el sentido de la proporción,
creen que la licencia emancipa, «esclavos de aquello a lo que están
encadenados».
Autores desvergonzados, totalmente corrompidos, malogrados
como si lo íntegro
y excepcional fueran viejas imposturas pseudoelegantes,

conciencia antipolilla frente a temperamento.
Insultado por «mentiras privadas y pública vergüenza», bendito
sea el autor
que apoya lo que los arrogantes no apoyan–,
que no se conformará. Bendito el hombre inadaptado.

Blessed the man whose faith is different
from possessiveness–of a kind not framed by «things which do appear»–
who will not visualize defeat, too intent to cower;
whose illumined eye has seen the shaft that gilds the sultan's tower.

Bendito sea el hombre cuya fe es distinta
de la dominante –a la que no moldea «la simple apariencia
de las cosas»–
que no concibe la derrota, demasiado entregado para
desanimarse;
cuyo ojo iluminado ha visto el rayo que dora la torre del sultán.

O TO BE A DRAGON
(1959)

¡AY, SER UN DRAGÓN!
(1959)

O TO BE A DRAGON

If I, like Solomon, . . .
could have my wish—

my wish . . . O to be a dragon,
a symbol of the power of Heaven—of silkworm
size or immense; at times invisible.
Felicitous phenomenon!

¡AY, SER UN DRAGÓN!

Si, como Salomón...,
yo pudiera cumplir mi deseo

–mi deseo... ¡ay, ser un dragón!,
símbolo del poder del cielo– del tamaño
del gusano de seda o inmenso; invisible a veces.
¡Extraordinario fenómeno!

I MAY, I MIGHT, I MUST

If you will tell me why the fen
appears impassable, I then
will tell you why I think that I
can get across it if I try.

PUEDO, PODRÍA, DEBO

Si me dices por qué el pantano
parece infranqueable, entonces te
diré por qué pienso que
puedo atravesarlo si lo intento.

TO A CHAMELEON

Hid by the august foliage and fruit of the grape-vine
twine
your anatomy
round the pruned and polished stem,
Chameleon.
Fire laid upon
an emerald as long as
the Dark King's massy
one,
could not snap the spectrum up for food as you have done.

A UN CAMALEÓN

Oculto entre el augusto follaje y los frutos de la viña
   entretejes
      tu anatomía
         alrededor del mondo tallo pulido,
            Camaleón.
            Ni el fuego encendido
         sobre una esmeralda tan grande como
      aquella
   enorme del Rey Oscuro
podría arrebatar y devorar el espectro solar como tú has hecho.

A JELLYFISH

Visible, invisible,
a fluctuating charm
an amber-tinctured amethyst
inhabits it, your arm
approaches, and it opens
and it closes; you had meant
to catch it and it quivers;
you abandon your intent.

UNA MEDUSA

Visible, invisible,
   un hechizo fluctuante
una amatista teñida de ámbar
   la habita, le acercas
el brazo y se abre
   y se cierra; pretendías
atraparla y se estremece;
   abandonas el intento.

VALUES IN USE

I attended school and I liked the place–
grass and little locust-leaf shadows like lace.

Writing was discussed. They said, «We create
values in the process of living, daren't await

their historic progress.» Be abstract
and you'll wish you'd been specific; it's a fact.

What was I studying? Values in use,
«judged on their own ground.» Am I still abstruse?

Walking along, a student said offhand,
«'Relevant' and 'plausible' were words I understand.»

A pleasing statement, anonymous friend.
Certainly the means must not defeat the end.

VALORES AL USO

Iba a la escuela y me gustaba el lugar,
hierba y sombras de hojita de acacia como encaje.

Se discutía sobre la escritura. Decían: «Creamos
valores en el proceso de vivir, es inútil esperar

su progreso histórico». Sé abstracto
y desearás haber sido concreto; es un hecho.

¿Qué estudiaba yo? Valores al uso,
«juzgados en su propio terreno». ¿Soy aún oscura?

De improviso, un estudiante dijo al pasar a mi lado:
«"Relevante" y "plausible" eran palabras que yo entiendo».

Una afirmación grata, anónimo amigo.
Ciertamente, los medios no deben frustrar el fin.

HOMETOWN PIECE FOR MESSRS. ALSTON AND REESE

To the tune:
«Li'l baby, don't say a word: Mama goin' to buy you a mockingbird.
Bird don't sing: Mama goin' to sell it and buy a brass ring.»

«Millennium,» yes; «pandemonium»!
Roy Campanella leaps high. Dodgerdom

crowned, had Johnny Podres on the mound.
Buzzie Bavasi and the Press gave ground;

the team slapped, mauled, and asked the Yankees' match,
«How did you feel when Sandy Amoros made the catch?»

«I said to myself»–pitcher for all innings–
«as I walked back to the mound I said, 'Everything's

getting better and better.'» (Zest: they've zest.
«'Hope springs eternal in the Brooklyn breast.'»

And would the Dodger Band in 8, row 1, relax
if they saw the collector of income tax?

Ready with a tune if that should occur:
«Why Not Take All of Me–All of Me, Sir?»)

Another series. Round-tripper Duke at bat,
«Four hundred feet from home-plate»; more like that.

A neat bunt, please; a cloud-breaker, a drive
like Jim Gilliam's great big one. Hope's alive.

Homered, flied out, fouled? Our «stylish stout»
so nimble Campanella will have him out.

COMPOSICIÓN CASERA PARA LOS SEÑORES ALSTON Y REESE

Entonando:
«Chiquitín, no digas nada: mamá te comprará un pajarito.
Y si el pájaro no canta: mamá lo venderá y te comprará un anillito».

«Milenio», sí; ¡«pandemonio»!
Roy Campanella vuela. El regio equipo

de los Dodgers tenía a Johnny Podres en el montículo.
Buzzie Bavasi y la prensa se replegaban;

el equipo golpeaba, vapuleaba y preguntaba al adversario de los Yankees:
«¿Qué sentiste cuando Sandy Amoros atrapó la pelota?».

«Yo me dije» –un lanzador para cualquier entrada–
«mientras volvía al montículo, dije: "Todo va

viento en popa" ». (Garra, tienen garra.
« "En el pecho de los brooklyneses late eternamente la esperanza".»

¿Se relajaría la banda de los Dodgers, sector 8, fila 1, si viera
al recaudador de impuestos?

Con una melodía preparada por si ocurre:
«¿En cueros, señor? ¿Por qué no me deja en cueros?».)

Otra serie. El matarife Duke al bate,
«A cuatrocientos pies del *home-plate*»; más de esos.

Un buen toque, por favor; un *drive* que rasgue las nubes,
como el famoso de Jim Gilliam. La esperanza se mantiene.

¿Qué dice el árbitro? Nuestro «elegante gigantón»,
el ágil Campanella, se pelea con él.

A-squat in double-headers four hundred times a day,
he says that in a measure the pleasure is the pay:

catcher to pitcher, a nice easy throw
almost as if he'd just told it to go.

Willie Mays should be a Dodger. He should–
a lad for Roger Craig and Clem Labine to elude;

but you have an omen, pennant-winning Peewee,
on which we are looking superstitiously.

Ralph Branca has Preacher Roe's number; recall?
And there's Don Bessent; he can really fire the ball.

As for Gil Hodges, in custody of first–
«He'll do it by himself.» Now a specialist–versed

in an extension reach far into the box seats–
he lengthens up, leans and gloves the ball. He defeats

expectation by a whisker. The modest star,
irked by one misplay, is no hero by a hair;

in a strikeout slaughter when what could matter more,
he lines a homer to the signboard and has changed the score.

Then for his nineteenth season, a home run–
with four of six runs batted in–Carl Furillo's the big gun;

almost dehorned the foe–has fans dancing in delight.
Jake Pitler and his Playground «get a Night»–

Jake, that hearty man, made heartier by a barrier
who can bat as well as field–Don Demeter.

Shutting them out for nine innings–hitter too–
Carl Erskine leaves Cimoli nothing to do.

Take off the goat-horns, Dodgers, that egret
which two very fine base-stealers can offset.

Acuclillado cuatrocientas veces al día si hay dos partidos
él dice que, en cierto modo, el placer está en la paga:

de *catcher* a *pitcher*, un hermoso lanzamiento
casi como si le ordenara a la pelota donde ir.

Willie Mays debería ser un Dodger. Debería
un tipo al que Roger Craig y Clem Labine tendrían que evitar;

pero tú, Peewee, ganador del banderín, tienes un talismán
que trae buena suerte a nuestro equipo.

Ralph Branca lleva el número de Preacher Roe, ¿recuerdas?
y ahí está Don Bessent; él sabe de verdad disparar la pelota.

Y también Gil Hodges, en guardia en la primera base
«Dejadle hacer a él». Un especialista –capaz

de un lanzamiento que llega hasta las gradas–
se estira, se repliega y enguanta la pelota. Frustra

la expectación por un poco. La modesta estrella,
irritada por un error, no es héroe por un pelo;

en el momento álgido del encuentro, cuando todo estaba en juego,
él suma una carrera al marcador y cambia el resultado.

Luego, para su decimonovena temporada, un *home run*
–con cuatro de seis carreras ganadas– invencible Carl Furillo;

con el adversario casi descuernado –los hinchas bailan de alegría
Jake Pitler y su estadio «hacen fiesta»–

Jake, un hombre enérgico, aún más enérgico gracias a un atleta
tan hábil en el ataque como en la defensa: Don Demeter.

Sin rival en nueve entradas –también bateador–
Carl Erskine no deja a Cimoli nada que hacer.

Ánimo Dodgers, quitadles la cornamenta, ese penacho
que dos buenos corredores pueden robar.

You've got plenty: Jackie Robinson
and Campy and big Newk, and Dodgerdom again
watching everything you do. You won last year. Come on.

Y vosotros tenéis muchos: Jackie Robinson
y Campy y el gran Newk y de nuevo la hinchada de los Dodgers
que no os quita ojo. Y ganasteis el año pasado. Adelante.

ENOUGH

Jamestown, 1607-1957

Some in the Godspeed, the Susan C.,
others in the Discovery,

found their too earthly paradise,
a paradise in which hope dies,

found pests and pestilence instead,
the living outnumbered by the dead.

The same reward for best and worst
doomed communism, tried at first.

Three acres each, initiative,
six bushels paid back, they could live.

Captain Dale became kidnaper–
the master–lawless when the spur

was desperation, even though
his victim had let her victim go–

Captain John Smith. Poor Powhatan
was forced to make peace, embittered man.

Then teaching–insidious recourse–
enhancing Pocahontas, flowered of course

in marriage. John Rolfe fell in love
with her and she–in rank above

what she became–renounced her name
yet found her status not too tame.

The crested moss-rose casts a spell;
and bud of solid green as well;

SUFICIENTE

Jamestown 1607-1957

Unos en el *Godspeed* y en el Susan C.,
otros en el *Discovery*,

encontraron su paraíso, un paraíso demasiado
terrenal, en el que la esperanza muere,

encontraron pestes y pestilencia en su lugar
y que los muertos sobrepasaban a los vivos.

La misma recompensa para el mejor y el peor
condenó el primer intento de comunismo.

Tres acres para cada uno, iniciativa,
seis fanegas a devolver: suficiente para vivir.

El capitán Dale se convirtió en secuestrador
–él, el jefe– al margen de la ley, espoleado

por la desesperación, a pesar de que
su víctima había liberado a la suya:

el capitán John Smith. El pobre Powhatan,
amargado, fue obligado a firmar la paz.

Luego, sus lecciones de urbanidad a Pocahontas
–recurso insidioso– la llevaron

por supuesto al matrimonio. John Rolfe
se enamoró de ella y ella –superior al rango

que obtendría– renunció a su nombre
y aceptó con gusto su nuevo estatus.

La carnosa verdolaga lanza un hechizo;
y también brotes de verde sólido;

old deep pink one with fragrant wings
imparting balsam scent that clings

where red-brown tanbark holds the sun–
path enticing beyond comparison.

Not to begin with. No select
artlessly perfect French effect

mattered at first. (Don't speak in rhyme
of maddened men in starving-time.)

Tested until so unnatural
that one became a cannibal.

Marriage, tobacco, and slavery
initiated liberty

when the Deliverance *brought seed*
of that now controversial weed–

a blameless plant Red-Ridinghood.
Blameless, but who knows what is good?

The victims of a search for gold
cast yellow soil into the hold.

With nothing but the feeble tower
to mark the site that did not flower,

could the most ardent have been sure
that they had done what would endure?

It was enough; it is enough
if present faith mend partial proof.

la vieja flor de un rosa intenso y alas fragantes
exhala perfume de balsamina que se adhiere

a la rojiza corteza de roble resistente al sol:
un atractivo sendero incomparable.

Algo por lo que no empezar. El más
exquisito efecto parisino, natural pero perfecto

dejaba indiferente. (No hablemos con rima
de hombres enloquecidos por el hambre.)

Puestos a prueba hasta tal extremo
que uno se convirtió en caníbal.

El matrimonio, el tabaco y la esclavitud
iniciaron la libertad

cuando el *Deliverance* trajo las semillas
de la que hoy es controvertido hierbajo:

una inocente Caperucita Roja.
Inocente, pero ¿quién sabe lo que es bueno?

Los desafortunados buscadores de oro
arrojan tierra amarilla a la bodega.

Sin nada salvo la frágil torre
que señala el lugar que no floreció,

¿pudieron los más apasionados estar seguros
de que habían hecho algo que perduraría?

Fue suficiente; es suficiente
si la fe presente completa aquella obra inacabada.

MELCHIOR VULPIUS

c. 1560-1615

a contrapuntalist–
composer of chorales
and wedding-hymns to Latin words
but best of all an anthem:
«God be praised for conquering faith
which feareth neither pain nor death.»

We have to trust this art–
this mastery which none
can understand. Yet someone has
acquired it and is able to
direct it. Mouse-skin-bellows'-breath
expanding into rapture saith

«Hallelujah.» Almost
utmost absolutist
and fugue-ist, Amen; slowly building
from miniature thunder,
crescendos antidoting death–
love's signature cementing faith.

MELCHIOR VULPIUS

Circa 1560-1615

un contrapuntista–
                    compositor de corales
  e himnos nupciales con texto en latín
  pero sobre todo de una antífona:
    «Dios sea loado por la fe victoriosa
    que no teme el dolor ni la muerte».

Nosotros debemos confiar en este arte–
                    este magisterio que nadie
  puede entender. Sin embargo, alguien
  lo adquirió y es capaz de
    gobernarlo. El aliento de un fuelle de piel de ratón
    se expande en un éxtasis y proclama

«¡Aleluya!». Casi
                    supremo absolutista
  y fuguista, Amén; construyendo lentamente
  un trueno de una miniatura,
    esos crescendos antídotos de la muerte:
    la firma del amor que cementa la fe.

NO BETTER THAN «A WITHERED DAFFODIL»

Ben Jonson said he was? «O I could still
like melting snow upon some craggy hill,
drop, drop, drop, drop.»

I too until I saw that French brocade
blaze green as though some lizard in the shade
became exact–

set off by replicas of violet–
like Sidney, leaning in his striped jacket
against a lime–

a work of art. And I too seemed to be
an insouciant rester by a tree–
no daffodil.

¿MÁS LACIO QUE UN «NARCISO MARCHITO»

dijo Ben Jonson que estaba? «¡Ay! yo aún podría,
como nieve que se funde sobre una colina escarpada,
    caer gota a gota a gota a gota.»

También yo hasta que no vi aquel brocado francés
con destellos verdes como si un lagarto en la sombra
    se definiera

–realzado por réplicas violeta–
como Sidney, con chaqueta de rayas
    apoyado en un tilo:

una obra de arte. Y yo también parecía
alguien que reposa indiferente junto a un árbol,
    no un narciso.

IN THE PUBLIC GARDEN

Boston has a festival–
compositely for all–
and nearby, cupolas of learning
(crimson, blue, and gold) that
have made education individual.

My first–an exceptional,
an almost scriptural–
taxi-driver to Cambridge from Back Bay
said, as we went along, «They
make some fine young men at Harvard.» I recall

the summer when Faneuil Hall
had its weathervane with gold ball
and grasshopper, gilded again by
a -leafer and -jack
till it glittered. Spring can be a miracle

there–a more than usual
bouquet of what is vernal–
«pear blossoms whiter than the clouds,» pin-
oak leaves that barely show
when other trees are making shade, besides small

fairy iris suitable
for Dulcinea del
Toboso; O yes, and snowdrops
in the snow, that smell like
violets. Despite secular bustle,

let me enter King's Chapel
to hear them sing: «My work be praise while
others go and come. No more a stranger
or a guest but like a child
at home.» A chapel or a festival

EN EL JARDÍN PÚBLICO

Boston tiene un festival–
heterogéneo, para todos–
y cerca, cúpulas de ciencia
(carmesíes, azules y doradas) que
ofrecen educación a medida.

Mi primer taxista –un hombre
excepcional, casi bíblico–
que me llevaba a Cambridge desde Back Bay
dijo durante el viaje: «Esos de Harvard
saben preparar chicos estupendos». Recuerdo

aquel verano en que un restaurador
pulió y doró hasta hacerla refulgir
la veleta de Faneuil Hall, con su bola de oro
y su saltamontes.
La primavera es milagrosa

allí –un extraordinario
bouquet de todo lo primaveral–
«flores de peral blancas como nubes», hojas
de roble de los pantanos que apenas asoman
cuando otros árboles ya dan sombra, junto al pequeño

iris japonés apropiado
para Dulcinea del
Toboso; oh, sí, y campanillas de invierno
en la nieve, que huelen como
violetas. A pesar de su secular ajetreo,

dejadme entrar en la King's Chapel
para escucharlos cantar: «Alabada sea mi obra mientras
otros van y vienen. Nunca más huésped
o extranjero, sino como un niño
en su hogar». Una capilla o un festival

means giving what is mutual,
even if irrational:
black sturgeon eggs–a camel
from Hamadan, Iran;
a jewel, or, what is more unusual,

silence–after a word-waterfall of the banal–
as unattainable
as freedom. And what is freedom for?
For «self-discipline,» as our
hardest-working citizen has said–a school;

it is for «freedom to toil»
with a feel for the tool.
Those in the trans-shipment camp must have
a skill. With hope of freedom hanging
by a thread–some gather medicinal

herbs which they can sell.
Ineligible if they ail.
Well?

There are those who will talk for an hour
without telling you why they have
come. And I? This is no madrigal–
no medieval gradual.
It is a grateful tale–
without that radiance which poets
are supposed to have–
unofficial, unprofessional. But still one need not fail

to wish poetry well
where intellect is habitual–
glad that the Muses have a home and swans–
that legend can be factual;
happy that Art, admired in general,
is always actually personal.

significa donar lo que es mutuo,
aunque sea irracional:
negros huevos de esturión –un camello
de Hamadan, Irán;
una joya, o, lo que es aún más raro,

el silencio– tras una cascada de palabras sobre lo banal–
tan inalcanzable
como la libertad. Y ¿para qué sirve la libertad?
para la «autodisciplina», como ha dicho
nuestro ciudadano más trabajador: una escuela;

para lograr la «libertad de trabajar»
valorando la propia herramienta.
Los que están en un campo de confinamiento deben tener
un oficio. Con la esperanza de libertad colgando
de un hilo, algunos recogen hierbas

medicinales para poder venderlas,
aunque si enferman no tengan derecho a ellas.
Y ¿bien?

También están esos que hablan durante una hora
sin decirte por qué han venido.
¿Y yo? Esto no es un madrigal–
ni un gradual medieval.
Es un cuento agradecido
–sin ese resplandor que
supuestamente los poetas deben tener–
oficioso, no profesional. Pero aun así uno

desea que la poesía reine
allí donde la inteligencia es habitual
–feliz de que las Musas tengan un hogar con cisnes–
que la leyenda pueda ser real;
y que el Arte, admirado en general,
sea siempre efectivamente personal.

THE ARCTIC OX (OR GOAT)

Derived from «Golden Fleece of the Arctic,» by John J. Teal, Jr., who rears musk oxen on his farm in Vermont, as set forth by him in the March 1958 issue of the *Atlantic Monthly.*

To wear the arctic fox
you have to kill it. Wear
qiviut–*the underwool of the arctic ox*–
pulled off it like a sweater;
your coat is warm; your conscience, better.

I would like a suit of
qiviut, *so light I did not*
know I had it on; and in the
course of time, another
since I had not had to murder

the «goat» that grew the fleece
that made the first. The musk ox
has no musk and it is not an ox–
illiterate epithet.
Bury your nose in one when wet.

It smells of water, nothing else,
and browses goatlike on
hind legs. Its great distinction
is not egocentric scent
but that it is intelligent.

Chinchillas, otters, water-rats,
and beavers, keep us warm
but think! a «musk ox» grows six pounds
of qiviut; *the cashmere ram,*
three ounces–that is all–of pashm.

EL BUEY ÁRTICO (O CABRA)

Extraído de «Golden Fleece of the Arctic», de John J. Teal, Jr., criador de bueyes almizcleros en su granja de Vermont, tal como lo expuso en el número de marzo de 1958 del Atlantic Monthly.

Para ponerse un zorro ártico
hay que matarlo. Ponte
   qiviut –muda de buey ártico–
que se quita como un suéter;
tu abrigo es cálido y tu conciencia, aún más.

Me gustaría un traje de
qiviut, tan ligero que no supiera
   que lo llevaba puesto; y con el
tiempo, otro,
sin haber tenido que matar

la «cabra» productora del vellón
origen de lo anterior. El buey almizclero
   ni tiene almizcle ni es un buey,
ignorante epíteto.
Hunde la nariz en uno cuando esté húmedo.

Huele a agua, nada más,
y ramonea como la cabra, sobre
   las patas traseras. Lo que lo distingue
no es un egocéntrico perfume,
sino que es inteligente.

Las chinchillas, nutrias, ratas de agua
y castores nos calientan
   pero, ¡piensa! a un buey almizclero le crecen seis libras
de *qiviut*; al carnero de Cachemira,
tres onzas –solamente– de *pashmina*.

Lying in an exposed spot,
basking in the blizzard,
  these ponderosos could dominate
the rare-hairs market in Kashan and yet
you could not have a choicer pet.

They join you as you work;
love jumping in and out of holes,
  play in water with the children,
learn fast, know their names,
will open gates and invent games.

While not incapable
of courtship, they may find its
  servitude and flutter, too much
like Procrustes' bed;
so some decide to stay unwed.

Camels are snobbish
and sheep, unintelligent;
  water buffaloes, neurasthenic–
even murderous.
Reindeer seem over-serious,

whereas these scarce qivies,
with golden fleece and winning ways,
  outstripping every fur-bearer–
there in Vermont quiet–
could demand Bold Ruler's diet:

Mountain Valley water,
dandelions, carrots, oats–
  encouraged as well by bed
made fresh three times a day–
to roll and revel in the hay.

Insatiable for willow
leaves alone, our goatlike
  qivi-*curvi-capricornus*
sheds down ideal for a nest.
Song-birds find qiviut *best.*

Tumbado en un espacio abierto,
saboreando la ventisca,
    estos grandullones podrían dominar
el mercado de pieles raras de Kashan y aun así
no se podría elegir animal doméstico mejor.

Te acompañan en el trabajo;
les encanta chapotear en los charcos,
    juegan en el agua con los niños,
aprenden rápido, saben su nombre,
abren puertas e inventan juegos.

Aunque no son incapaces
de cortejar, descubren a veces la
    servidumbre del amor y se agitan demasiado,
como la cama de Procrustes;
por lo que algunos deciden quedarse solteros.

Los camellos son esnobs
y las ovejas, tontas;
    el búfalo de agua, neurasténico,
incluso asesino.
El aspecto del reno, demasiado grave,

mientras que estos escasos *qivies*,
de lana dorada y atractivas costumbres,
    aventajando a todos los de pelo
–tranquilos allí, en Vermont–
podrían seguir la dieta de Bold Ruler:

Agua de Mountain Valley,
diente de león, zanahoria, avena
    –avivado también con una cama
fresca tres veces al día–
para revolcarse y deleitarse en el heno.

Insaciable tan solo de
hojas de sauce, nuestra casi cabra
    qivi-curvo-capricornio
se desprende de una muda ideal para el nido.
Para el pájaro cantor el *quiviut* es lo mejor.

Suppose you had a bag
of it; you could spin a pound
into a twenty-four-or-five-
mile thread–one, forty-ply–
that will not shrink in any dye.

If you fear that you are
reading an advertisement,
you are. If we can't be cordial
to these creatures' fleece,
I think that we deserve to freeze.

Imagina que tienes una bolsa
llena; de una libra podrías hilar
   veinticuatro o veinticinco
millas de hilo –cuarenta trenzas–
que no encogerán al teñirlas.

Si sospechas que estás
leyendo un anuncio,
   es cierto. Pero si no podemos ser cordiales
con el vellón de estos animales
creo que merecemos helarnos.

SAINT NICHOLAS,

might I, if you can find it, be given
a chameleon with tail
that curls like a watch spring; and vertical
on the body–including the face–pale
tiger-stripes, about seven;
(the melanin in the skin
having been shaded from the sun by thin
bars; the spinal dome
beaded along the ridge
as if it were platinum)?

If you can find no striped chameleon,
might I have a dress or suit–
I guess you have heard of it–of qiviut*?*
and to wear with it, a taslon shirt, the drip-dry fruit
of research second to none;
sewn, I hope, by Excello;
as for buttons to keep down the collar-points, no.
The shirt could be white–
and be «worn before six,»
either in daylight or at night.

But don't give me, if I can't have the dress,
a trip to Greenland, or grim
trip to the moon. The moon should come here. Let him
make the trip down, spread on my dark floor some dim
marvel, and if a success
that I stoop to pick up and wear,
I could ask nothing more. A thing yet more rare,
though, and different,
would be this: Hans von Marées'
St. Hubert, kneeling with head bent,

erect–in velvet and tense with restraint–
hand hanging down: the horse, free.

SAN NICOLÁS,

¿podrías traerme, si lo encuentras,
un camaleón con una cola
que se enrolle como un muelle de reloj;
y que tenga en el cuerpo –y en la cara–
unas siete pálidas rayas verticales, como de tigre;
(sutiles barras que han librado del sol
la melanina de la piel;
y la espina dorsal
perlada en el borde
como si fuera de platino)?

Si no encuentras un camaleón rayado,
¿me podrías traer un vestido o un traje
–me imagino que habrás oído el nombre– de *qiviut*?
y para acompañarlo, una camisa de taslon, fruto inarrugable
y sin par de la investigación;
confeccionado, espero, por Excello;
pero sin botones que sujeten las puntas del cuello.
La camisa podría ser blanca
para «llevarla antes de las seis»,
bien sea de día o de noche.

Pero, si no puedo tener el vestido, no me traigas
un viaje a Groenlandia o un lúgubre
viaje a la Luna. Mejor que la Luna venga aquí. Que descienda
y expanda en el suelo oscuro de mi habitación una tenue
maravilla, y si logro
agacharme a recogerla y ponérmela encima,
no podría pedir nada más. Aunque algo aún
más raro y diferente sería
el *San Humberto* de Hans von Marées,
arrodillado con la cabeza inclinada,

erguido –vestido de terciopelo y tenso por la compostura–
con la mano colgando; el caballo suelto.

Not the original, of course. Give me
a postcard of the scene–huntsman and divinity–
hunt-mad Hubert startled into a saint
by a stag with a Figure entwined.
But why tell you what you must have divined?
Saint Nicholas, O Santa Claus,
would it not be the most
prized gift that ever was!

No el original, por supuesto. Tráeme
una postal de la escena –el cazador y la divinidad–
Humberto, el impenitente cazador, convertido en santo
ante un venado con una figura entre sus astas.
Pero ¿por qué contarte lo que tú ya has adivinado?
San Nicolás ¡Oh Santa Claus!,
¿no sería el más preciado
regalo que pueda hacerse a un mortal?

FOR FEBRUARY 14TH

Saint Valentine,
although late, would «some interested law
impelled to plod in the poem's cause»
be permitted a line?

Might you have liked a stone
from a De Beers Consolidated Mine?
or badger-neat saber-thronged thistle
of Palestine–the leaves alone

down'd underneath,
worth a touch? or that mimosa-leafed vine
called an «alexander's armillary
sphere» fanning out in a wreath?

Or did the ark
preserve paradise-birds with jet-black plumes,
whose descendants might serve as presents?
But questioning is the mark

of a pest! Why think
only of animals in connection
with the ark or the wine Noah drank?
but that the ark did not sink.

PARA EL 14 DE FEBRERO

San Valentín,
aunque tarde, ¿se podría añadir un verso
a «una ley interesada
en batallar a favor del poema»?

¿Te habría gustado una piedra
de una de De Beers Consolidated Mine?
o ¿un cardo de Palestina lleno de sables
con lisa piel de tejón –cuyas hojas

plumosas en la parte inferior,
son un placer al tacto? o ¿esa enredadera con hojas de mimosa
llamada «esfera armilar de Alejandro»
abierta en abanico como una corona?

o ¿preservó el arca
el ave del paraíso con plumaje negro azabache
cuyos descendientes podrían servir de regalo?
¡Pero tanta interrogación es signo

de peste! ¿Por qué el arca
solo nos lleva a pensar en animales
o en el vino que Noé bebió?
Pensemos que el arca no se hundió.

COMBAT CULTURAL

One likes to see a laggard rook's high
speed at sunset to outfly the dark,
or a mount well schooled for a medal;
front legs tucked up for the barrier–
or team of leapers turned aerial.

I recall a documentary
of Cossacks: a visual fugue, a mist
of swords that seemed to sever
heads from bodies–feet stepping as though through
harp-strings in a scherzo. However,

the quadrille of Old Russia for me:
with aimlessly drooping handkerchief
snapped like the crack of a whip;
a deliriously spun-out-level
frock-coat skirt, unswirled and a-droop

in remote promenade. Let me see…
Old Russia, I said? Cold Russia
this time: the prize bunnyhug
platform-piece of experts in the
trip-and-slug of wrestlers in a rug.

«Sacked» and ready for bed apparently–
with a jab, a kick, pinned to the wall,
they work toward the edge and stick;
stagger off, and one is victim of a
flipflop–leg having circled leg as thick.

«Some art, because of high quality,
is unlikely to command high sales»;
yes, yes; but here, oh no;
not with the frozen North's Nan-ai-ans
of the sack in their tight touch-and-go.

COMBATE CULTURAL

A uno le gusta ver el veloz vuelo de un grajo
que rezagado al atardecer atraviesa la oscuridad
o un caballo bien adiestrado para un premio;
con las patas delanteras encogidas para saltar la barrera
o a un equipo de saltadores volverse aéreos.

Recuerdo un documental
sobre cosacos: una fuga visual, una bruma
de espadas que parecía cercenar
las cabezas de los cuerpos –con los pies moviéndose como
cuerdas de arpa en un *scherzo*. Sin embargo,

prefiero la cuadrilla de la Vieja Rusia:
con el pañuelo cayendo sin rumbo
sacudido como la cola de un látigo;
una falda con levita que gira enloquecida
y luego se mustia y remansa

en un lejano paseo. Pero, vamos a ver…
¿he dicho la Vieja Rusia? La fría Rusia
esta vez: la prodigiosa danza,
la tribuna de expertos en golpes
y empellones de luchadores sobre una alfombra.

«Ensacados» y aparentemente dispuestos a acostarse,
con un codazo, un puntapié, clavados a la pared,
se empujan hacia el borde y reculan;
se tambalean y uno de ellos es víctima de una
zancadilla, una pierna rodea cerradamente otra pierna.

«Hay un arte que, debido a su alta calidad,
no es probable que alcance grandes ventas»;
sí, sí; pero no aquí, aquí no;
no entre los na-nai-ans del helado norte
encerrados en el saco de su apretado vaivén.

These battlers, dressed identically–
just one person–may, by seeming twins,
point a moral, should I confess;
we must cement the parts of any
objective symbolic of sagesse.

Estos luchadores, idénticamente vestidos
–como una sola persona– parecen gemelos y,
debo confesar, pueden enseñarnos una lección;
debemos consolidar las partes de cualquier
objetivo símbolo de *sagesse*.

LEONARDO DA VINCI'S

Saint Jerome and his lion
in that hermitage
of walls half gone,
share sanctuary for a sage–
joint-frame for impassioned ingenious
Jerome versed in language–
and for a lion like one on the skin of which
Hercules' club made no impression.

The beast, received as a guest,
although some monks fled–
with its paw dressed
that a desert thorn had made red–
stayed as guard of the monastery ass...
which vanished, having fed
its guard, Jerome assumed. The guest then, like an ass,
was made to carry wood and did not resist,

but before long, recognized
the ass and consigned
its terrorized
thieves' whole camel-train to chagrined
Saint Jerome. The vindicated beast and
saint somehow became twinned;
and now, since they behaved and also looked alike,
their lionship seems officialized.

Pacific yet passionate–
for if not both, how
could he be great?
Jerome–reduced by what he'd been through–
with tapering waist no matter what he ate,
left us the Vulgate. That in Leo
the Nile's rise grew food checking famine,
made lion's-mouth fountains appropriate,

EL SAN JERÓNIMO

de Leonardo da Vinci y su león
en esa ermita
de muros derrocados,
comparten refugio para un sabio
–marco idóneo para el apasionado y lúcido
Jerónimo versado en el lenguaje–
y para un león pariente de aquel en cuya piel
no dejó huella el garrote de Hércules.

La bestia, recibida como un huésped,
aunque algunos monjes huyeran
–con su pata curada
que una espina del desierto había enrojecido–
guardaba el asno del monasterio…
que desapareció –según Jerónimo pensó–
devorado por el guardián. Así el huésped, como un asno,
sin ofrecer resistencia, fue encargado de transportar la leña;

pero, poco después, el león reconoció
al asno y entregó toda la caravana de camellos
de sus aterrorizados
ladrones al afligido
san Jerónimo. La bestia absuelta y
el santo quedaron de esa suerte hermanados;
y desde entonces su similar aspecto y comportamiento
estableció su parentesco leonino.

Pacífico, aunque apasionado
–porque de no ser ambas cosas,
¿cómo podría ser grande?–
Jerónimo –debilitado por las pruebas sufridas–
la cintura afilada comiera lo que comiera,
nos dejó la Vulgata. Bajo el signo de *Leo*,
la crecida del Nilo ponía fin a la hambruna, lo que hizo
de la boca de león un elemento apropiado para las fuentes,

if not universally,
at least not obscure.
And here, though hardly a summary, astronomy
or pale paint makes the golden pair
in Leonardo da Vinci's sketch seem
sun-dyed. Blaze on, picture,
saint, beast; and Lion Haile Selassie, with household
lions as symbol of sovereignty.

un emblema que si no es universal
al menos no es oscuro.
Y aquí, aunque solo sea un esbozo, la astronomía
o los pálidos colores hacen que la dorada pareja
en el dibujo de Leonardo da Vinci parezca
bronceada por el sol. Resplandece, cuadro,
santo, animal; y tú, León Haile Selassie, con tu escolta
de leones símbolo de soberanía.

TELL ME, TELL ME
(1966)

DIME, DIME
(1966)

GRANITE AND STEEL

Enfranchising cable, silvered by the sea,
of woven wire, grayed by the mist,
and Liberty dominate the Bay–
her feet as one on shattered chains,
once whole links wrought by Tyranny.

Caged Circe of steel and stone,
her parent German ingenuity.
«O catenary curve» from tower to pier,
implacable enemy of the mind's deformity,
of man's uncompunctious greed
his crass love of crass priority
just recently
obstructing acquiescent feet
about to step ashore when darkness fell
without a cause,
as if probity had not joined our cities
in the sea.

«O path amid the stars
crossed by the seagull's wing!»
«O radiance that doth inherit me!»
–affirming inter-acting harmony!

Untried expedient, untried; then tried;
way out; way in; romantic passageway
first seen by the eye of the mind,
then by the eye. O steel! O stone!
Climactic ornament, a double rainbow,
as if inverted by French perspicacity,
John Roebling's monument,
German tenacity's also;
composite span–an actuality.

GRANITO Y ACERO

Cable libertador, plateado por el mar,
de alambre tejido, agrisado por la niebla,
y la Libertad domina la Bahía,
como si con los pies despedazara cadenas,
eslabones que un día forjó la Tiranía.

Circe enjaulada de acero y piedra,
fruto del ingenio alemán.
«¡Oh curva catenaria!» desde la torre al muelle,
enemiga implacable de la deformidad mental,
de la avaricia humana sin escrúpulos
del insensato amor por los insensatos privilegios que
precisamente hace poco
bloqueaba, sin causa, los pies condescendientes
a punto de saltar a tierra
al anochecer,
como si la integridad no hubiera unido nuestras ciudades
en el mar.

«¡Oh camino entre las estrellas
atravesado por vuelo de gaviotas!»
«¡Oh resplandor que me recibe!»
–¡afirmando la recíproca armonía!

Experimental recurso, experimental, luego experimentado;
vía de salida, de entrada; romántico pasadizo
visto primero por el ojo de la mente,
luego por el ojo. ¡Oh acero! ¡Oh piedra!
Supremo adorno, doble arco iris
como invertido por la perspicacia francesa,
monumento de John Roebling,
también a la tenacidad alemana;
arcada compuesta, una realidad.

IN LIEU OF THE LYRE

One debarred from enrollment at Harvard,
may have seen towers and been shown the Yard–
animated by Madame de Boufflers' choice rhymes:
Sentir avec ardeur: *with fire; yes, with passion;*
rime-prose revived also by word-wizard Achilles–
Dr. Fang.

The Harvard Advocate*'s select formal-informal*
invitation to Harvard made grateful, Brooklyn's (or Mexico's)
ineditos–
one whose «French aspect» was invented by
Professor Levin,
a too outspoken outraged refugee from clichés particularly,
who was proffered redress
by the Lowell House Press–
Vermont Stinehour Press, rather. (No careless statements
to Kirkland House; least of all inexactness in quoting a fact.)

To the Advocate, gratia sum
unavoidably lame as I am, verbal pilgrim
like Thomas Bewick, drinking from his hat-brim,
drops spilled from a waterfall, denominated later by him
a crystalline Fons Bandusian miracle.

It occurs to the guest–if someone had confessed it in time–
that you might have preferred to the waterfall, pilgrim and hat-brim,
a valuable axiom such as
«a force at rest is at rest because balanced by some other force,»
or «catenary and triangle together hold the span in place»
(of a bridge),

EN LUGAR DE LA LIRA

Quien ha sido rechazado para entrar en Harvard
seguro que ha visto las torres y le han enseñado el Yard
animado por las exquisitas rimas de Madame de Boufflers:
Sentir avec ardeur: con fuego; sí, con pasión;
prosa rimada vigorizada por ese mago de la palabra, Aquiles,
el doctor Fang.

La exquisita invitación a Harvard, formal e informal
del *Harvard Advocate*, llenó de gratitud a los *inéditos*
de Brooklyn (o de México),
y a una cuyo «aspecto francés» inventó
el profesor Levin,
una prófuga, sobre todo de los clichés, ofendida y demasiado franca,
a quien la Lowell House Press
ofreció una reparación,
o más bien la Vermont Stinehour Press. (No se habla sin ton ni son
en la Kirkland House; sobre todo, nada de imprecisiones al citar un
hecho.)

Para el *Advocate*, *grata sum*
en mi fatal debilidad, peregrina verbal
como Thomas Bewick, que bebía del ala de su sombrero
gotas que caían de una cascada, y que más tarde definió como
el cristalino milagro de una Fuente Bandusia.

Al invitado se le ocurre –si alguien lo hubiera confesado a tiempo–
que en vez de la cascada, el peregrino y el ala del sombrero, uno
preferiría
un valioso axioma como
«una fuerza en reposo está en reposo porque otra fuerza la
equilibra»,
o «la catenaria y el triángulo juntos fijan el arco en su sitio»
(de un puente),

or a too often forgotten surely relevant thing, that Roebling cable
was invented by John A. Roebling.

These reflections, Mr. Davis,
in lieu of the lyre.

o algo seguramente relevante y a menudo olvidado, que el cable
de Roebling
fue inventado por John A. Roebling.

Estas reflexiones, señor Davis,
en lugar de la lira.

THE MIND, INTRACTABLE THING

even with its own ax to grind, sometimes
helps others. Why can't it help me?

O imagnifico,
wizard in words–poet, was it, as
Alfredo Panzini defined you?
Weren't you refracting just now
on my eye's half-closed triptych
the image, enhanced, of a glen–
«the foxgrape festoon as sere leaves fell»
on the sand-pale dark byroad, one leaf adrift
from the thin-twigged persimmon; again,

a bird–Arizona
caught-up-with, uncatchable cuckoo
after two hours' pursuit, zigzagging
road-runner, stenciled in black
stripes all over, the tail
windmilling up to defy me?
You understand terror, know how to deal
with pent-up emotion, a ballad, witchcraft.
I don't. O Zeus and O Destiny!

Unafraid of what's done,
undeterred by apparent defeat,
you, imagnifico, unafraid
of disparagers, death, dejection,
have out-wiled the Mermaid of Zennor,
made wordcraft irresistible:
reef, wreck, lost lad, and «sea-foundered bell»–
as near a thing as we have to a king–
craft with which I don't know how to deal.

incluso de forma interesada, a veces
sirve a los demás. ¿Por qué a mí no me sirve?

¡Forjadora de imágenes!,
hechicera de palabras, poeta –¿fue así cómo
Alfredo Panzini te definió?
¿No eras tú la que ahora refractabas
en el tríptico de mis ojos entornados
la imagen realzada de un valle–,
«el festón del arándano caía como hojas marchitas»
en el oscuro atajo de pálida arena, una hoja a la deriva
desde el frágil ramaje del caqui; y otra vez,

un pájaro –cuco de Arizona
alcanzado, inalcanzable
tras dos horas de persecución, zigzagueante
correcaminos, totalmente estarcido con rayas
negras, y cola desafiante
levantando molinetes?
Tú entiendes el terror, sabes cómo tratar
con la emoción reprimida, una balada, un embrujo,
Yo, no. ¡Oh Zeus, oh Destino!

Impertérrita ante lo hecho,
inmutable por la aparente derrota,
tú, forjadora de imágenes, impertérrita
ante quien denigra, la muerte o el abatimiento,
has vencido a la Sirena de Zennor,
y hecho irresistible el arte de la palabra:
arrecife, naufragio, muchacho extraviado y «campana hundida en
el mar»
–lo más parecido a un rey–,
artificio con el que no sé tratar.

DREAM

After coming on Jerome S. Shipman's comment concerning academic appointments for artists.

The committee–now a permanent body–
formed to do but one thing,
discover positions for artists, was worried, then happy,
rejoiced to have magnetized Bach and his family
«to Northwestern,» besides five harpsichords
without which he would not leave home.
For his methodic unmetronomic melodic diversity
contrapuntally appointedly persistently
irresistibly Fate-like Bach–find me words.

Being expected to create for university
occasions, inventions with wing,
was no problem after stiff master-classes (stiffer in Germany),

each week a cantata; chorales, fugues, concerti!
Here, students craved a teacher and each student worked.
Jubilation! Re-rejoicings! Felicity!
Repeated fugue-like, all of it, to infinity.
(Note too that over-worked Bach was not irked.)

Haydn, when he had heard of Bach's billowing sail,
begged Prince Esterházy to lend him to Yale.
Master-mode expert fugue-al forms since, prevail.

Dazzling nonsense… I imagine it? Ah! nach
enough. J. Sebastian–born at Eisenach:
its coat-of-arms in my dream: BACH PLAYS BACH!

SUEÑO

Después de leer los comentarios de Jerome S. Shipman sobre los encargos académicos a los artistas.

El comité –ahora una oficina permanente–
instituido con la única función
de encontrar puestos para artistas, estaba preocupado y luego, feliz;
se alegraba de haber atraído a Bach y su familia
a la Universidad de Northwestern junto a cinco clavicémbalos
sin los que él no se movía de casa.
Por su metódica diversidad melódica no metronómica
contrapuntísticamente establecidamente persistentemente
irresistiblemente destinado a ser Bach: encontradme las
palabras.

El encargo de crear para las ceremonias
universitarias, invenciones con vuelo
no era un problema tras las clases magistrales (más rígidas en Alemania),

una cantata a la semana; ¡corales, fugas, conciertos!
Aquí, los estudiantes ansiaban un maestro y todos trabajaban.
¡Júbilo! ¡Celebraciones! ¡Felicidad!
Repetido todo al infinito como una fuga.
(Nótese también que Bach, sobrecargado de trabajo, no se irritaba.)

Enterado Haydn del viaje a toda vela de Bach,
rogó al príncipe Esterhazy que lo prestase a Yale.
Desde entonces, las formas fuga-les en clave magistral imperan.

Deslumbrante tontería… ¿Me la imagino? ¡Ah, *nach*
basta! J. Sebastián, nacido en Eisenach:
en mi sueño, su blasón es: ¡BACH TOCA A BACH!

OLD AMUSEMENT PARK

Before it became LaGuardia Airport

Hurry, worry, unwary
visitor, never vary
the pressure till nearly bat-blind.
A predicament so dire could not
occur in this rare spot–

where crowds flock to the tramcar
rattling greenish caterpillar,
as bowling-ball thunder
quivers the air. The park's elephant
slowly lies down aslant;

then pygmy replica rides
the mound the back provides.
Jet black, a furry pony sits
down like a dog, has an innocent air–
no tricks–the best act there.

It's all like the never-ending
Ferris-wheel ascending
picket-fenced pony-rides (ten cents).
A businessman, the pony-paddock boy
locks his equestrian toy–

flags flying, fares collected,
shooting gallery neglected–
half-official, half-sequestered,
limber-slouched against a post,
and tells a friend what matters least.

EL VIEJO PARQUE DE ATRACCIONES

Antes de convertirse en el aeropuerto de LaGuardia

Corre, sufre, incauto
visitante, no aflojes
   la presión a riesgo de quedarte ciego como un topo.
      Un destino tan atroz no podría
      ocurrir en este extraño lugar

donde la muchedumbre acude al vagón
del verdusco tobogán fragoroso,
   mientras el estruendo de la bola en el *bowling*
      vibra en el aire. El elefante del parque
      se tumba lentamente de costado;

luego una réplica de pigmeo cabalga
el montículo formado por el lomo.
   Negrísimo, un poni peludo se sienta
      como un perro, con aire inocente
      –sin trucos– el mejor número.

Todo es como la interminable
noria que se alza sobre
   el paseo de los ponis en su vallado (a diez centavos la vuelta).
      Un hombre de negocios, el chico de los ponis
      encierra su juguete ecuestre

–vuelan las banderolas, se cobran las entradas,
la caseta de tiro desatendida–
   un poco formal, un poco aislado,
      recostado ágilmente contra un poste,
      le dice a su amigo lo que menos importa.

It's the old park in a nutshell,
like its tame-wild carrousel–
    the exhilarating peak
        when the triumph is reflective
        and confusion, retroactive.

En dos palabras, este es el viejo parque,
como su tiovivo plácido y salvaje,
    el jubiloso apogeo
        cuando el triunfo es reflexivo
        y la confusión, retroactiva.

AN EXPEDIENT –LEONARDO DA VINCI'S– AND A QUERY

It was patience
protecting the soul as clothing the body
from cold, so that «great wrongs
were powerless to vex»–
and problems that seemed to perplex
him bore fruit, memory
making past present–
like «the grasp of the gourd,
sure and firm.»

«None too dull to
be able to do one thing well. Unworthy
of praise, an orator
who knows only one word,
lacking variety.» Height deterred
from his verdure, any
polecat or snake that
might have burdened his vine:
it kept them away.

With a passion,
he drew flowers, acorns, rocks–intensively,
like Giotto, made Nature
the test, imitation–
Rome's taint–did not taint what he'd done.
He saw as treachery
the all-in-one-mold.
Peerless, venerated
by all, he succumbed

to dejection. Could not
the Leda with face matchless minutely–
have lightened the blow?
«Sad»... Could not Leonardo
have said, «I agree; proof refutes me.

UNA IDEA –DE LEONARDO DA VINCI– Y UNA PETICIÓN

Fue la paciencia
la que protegía el alma como el vestido al cuerpo
del frío, de manera que «los grandes males
no pudieran dañarle»
–y los problemas que parecían desconcertarle
dieron fruto, la memoria
convirtió el pasado en presente–
como «el abrazo de la calabaza,
seguro y firme».

«Ninguno tan torpe como
para no saber hacer algo bien. Indigno
de elogio un orador
que solo sabe una palabra,
carece de variedad.» La altura disuadía
de entrar en su huerto a
mofetas o serpientes que
habrían podido importunar sus viñas:
los mantenía alejados.

Con pasión
él dibujaba flores, bellotas, rocas –intensamente,
como Giotto, ponía la Naturaleza
a prueba, la imitación–
estigma de Roma– no estigmatizaba lo que él hacía.
Veía traición en las cosas
hechas todas con el mismo molde.
Incomparable, venerado
por todos, sucumbió

al desaliento. ¿No pudo
Leda con su rostro inigualable en su minucia,
haber aligerado el golpe?
«Triste»... ¿No pudo Leonardo
haber dicho: «Lo admito; las pruebas me desmienten.

If all is mobility,
mathematics won't do»:
instead of, «Tell me if anything
at all has been done?»

Si todo es movilidad,
    las matemáticas no me sirven»,
en lugar de: «Decidme si
            se ha logrado algo»?

W. S. LANDOR

There
is someone I can bear–
  «a master of indignation…
meant for a soldier
  converted to letters,» who could

throw
a man through the window,
  yet, «tender toward plants,» say, «Good God,
the violets!» (below).
  «Accomplished in every

style
and tint»–considering meanwhile
  infinity and eternity,
he could only say, «I'll
  talk about them when I understand them.»

W. S. LANDOR

Hay
alguien a quien puedo soportar:
    «un maestro de la indignación…
destinado a ser soldado
    y convertido a las letras», capaz de

arrojar
a un hombre por la ventana,
    y aún así «tierno con las plantas», decir, «¡Dios mío,
las violetas!» (las de abajo).
    «Versado en cualquier

estilo
y matiz», al considerar mientras tanto
    lo infinito y lo eterno,
únicamente decía:
    «Hablaré de ellos cuando los entienda».

TO A GIRAFFE

If it is unpermissible, in fact fatal
to be personal and undesirable

to be literal–detrimental as well
if the eye is not innocent–does it mean that

one can live only on top leaves that are small
reachable only by a beast that is tall?–

of which the giraffe is the best example–
the unconversational animal.

When plagued by the psychological,
a creature can be unbearable

that could have been irresistible;
or to be exact, exceptional

since less conversational
than some emotionally-tied-in-knots animal.

After all
consolations of the metaphysical
can be profound. In Homer, existence

is flawed; transcendence, conditional;
«the journey from sin to redemption, perpetual.»

A UNA JIRAFA

Si es inadmisible, en realidad fatal,
ser personal e indeseable

ser literal –también perjudicial
si la mirada no es inocente– ¿quiere decir que

uno puede solo vivir de las pequeñas hojas de la copa,
solo accesibles a una bestia bien alta?,

de las que la jirafa, animal,
poco parlanchín, es el mejor ejemplo.

Atormentada por lo psicológico
una criatura puede ser insoportable

cuando habría podido ser irresistible
o, para ser más exactos, excepcional

puesto que es menos parlanchina
que otros animales emocionalmente embrollados.

    Después de todo
  los consuelos de lo metafísico
  pueden ser profundos. En Homero, la existencia

  es defectuosa; la trascendencia, condicional;
  «el viaje del pecado a la redención, eterno».

CHARITY OVERCOMING ENVY

Late-fifteenth-century tapestry, Flemish or French, in the Burrell Collection, Glasgow Art Gallery and Museum.

Have you time for a story
(depicted in tapestry)?
Charity, riding an elephant,
on a «mosaic of flowers,» faces Envy,
the flowers «bunched together, not rooted.»
Envy, on a dog, is worn down by obsession,
his greed (since of things owned by others
he can only take some*). Crouching uneasily*
in the flowered filigree, among wide weeds
indented by scallops that swirl,
little flattened-out sunflowers,
thin arched coral steams, and–ribbed horizontally–
slivers of green, Envy, on his dog,
looks up at the elephant,
cowering away from her, his cheek scarcely scratched.
He is saying, «O Charity, pity me, Deity!
O pitiless Destiny,
what will become of me,
*maimed by Charity–*Caritas*–sword unsheathed*
over me yet? Blood stains my cheek. I am hurt.»
In chest armor over chain mail, a steel shirt
to the knee, he repeats, «I am hurt.»
The elephant, at no time borne down by self-pity,
convinces the victim
that Destiny is not devising a plot.

The problem is mastered–insupportably
tiring when it was impending.
Deliverance accounts for what sounds like an axiom.

The Gordian knot need not be cut.

LA CARIDAD TRIUNFANTE SOBRE LA ENVIDIA

Tapiz de finales del siglo XV, flamenco o francés, perteneciente a la Burrell Collection, Art Gallery and Museum de Glasgow.

¿Tienes tiempo para una historia
(representada en un tapiz)?
La Caridad, montando un elefante,
sobre un «mosaico de flores», se enfrenta a la Envidia,
las flores «en manojos, sin plantar».
La Envidia, sobre un perro, está agotada por una obsesión,
su codicia (ya que solo una parte de la propiedad
ajena puede arrebatar). Arrastrándose ansiosa
sobre la floreada filigrana, entre la amplia maleza
dentada por conchas que se arremolinan,
pequeños girasoles aplastados,
tenues tallos arqueados de coral y mechas verdes
con nervaduras horizontales. La Envidia, sobre su perro,
levanta los ojos hacia el elefante,
recula agazapada, con la mejilla ligeramente rasguñada.
Dice: ¡«Oh, Caridad, apíadate de mí, Diosa!
Oh, despiadado Destino,
¿qué será de mí,
tullida a manos de la Caridad –*Caritas*– la espada desenvainada
sobre mí ya? La sangre mancha mi mejilla. Estoy herida».
Vestida con peto sobre cota de malla, una camisa de acero
hasta las rodillas, repite: «Estoy herida».
El elefante, al que la autocompasión no logra vencer,
convence a la víctima
de que el Destino no consiste en tramar una conjura.

El problema está superado, insoportablemente
agotador cuando era amenazante.
La liberación explica lo que parece un axioma.

No es preciso cortar el nudo gordiano.

BLUE BUG

Upon seeing Dr. Raworth Williams' Blue Bug with seven other ponies, photographed by Thomas McAvoy, *Sports Illustrated.*

In this camera shot,
from that fine print in which you hide
(eight-pony portrait from the side),
you seem to recognize
a recognizing eye,
limber Bug.
Only partly said, perhaps, it has been implied
that you seem to be the one to ride.

I don't know how you got your name
and don't like to inquire.
Nothing more punitive than the pest
who says, «I'm trespassing,» and
does it just the same.
I've guessed, I think.
I like a face that seems a nest,

a «mere container for the eye»–
triangle-cornered–and
pitchfork-pronged ears stiffly parallel:
bug brother to an Arthur
Mitchell dragonfly,
speeding to left,
speeding to right; reversible,

like «turns in an ancient Chinese
melody, a thirteen
twisted silk-string three-finger solo.»
There they are, Yellow River-
scroll accuracies
of your version
of something similar–polo.

BLUE BUG

Tras haber visto en Sports Illustrated *una fotografía de Thomas McAvoy en la que aparece Blue Bug, el poni propiedad del doctor Raworth Williams, junto a otros siete ponis.*

En esta instantánea
de esa hermosa escena en que te ocultas
(ocho ponis retratados de perfil),
pareces reconocer
el ojo que te reconoce,
ágil Bug.
Aunque no se haya dicho expresamente, se sobreentiende
que eres tú el que tiene una buena monta.

No sé cómo te pusieron el nombre
y no quiero indagar.
Ningún castigo peor que ese insecto
que dice «me entrometo», y
lo hace tan tranquilo.
Creo que lo he adivinado.
Me gusta una cara que parece un nido,

un «simple recipiente para un ojo»
–un ojo de tres picos– con orejas
de diapasón, rígidamente paralelas:
insecto hermano de una libélula
llamada Arthur Mitchell
que corre a la izquierda,
que corre a la derecha; reversible,

como los «giros de una antigua melodía
china, un solo para tres dedos sobre cuerda
de seda retorcida trece veces».
Ahí están, las precisiones en un pergamino
del Río Amarillo
en tu versión
de algo similar: el polo.

Restating it:
pelo, *I turn,*
on polos, *a pivot.*

If a little elaborate,
Redon (Odilon) brought it to mind,
his thought of the eye,
of revolving–combined somehow with pastime–
pastime that is work,
muscular docility,
also mentality,

as in the acrobat Li Siau Than,
gibbon-like but limberer,
defying gravity,
nether side arched up,
cup on head not upset–
China's very most ingenious man.

Repitiéndolo:
pelo, giro,
sobre *polos*, un perno.

Aunque de forma algo rebuscada,
Redon (Odilon) me lo recordó,
con su idea del ojo,
de la rotación –relacionada con el pasatiempo–
un pasatiempo que es trabajo,
docilidad muscular,
y también mentalidad,

como en el acróbata Li Siay Than,
parecido a un gibón, pero más ágil,
desafiando la gravedad,
la pelvis arqueada,
la taza sobre la cabeza sin volcarla,
el hombre más ingenioso de China.

ARTHUR MITCHELL

Slim dragonfly
too rapid for the eye
   to cage–
contagious gem of virtuosity–
make visible, mentality.
Your jewels of mobility

   reveal
      and veil
         a peacock-tail.

ARTHUR MITCHELL

Libélula esbelta
demasiado rápida para que el ojo
  la enjaule
–contagiosa gema de virtuosismo–
haces visible el pensamiento.
Tus joyas de movilidad

  revelan
    y velan
      una cola de pavo real.

BASEBALL AND WRITING

Suggested by post-game broadcasts

Fanaticism? No. Writing is exciting
and baseball is like writing.
You can never tell with either
how it will go
or what you will do;
generating excitement–
a fever in the victim–
pitcher, catcher, fielder, batter.
Victim in what category?
Owl*man watching from the press box?*
To whom does it apply?
Who is excited? Might it be I?

It's a pitcher's battle all the way–a duel–
a catcher's, as, with cruel
puma paw, Elston Howard lumbers lightly
back to plate. (His spring
de-winged a bat swing.)
They have that killer instinct;
yet Elston–whose catching
arm has hurt them all with the bat–
when questioned, says, unenviously,
«I'm very satisfied. We won.»
Shorn of the batting crown, says, «We»;
robbed by a technicality.

When three players on a side play three positions
and modify conditions,
the massive run need not be everything.
«Going, going…» Is
it? Roger Maris
has it, running fast. You will
never see a finer catch. Well…

EL BÉISBOL Y LA ESCRITURA

Inspirado en las retransmisiones que siguen al partido

¿Fanatismo? No. Escribir es excitante
y el béisbol es como escribir.
De ninguno se puede decir nunca
cómo saldrá
o qué harás;
genera excitación
–un estado febril en la víctima–
pitcher, catcher, fielder, batter.
Víctima, sí, pero ¿qué clase de víctima?
¿El hombre-búho que observa desde la tribuna de la prensa?
¿A quién afecta la fiebre?
¿Quién se excita? ¿Tal vez yo?

Para el *pitcher* es una batalla constante –un duelo–
batalla para el *catcher*, como Elston Howard que, con cruel
garra de puma, retorna
ágilmente a la base. (Su salto
corta las alas del *swing* de un bate.)
Tienen ese instinto asesino;
sin embargo Elston –cuya garra
ha herido a todos ellos con el bate–
responde sin envidia al periodista:
«Estoy muy satisfecho. Hemos ganado nosotros».
Y dice «nosotros», aunque fue despojado de la corona,
robada por un tecnicismo.

Cuando tres jugadores de un equipo van en tres posiciones
y modifican las condiciones,
la carrera masiva no tiene por qué ser perfecta.
«Vamos, vamos...» ¿Estamos?
Roger Maris
está en forma, corre rápido. Jamás verás
una presa más perfecta. Bueno...

«Mickey, leaping like the devil»–why
gild it, although deer sounds better–
snares what was speeding towards its treetop nest,
one-handing the souvenir-to-be
meant to be caught by you or me.

Assign Yogi Berra to Cape Canaveral;
he could handle any missile.
He is no feather. «Strike!... Strike two*!»*
Fouled back. A blur.
It's gone. You would infer
that the bat had eyes.
He put the wood to that one.
Praised, Skowron says, «Thanks, Mel.
I think I helped a little *bit.»*
All business, each, and modesty.
Blanchard, Richardson, Kubek, Boyer.
In that galaxy of nine, say which
won the pennant? Each. *It was he.*

Those two magnificent saves from the knee–throws
by Boyer, finesses in twos–
like Whitey's three kinds of pitch and pre-
diagnosis
with pick-off psychosis.
Pitching is a large subject.
Your arm, too true at first, can learn to
catch the corners–even trouble
Mickey Mantle. («Grazed a Yankee!
My baby pitcher, Montejo!»
With some pedagogy,
you'll be tough, premature prodigy.)

They crowd him and curve him and aim for the knees. Trying
indeed! The secret implying:
«I can stand here, bat held steady.»
One may suit him;
none has hit him.
Imponderables smite him.
Muscle kinks, infections, spike wounds
require food, rest, respite from ruffians. (Drat it!

«Mickey, salta como un demonio» –para
qué adornarlo, aunque como un gamo suene mejor–
caza lo que volaba por los aires hacia el nido,
y le basta una mano para atrapar
el futuro souvenir que podía tocarte a ti o a mí.

Enviad a Yogui Berra a Cabo Cañaveral:
podría manejar cualquier misil.
Él no es una pluma. «¡Lanza!... ¡*Segundo* lanzamiento!»
Ha fallado. ¡Lástima!
Fuera de juego. Parece
que el bate tenga ojos.
Le ha dado a esa un buen leñazo.
Le felicitan y Skowron dice: «Gracias, Mel.
Creo que he ayudado un *poquito*».
Cuánto empeño en cada uno, y qué modestia.
Blanchard, Richardson, Kubek, Boyer.
En esa galaxia de nueve campeones
¿quién ha ganado el gallardete? *Cada uno*. Ha sido él.

Esas dos magníficas paradas de rodilla –tiros
de Boyer, delicadeza a pares–
como los tres lanzamientos distintos de Whitey y su pre-
diagnosis
con psicosis de elegido.
El lanzamiento es un tema complejo.
El brazo, demasiado alineado al principio puede aprender a
alcanzar los ángulos, incluso a molestar a
Mickey Mantle. («¡Rozado un yankee!
¡Es Montejo, mi joven lanzador!»
Con un poco de pedagogía
te harás duro, prematuro prodigio.)

Lo acosan y lo doblan y apuntan a sus rodillas. ¡Lo intentan
de verdad! El secreto insinúa:
«Yo aquí clavado y el bate, firme».
Alguno puede irle a la par;
nadie lo ha vencido.
Los imponderables lo atormentan.
Las contracciones, infecciones, las heridas de los clavos
requieren comida, descanso, respiro de los rufianes. (¡Maldita sea!

Celebrity costs privacy!)
Cow's *milk, «tiger's milk,» soy milk, carrot juice,*
brewer's yeast (high-potency)–
concentrates presage victory

sped by Luis Arroyo, Hector Lopez–
deadly in a pinch. And «Yes,
it's work; I want you to bear down,
but enjoy it
while you're doing it.»
Mr. Houk and Mr. Sain,
if you have a rummage sale,
don't sell Roland Sheldon or Tom Tresh.
Studded with stars in belt and crown,
the Stadium is an adastrium.
O flashing Orion,
your stars are muscled like the lion.

¡La celebridad cuesta la intimidad!)
Leche de vaca, «leche de tigre», leche de soja, zumo de zanahoria,
levadura de cerveza (muy potente)–
los concentrados presagian la victoria

con la ayuda de Luis Arroyo, Héctor López–
implacables en un aprieto. Y «Sí,
es trabajo; quiero que presionéis,
pero disfrutad
mientras lo hacéis».
Señor Houk y señor Sain,
si tienen ustedes un mercadillo,
no vendan a Roland Sheldon ni a Tom Tresh.
Tachonado de estrellas en cinturón y corona,
el estadio es un adastrio.
Orion centelleante,
tus estrellas tienen músculos de león.

TO VICTOR HUGO OF MY CROW PLUTO

> «Even when the bird is walking we know that it has wings.»
>
> –Victor Hugo

Of:
my crow
Pluto,

the true
Plato,

azzurro-
negro

green-blue
rainbow–

Victor Hugo,
it is true

we know
that the crow

«has wings,» how-
ever pigeon-toe-

inturned on grass. We do.
(adagio)

Vivo-
rosso

«corvo,»
although

A VÍCTOR HUGO DE MI CUERVO PLUTÓN

«Incluso cuando camina sabemos que el pájaro tiene alas.»

Víctor Hugo

De:
mi cuervo
Plutón,

el verdadero
Platón,

azzurro-
negro

verdeazul
arco iris–

Víctor Hugo,
es verdad

que sabemos
que el cuervo

«tiene alas», aunque
camine con pie de pichón

sobre la hierba. Lo sabemos.
(adagio)

Vivo-
rosso

«corvo»,
aunque

con dizio-
nario

io parlo
Italiano–

this pseudo
Esperanto

which, savio
ucello

you speak too–
my vow and motto

(botto e totto)
io giuro

è questo
credo:

lucro
è peso morto.

And so
dear crow–

gioièllo
mio–

I have to
let you go;

a bel bosco
generoso,

tuttuto
vagabondo,

serafino
uvaceo

con dizio-
nario

io parlo
italiano–

este pseudo
esperanto

que tú, savio
uccello

también hablas–
mi voto y lema

(botto e totto)
io giuro

è questo
credo:

lucro
è peso morto.

Y por eso
querido cuervo

–gioièllo
mio–

tengo que
dejarte ir;

a bel bosco
generoso,

tuttuto
vagabondo,

serafino
uvaceo

Sunto,
oltremarino

verecondo
Plato, addio.

Impromptu equivalents for esperanto madinusa *(made in U.S.A.) for those who might not resent them.*

azzurro-negro: blue-black
vivorosso: lively
con dizionario: with dictionary
savio ucello: knowing bird
botto e totto: vow and motto
io giuro: I swear
è questo credo: is this credo
lucro è peso morto: profit is a dead weight
gioièllo mio: my jewel
a bel bosco: to lovely woods
tuttuto vagabondo: complete gypsy
serafino uvaceo: grape-black seraph
sunto: in short
verecondo: modest

Sunto,
oltremarino

verecondo
Platón, addio.

Equivalentes improvisados de este esperanto «madeinusa» para los que no se lo tomen a mal.

azzurro-negro: negroazulado
vivorosso: alegre
con dizionario: con diccionario

savio ucello: pájaro sabio
botto e totto: voto y lema
io giuro: yo juro
è questo credo: este es el credo
lucro è peso morto: el lucro es un peso muerto

gioièllo mio: tesoro mío
a bel bosco: a un bello bosque
tuttuto vagabondo: completamente vagabundo
serafino uvaceo: serafín uváceo
sunto: en resumen
verecondo: pudoroso

RESCUE WITH YUL BRYNNER

Appointed special consultant to the United Nations High Commissioner for Refugees, 1959-60.

«Recital? 'Concert' is the word,»
and stunning, by the Budapest Symphony–
displaced but not deterred–
listened to by me,
though with detachment then,
like a grasshopper that did not
know it missed the mower, a pygmy citizen;
a case, I'd say, of too slow a grower.
There were thirty million; there are thirteen still–
healthy to begin with, kept waiting till they're ill.
History judges. It will
salute Winnipeg's incredible
conditions: «Ill; no sponsor; and no kind of skill.»
Odd–a reporter with guitar–a puzzle.
Mysterious Yul did not come to dazzle.

Magic bird with multiple tongue–
five tongues–equipped for a crazy twelve-month tramp
(a plod), he flew among
the damned, found each camp
where hope had slowly died
(some had never seen a plane).
Instead of feathering himself, he exemplified
the rule that, self-applied, omits the gold.

He said, «You may feel strange; nothing matters less.
Nobody notices; you'll find some happiness.
No new 'big fear'; no distress.»
Yul can sing–twin of an enchantress–
elephant-borne dancer in silver-spangled dress,
swirled aloft by trunk, with star-tipped wand, Tamara,
as true to the beat as Symphonia Hungarica.

LA SALVACIÓN CON YUL BRYNNER

Nombrado asesor especial del Alto Comisionado de Naciones Unidas para los refugiados, 1959-1960.

«¿Recital? "Concierto es la palabra",
y sensacional, de la Orquesta Sinfónica de Budapest
–desplazada, pero no desalentada–
y yo la escuché,
aunque con distancia en aquel momento,
como un saltamontes que
no supiera que evitaba la segadora, una ciudadana pigmea;
un caso, diría yo, de maduración lenta.
Había treinta millones; todavía quedan trece–
sanos al principio, hasta que la espera los haga enfermar.
La historia juzgará. Ella ensalzará
las extraordinarias condiciones de Winnipeg:
«Enfermos; sin apoyos; y sin ninguna habilidad».
Extraño –un reportero con una guitarra– un rompecabezas.
El misterioso Yul no ha ido para deslumbrar.

Pájaro mágico de múltiples lenguas
–cinco lenguas– equipado para un periplo de doce meses
(una larga marcha), voló entre
los condenados, encontró cada campo
en el que la esperanza había sucumbido poco a poco
(algunos no habían visto nunca un avión).
En lugar de pavonearse, ejemplificó
esa regla que, aplicada a sí mismo, evita el oropel.

Dijo: «Te sentirás extraño, pero eso no importa.
Nadie se da cuenta; encontrarás cierta felicidad.
Sin más "terrores"; sin angustia».
Yul sabe cantar –gemelo de una hechicera–
bailarina con traje de lentejuelas a la grupa de un elefante,
cuya trompa la eleva por el aire, con una varita mágica estrellada,
Tamara,
tan fiel al ritmo como la *Symphonia Hungarica*.

Head bent down over the guitar,
he barely seemed to hum; ended «all come home»;
did not smile; came by air;
did not have to come.
The guitar's an event.
Guests of honor can't dance; don't smile.
«Have a home?» a boy asks. «Shall we live in a tent?»
«In a house,» Yul answers. His neat cloth hat
has nothing like the glitter reflected on the face
of milkweed-witch seed-brown dominating a palace
that was nothing like the place
where he is now. His deliberate pace
is a king's, however. «You'll have plenty of space.»
Yule–Yul log for the Christmas-fire tale-spinner–
of fairy tales that can come true: Yul Brynner.

La cabeza inclinada sobre la guitarra,
parecía que Yul susurrara; terminó con «todos volvemos a casa»;
no sonreía; llegó por el aire;
sin obligación de haber ido.
La guitarra es todo un acontecimiento.
Los invitados de honor no saben bailar; no sonríen.
«¿Una casa?» pregunta un chico. «¿Viviremos en una tienda?»,
«En una casa», responde Yul. Su elegante sombrero de tela
no es comparable al destello reflejado en su cara,
moreno como semilla de algodoncillo dominando un palacio
que nada tiene que ver con el lugar
en el que ahora se encuentra. Sin embargo, su paso deliberado
es el de un rey. «Tendréis espacio de sobra.»
Yul, tronco en la chimenea de Navidad para el narrador de
cuentos–
de cuentos de hadas que se hacen realidad: Yul Brynner.

CARNEGIE HALL: RESCUED

«It spreads,» the campaign–carried on
by long-distance telephone,
with «Saint Diogenes
supreme commander.»
At the fifty-ninth minute
of the eleventh hour, a rescuer

makes room for Mr. Carnegie's
music hall, which by degrees
became (becomes)
our music stronghold
(accented on the «né,» as
perhaps you don't have to be told).

Paderewski's «palladian
majesty» made it a fane;
Tchaikovski, of course,
on the opening
night, 1891;
and Gilels, a master, playing.

With Andrew C. and Mr. R.,
«our spearhead, Mr. Star»–
in music, Stern–
has grown forensic,
and by civic piety
has saved our city panic;

rescuer of a music hall
menaced by the «cannibal
of real estate»–bulldozing potentate,
land-grabber, the human crab
left cowering like a neonate.

EL CARNEGIE HALL, SALVADO

«Se extiende» la campaña, sostenida
a golpe de teléfono,
        con «San Diógenes
            comandante supremo».
        En el minuto cincuenta y nueve
            de la undécima hora, un salvador

abre un espacio para la sala de conciertos
de Mr. Carnegie, que poco a poco
        se convirtió (se convierte)
            en nuestra ciudadela de la música
        (con el acento en la sílaba «né», aunque
            tal vez sea innecesario decírselo).

La palladiana majestad de Paderewski
hizo de la sala un santuario;
        Tschaikovsky, desde luego,
            la noche
        del estreno, en 1891;
            y Gilels, un maestro al piano.

con Andrew C. y Mr. R.,
«nuestro punta de lanza, Mr. Star»
        –en la música, Stern–
            transformado en abogado
        y movido por la piedad cívica
            ha conjurado el pánico en la ciudad;

salvador de una sala de conciertos
amenazada por «el canibalismo
        inmobiliario» –potentado demoledor,
            predador de tierras, cangrejo humano
        que ha quedado agazapado como un neonato.

As Venice «in defense of children»
has forbidden for the citizen,
by «a tradition of
noble behavior,
dress too strangely shaped or scant,»
posterity may impute error

to our demolishers of glory. Jean Cocteau's «Preface
to the Past» contains the phrase
«When very young my dream
was of pure glory.»
Must he say «was» of his «light
dream,» which confirms our glittering story?

They need their old brown home. Cellist,
violinist, pianist–
used to unmusical
impenetralia's
massive masonry–have found
reasons to return. Fantasias

of praise and rushings to the front
dog the performer. We hunt
you down, Saint Diogenes–
are thanking you for glittering,
for rushing to the rescue
as if you'd heard yourself performing.

Como Venecia «en defensa de los niños»
ha prohibido a los ciudadanos,
    en honor a «una tradición de
        comportamiento noble,
    la vestimenta estrafalaria o demasiado ligera»,
        la posteridad podrá incriminar

a estos demoledores de la gloria. En el «Prefacio
al pasado» de Jean Cocteau se lee:
    «Cuando era muy joven mi sueño
        era la pura gloria».
    ¿Debió de hablar en pasado de su «radiante
        sueño», que confirma nuestra fulgurante historia?

Necesitan su vieja casa de ladrillo oscuro. El chelista,
el violinista, el pianista
    –acostumbrados a la impenetrabilidad
        disonante
    de la maciza construcción– han encontrado
        motivos para volver. La fantasía

de los elogios y la celeridad de los espectadores.
persiguen al intérprete. Nosotros
    te hemos dado caza, san Diógenes,
        te agradecemos tu fulgurante,
    celeridad en el salvamento
        como si te hubieras oído interpretar a ti mismo.

TELL ME, TELL ME

where might there be a refuge for me
from egocentricity
and its propensity to bisect,
mis-state, misunderstand
and obliterate continuity?
Why, oh why, one ventures to ask, set
flatness on some cindery pinnacle
as if on Lord Nelson's revolving diamond rosette?

It appeared: gem, burnished rarity
and peak of delicacy–
in contrast with grievance touched off on
any ground–the absorbing
geometry of a fantasy:
a James, Miss Potter, Chinese
«passion for the particular,» of a
tired man who yet, at dusk,
cut a masterpiece of cerise–

for no tailor-and-cutter jury–
only a few mice to see,
who «breathed inconsistency and drank
contradiction,» dazzled
not by the sun but by «shadowy
possibility.» (I'm referring
to Henry James and Beatrix Potter's Tailor.)
I vow, rescued tailor
of Gloucester, I am going

to flee; by engineering strategy–
the viper's traffic-knot–flee
to metaphysical newmown hay,
honeysuckle, or wood fragrance.
Might one say or imply T. S. V. P.–
Taisez-vous? *«Please» does not make sense*

DIME, DIME

dónde puede haber un refugio para mí
del egocentrismo
y su propensión a diseccionar,
tergiversar, malinterpretar
y destruir la continuidad.
¿Por qué, ¡ay, por qué! –se arriesga uno a preguntar–,
engastar la monotonía en un pináculo ceniciento
como el diamante en la roseta giratoria de lord Nelson?

Apareció: joya, curiosidad bruñida
y cumbre de delicadeza
–en contraste con la queja desencadenada
por cualquier motivo–, la absorbente
geometría de una fantasía:
un James, una miss Potter,
«la pasión por el detalle» de los chinos, la de
un hombre cansado que ya al anochecer
cortó una obra maestra color cereza

–no para un jurado de sastres y cortadores–
solo para que unos pocos ratones vieran
que «respiraba inconsistencia y bebía
contradicción», deslumbrado
no por el sol sino por «una sombría
posibilidad». (Me estoy refiriendo
a Henry James y al Sastre de Beatrix Potter.)
Prometo, rescatado sastre
de Gloucester, que voy a

huir maquinando una estrategia
–del enredado ovillo de víboras– huir
al metafísico heno recién segado,
a la madreselva y fragancia de los bosques.
¿Es posible decir o dar a entender con T. S. V. P.-
Taisez vous? «Por favor» no tiene sentido

to a refugee from verbal ferocity; I am
perplexed. Even so, «deference»;
yes, deference may be my defense.

A précis?
In this told-backward biography
of how the cat's mice when set free
by the tailor of Gloucester, finished
the Lord Mayor's cerise coat–
the tailor's tale ended captivity
in two senses. Besides having told
of a coat which made the tailor's fortune,
it rescued a reader
from being driven mad by a scold.

para una refugiada de la crueldad verbal; estoy
perpleja. A pesar de todo, «deferencia»;
sí, que la deferencia sea mi defensa.

¿Un resumen?
En esta biografía retrospectiva se cuenta
cómo los ratones, al ser liberados del gato
por el sastre de Gloucester, terminaron
el abrigo color cereza del alcalde;
el cuento del sastre acabó con la cautividad
en dos sentidos. Además de contar la historia
de un abrigo que fue la fortuna del sastre,
evitó que una bruja
volviera loca a una lectora.

SAINT VALENTINE,

permitted to assist you, let me see…
If those remembered by you
are to think of you and not me,
it seems to me that the memento
or compliment you bestow
should have a name beginning with «V,»

such as Vera, El Greco's only
daughter (though it has never been
proved that he had one), her starchy
veil, inside chiffon; the stone in her
ring, like her eyes; one hand on
her snow-leopard wrap, the fur widely

dotted with black. It could be a vignette–
a replica, framed oval–
bordered by a vine or vinelet.
Or give a mere flower, said to mean the
love of truth or truth of
love–in other words, a violet.

Verse–unabashedly bold–is appropriate;
and always it should be as neat
as the most careful writer's «8.»
Any valentine that is written
Is as the vendage *to the vine.*
Might verse not best confuse itself with fate?

SAN VALENTÍN,

si se me permite ayudarte, veamos...
  Si esos a los que tú recuerdas
han de pensar en ti y no en mí,
  me parece que el recuerdo
  o halago que ofreces
debería tener un nombre que empiece por «V»,

como Vera, la única hija
  del Greco (aunque nunca se ha
demostrado que tuviera una), su velo
  almidonado, de gasa en el interior; la piedra
  de su anillo, como sus ojos; una mano sobre
su manto de lince con profusas manchas

negras. Podría ser una ilustración
  –una copia, un óvalo enmarcado–
bordeado por una parra o parrita.
  O dame tan solo una flor, que signifique
  amor de verdad o verdad de
amor, en otras palabras, una violeta.

El verso –abiertamente atrevido– es apropiado;
  y siempre debería ser tan pulcro como un «8»
trazado con mano bien precisa.
  Una tarjeta de San Valentín *escrita*
es como la vendimia a la viña.
  ¿No sería mejor que el verso se confundiera con el destino?

SUN

Hope and Fear accost him

«No man may him hyde
From Deth holow-eyed»;
For us, this inconvenient truth does not suffice.
You are not male or female, but a plan
deep-set within the heart of man.
Splendid with splendor hid you come, from your Arab abode,
a fiery topaz smothered in the hand of a great prince who rode
before you, Sun–whom you outran,
piercing his caravan.

O Sun, you shall stay
with us; holiday,
consuming wrath, be wound in a device
of Moorish gorgeousness, round glasses spun
to flame as hemispheres of one
great hour-glass dwindling to a stem. Consume hostility;
employ your weapon in this meeting-place of surging enmity!
Insurgent feet shall not outrun
multiplied flames, O Sun.

SOL

Esperanza y Temor lo acechan

«No hay hombre que pueda ocultarse
a los cavernosos ojos de la Muerte»;
Para nosotros, esta molesta verdad no es suficiente.
Tú no eres femenino ni masculino, sino un proyecto
profundamente anclado en el corazón humano.
Llegas espléndido de tu morada árabe con oculto esplendor,
un fiero topacio asfixiado en la mano de un gran príncipe
que cabalga delante de ti, Sol, al que dejaste atrás,
perforando su caravana.

¡Oh, Sol! te quedarás
con nosotros; fiesta,
cólera extenuante, anúdate a un artilugio
de esplendor moruno, en torno a cristales virados
al fuego como hemisferios de un
gran reloj de arena que se afina en un tallo. Aplaca la hostilidad;
¡emplea tu arma en este encuentro de incipiente enemistad!
Los pies insurgentes no dejarán atrás
llamas multiplicadas. Oh, Sol.

HITHERTO UNCOLLECTED

POEMAS SUELTOS

«AVEC ARDEUR»

Dear Ezra, who knows what cadence is.

I've been thinking–mean, cogitating:

Make a fuss
and be tedious.

I'm annoyed?
Yes; am. I avoid

«adore»
and «bore»;

am, I
say, by

the word
(bore) bored;

refuse
to use

«divine»
to mean

something
pleasing:

«terrific color»
for some horror.

Though flat
myself, I'd say that

«AVEC ARDEUR»

Al querido Ezra, que sabe qué es la cadencia.

He estado pensando, quiero decir cavilando:

Haz aspavientos
y eres tedioso.

¿Estoy enfadada?
Sí, lo estoy. Evito

«adoro»
y «fastidio»;

estoy,
digo,

fastidiada
de la palabra «fastidio».

Me niego
a usar

«divino»
para referirme

a algo
agradable:

«terrorífico color»
para algún horror.

Aunque yo
sea sosa, diría que

«Atlas»
(pressed glass)

looks best
embossed.

I refuse
to use

«enchant,»
«dement»;

even «fright-
ful plight»
(however justified)

or «frivol-
ous fool»
(however suitable).

I've escaped?
am still trapped

by these
word diseases.

Without pauses,
the phrases

lack lyric
force, unlike

Attic
Alcaic,

or freak
calico-Greek.

This is not verse
of course.

el «Atlas»
(cristal prensado)

es más bonito
tallado.

Me niego
a usar

«hechizar»
«desvariar»

incluso «terrible
aprieto»
(aunque sea pertinente)

o «frívolo
idiota»
(aunque sea adecuado).

¿Habré escapado?,
aún estoy atrapada

por esas
enfermedades verbales.

Sin pausas
las frases

carecen de fuerza
lírica, a diferencia de

ático
alcaico,

o descomunal
percal.

Esto no es verso
desde luego.

I'm sure of this:

Nothing mundane is divine;
Nothing divine is mundane.

Estoy segura de eso;

Nada mundano es divino;
nada divino es mundano.

LOVE IN AMERICA

Whatever it is, it's a passion–
a benign dementia that should be
engulfing America, fed in a way
  the opposite of the way
in which the Minotaur was fed.
It's a Midas of tenderness;
  from the heart;
nothing else. From one with ability
to bear being misunderstood–
  take the blame, with «nobility
  that is action,» identifying itself with
  pioneer unperfunctoriness

  without brazenness or
  bigness of overgrown
  undergrown shallowness.

Whatever it is, let it be without
  affectation.

Yes, yes, yes, yes.

AMOR EN AMÉRICA

Sea lo que sea, es una pasión,
una demencia benigna que debería
engullir a América, alimentada de forma
   opuesta al modo en que
se alimentó al Minotauro.
Es un Midas de ternura;
   del corazón;
nada más. De alguien capaz
de soportar ser incomprendido,
   de aceptar la censura con «nobleza
   que es acción», y que se identifica
   con el entusiasmo de un pionero

   sin arrogancia ni
   pomposidad de raquítica
   trivialidad pretenciosa.

Sea lo que sea, que viva sin
afectación.

Sí, sí, sí, *sí.*

TIPPOO'S TIGER

The tiger was his prototype.
The forefeet of his throne were tiger's feet.
He mounted by a four-square pyramid of silver stairs converging as they rose.

The jackets of his infantry and palace guard
bore little woven stripes incurved like buttonholes.

Beneath the throne an emerald carpet lay.
Approaching it, each subject kissed nine times
the carpet's velvet face of meadow-green.

Tipu owned sixteen hunting-cats to course the antelope
until his one great polecat ferret with exciting tail
escaped through its unlatched hut-door along a plank
above a ditch; paused, drank, and disappeared–
precursor of its master's fate.

His weapons were engraved with tiger claws and teeth
in spiral characters that said the conqueror is God.
The infidel claimed Tipu's helmet and cuirasse
and a vast toy, a curious automaton–
a man killed by a tiger; with organ pipes inside
from which blood-curdling cries merged with inhuman groans.
The tiger moved its tail as the man moved his arm.

This ballad still awaits a tiger-hearted bard.
Great losses for the enemy
can't make the owner's loss less hard.

EL TIGRE DE TIPPOO

El tigre era su emblema.
Las patas delanteras de su trono eran patas de tigre.
Ascendía por una pirámide cuadrangular de escaleras plateadas que
convergían hacia arriba.

Las chaquetas de su infantería y guardia de palacio
lucían pequeños galones tejidos hacia dentro como ojales.

Bajo el trono descansaba una alfombra esmeralda.
Al acercarse, cada individuo besaba nueve veces
el rostro aterciopelado verde prado de la alfombra.

Tipu poseía dieciséis felinos para cazar antílopes
hasta que este gran hurón mofeta de incitante cola
escapó por la puerta abierta de su choza, a lo largo de un tablón
sobre una zanja; se detuvo, bebió y desapareció–
precursor del destino de su dueño.

Sus armas grabadas con garras y dientes de tigre
y signos en espiral decían que Dios es el conquistador.
El infiel exigió el casco y la coraza de Tipu
y un enorme juguete, un curioso autómata–
un hombre devorado por un tigre; con tubos de órgano interiores
de donde emergían gritos y alaridos inhumanos que helaban la
sangre.
El tigre movía el rabo mientras el hombre movía el brazo.

Esta balada espera aún al bardo de corazón de tigre.
Las grandes pérdidas del enemigo
no pueden hacer las propias más llevaderas.

THE CAMPERDOWN ELM

Gift of Mr. A. G. Burgess to Prospect Park, Brooklyn, 1872

I think, in connection with this weeping elm,
of «Kindred Spirits» at the edge of a rockledge
overlooking a stream:
Thanatopsis-invoking tree-loving Bryant
conversing with Thomas Cole
in Asher Durand's painting of them
under the filigree of an elm overhead.

No doubt they had seen other trees–lindens,
maples and sycamores, oaks and the Paris
street-tree, the horse-chestnut; but imagine
their rapture, had they come on the Camperdown elm's
massiveness and «the intricate pattern of its branches,»
arching high, curving low, in its mist of fine twigs.
The Bartlett tree-cavity specialist saw it
and thrust his arm the whole length of the hollowness
of its torso and there were six small cavities also.

Props are needed and tree-food. It is still leafing;
still there; mortal *though. We must save it. It is*
our crowning curio.

EL OLMO CAMPERDOWN

Regalo del señor A. G. Burguess al Prospect Park, Brooklyn, 1872

Este olmo me trae a la memoria
Espíritus afines, al borde de unas rocas
            sobre un torrente:
Bryant, amante de los árboles, invoca Thanatopsis
y conversa con Thomas Cole
en el cuadro que Asher Durand hizo de los dos
bajo la filigrana de un olmo sobre sus cabezas.

Sin duda, ellos habían visto otros árboles: tilos,
arces y sicomoros, robles y el árbol de las calles de París,
el castaño de Indias; pero imaginen
su embeleso si hubieran visto la vasta mole del olmo
Camperdown y «la intricada estructura de sus ramas»,
que se alzan arqueadas y descienden curvadas en una maraña de
                                    finas ramitas.
El experto de Bartlett en oquedades de árboles lo vio
y hundió el brazo todo a lo largo de la cavidad
de su tronco y encontró otras seis pequeñas oquedades.

Necesita poda y abono, pero aún echa hojas;
todavía está ahí, pero es *mortal*. Debemos salvarlo.
            Es la joya de la corona de Brooklyn.

MERCIFULLY

I am hard to disgust,
but a pretentious poet can do it;
a person without a tap root; and
impercipience can do it; did it.

But why talk about it–
offset by Musica Antiqua's
«Legendary Performance»
of impassioned exactitude.

An elate tongue is music…
the plain truth–complex truth–
in which unnatural emphases,
«passi - on» and «divis - i - on,»
sound natural. Play it all; do;
except in uproars of conversation.

Celestial refrain… My mind
hears it again. Without music
life is flat–bare existence.
Dirgelike David and Absalom. That.
Let it be that.

MISERICORDIOSAMENTE

Resulta difícil desagradarme,
pero un poeta pretencioso puede lograrlo;
una persona sin raíz y
la ineptitud pueden lograrlo; lo lograron.

Pero por qué hablar de ello
si una «legendaria interpretación»
de apasionada precisión
de *Musica Antiqua* me recompensa.

Una lengua entusiasta es música...
la pura verdad –compleja verdad–
en la que el acento artificial,
«pa-sí-on» y «di-vi-sí-on»,
suena natural. Jugáoslo todo; venga;
salvo en el tumulto de la conversación.

Celestial estribillo... Vuelvo a oírlo
en mi cabeza. Sin música
la vida es existencia puramente desafinada.
Como el canto fúnebre de David y Absalón. Eso.
                Que así sea.

«REMINISCENT OF A WAVE AT THE CURL»

On a kind of Christmas Day–
big flakes blurring everything–
cat-power matching momentum,
each kitten having capsized the other,
one kitten fell;
the other's hind leg planted hard
on the eye that had guided the onslaught–
ears laid back, both tails lashing–
a cynic might have said,
«Sir Francis Bacon defined it:
'Foreign war is like the heat of exercise;
civil war is like the heat of a fever.'»

Not at all. The expert would say,
«Rather hard on the fur.»

«RECUERDO DE LA CRESTA DE UNA OLA»

En una especie de día navideño
–con grandes copos que todo desdibujan–
en un arrebato belicoso de energía felina
en el que cada gatito había volteado al otro,
            uno de ellos cayó;
la pata trasera se asentó firme
en el ojo que había dirigido el ataque
–las orejas hacia atrás y las colas hostigadoras–
un cínico podría haber dicho:
«Sir Francis Bacon ya lo definió:
"La guerra contra el extranjero es como el calor del ejercicio;
la guerra civil, como el calor de una fiebre"».

En absoluto, diría el experto:
            «Un juego duro para ese pelaje».

ENOUGH: 1969

Am I a fanatic? The opposite.
And where would I like to be?
Sitting under Plato's olive tree
or propped against its thick old trunk,

away from controversy
or anyone choleric.

If you would see stones set right, unthreatened
by mortar (masons say «mud»),
squared and smooth, let them rise as they should,
Ben Jonson said, or he implied.

In «Discoveries» he then said,
«Stand for truth. It's enough.»

SUFICIENTE: 1969

¿Soy una fanática? Todo lo contrario.
Y ¿dónde me gustaría estar?
Sentada bajo el olivo de Platón
o apoyada contra su grueso tronco viejo,

lejos de la controversia
o de cualquier ser colérico.

Si vieras piedras bien colocadas, indemnes
de argamasa (los albañiles dicen «mortero»),
cuadradas y lisas, déjalas que se alcen como quieran,
dijo Ben Jonson, o lo dio a entender.

En *Discoveries*, dijo además:
«Defiende la verdad. Con eso basta».

THE MAGICIAN'S RETREAT

of moderate height,
(I have seen it)
cloudy but bright inside
like a moonstone,
while a yellow glow
from a shutter-crack shone,
and a blue glow from the lamppost
close to the front door.
It left nothing of which to complain,
nothing more to obtain,
consummately plain.

A black tree mass rose at the back
almost touching the eaves
with the definiteness of Magritte,
was above all discreet.

EL REFUGIO DEL MAGO

de moderada altura,
(lo he visto)
sombrío pero brillante por dentro
como una piedra lunar,
mientras un destello amarillo
desde la grieta de una contraventana,
y un destello azul desde el farol
junto a la puerta principal brillaban.
No daba pie a ninguna queja,
no se podía pedir más,
consumadamente sencillo.

La mole negra de un rosal en la parte de atrás,
casi tocando los aleros
con la exactitud de un Magritte,
era ante todo discreta.

PREVALENT AT ONE TIME

I've always wanted a gig
semi-circular like a fig
for a very fast horse with long tail
for one person, of course;

and then a tiger-skin rug
for my Japanese pug,
the whole thing glossy black.
I'm no hypochondriac.

FRECUENTE EN UNA ÉPOCA

Siempre quise una calesa
semicircular como una fresa
para un ágil caballo de cola larga
por supuesto, con una sola plaza;

y alfombrilla de tigre a los pies
para mi doguillo japonés,
y todo negro brillante.
No soy extravagante.

NOTAS DE MARIANNE MOORE A SUS POEMAS

UNA NOTA A LAS NOTAS

La buena voluntad para satisfacer objeciones contradictorias al modo en que uno escribe, puede convertir el propio trabajo en el burro que al final se encontró a sí mismo conducido por sus amos, ya que algunos lectores sugieren que las citas interrumpen la agradable continuidad de la lectura, y otros, que las notas a lo que debería ser completo son una pedantería o evidencian una tarea insuficientemente realizada. Pero, puesto que en todo lo que he escrito hay versos cuyo interés principal lo he tomado prestado y aún no he logrado pasar de este método híbrido de composición, los reconocimientos parecen algo honesto. Tal vez a esos a quienes molesten las condiciones, paradas y posdatas se les pueda persuadir de que confíen en la honestidad y pasen por alto las notas.

M. M.

Las notas de la traductora se incluyen entre corchetes en las notas de la autora.

Un título se convierte en el primer verso cuando forma parte de la primera frase.

POEMAS ESCOGIDOS

EL JERBO

Verso 5: *a este cono de los pompeyanos, conocido hoy como el de los Papas.* «Perforado con agujeros, servía de fuente. Su inscripción reza: "*P. P. Cincius P.I. Salvius fecit*".» Véase *Freedom in the Early Roman Empire*, de Duff, *The Periodical*, Oxford University Press, febrero de 1929.

Verso 52: *acacias de piedra.* Caja de tocador perteneciente a la vigésimo segunda dinastía egipcia. *Illustrated London News*, 26 de julio de 1930.

Verso 70: *el báculo real.* Descripción de J.D.S. Pendlebury en *Illustrated London News*, 19 de marzo de 1932.

Verso 71: *dormitorio portátil.* Dormitorio portátil de la reina Heteferes, regalo de su hijo Keops. Descripción del doctor G.A. Reisner en *Illustrated London News*, 7 de mayo de 1932.

Verso 90: «Hay pequeñas ratas llamadas jerbos que corren sobre sus patas traseras, delgadas como cerillas. Las patas delanteras son diminutas manitas». Doctor R. L. Ditmars en *Strange Animals I Have Known*, Harcourt Brace, Nueva York, 1931, p. 274.

LA CAMELIA SABINA

Abate Berlèse, *Monographie du Genre Camellia* (H. Cousin).

[**Verso 10**: Monasterio de Certosa de Pavia. Comenzado en 1396 como monumento fúnebre de la familia Visconti, se convierte más tarde en la primera sede de los monjes de San Bruno. La fachada de mármol es de estilo bramantito y el interior alberga obras de los mayores artistas del Cuatrocientos lombardo.]

Verso 13: *Los franceses son una raza cruel*, etc. J.S. Watson, Jr., comentario informal.

Verso 32: Los comerciantes de Burdeos han sufrido arduos esfuerzos. *Encyclopaedia Britannica.*

Verso 36: *uva de mesa.* Curnonsky y Marcel Rouff citan a Monselet: «En todos los lugares del mundo se toman uvas cultivadas para hacer vino. En Francia, se toman uvas de mesa. Son al mismo tiempo un producto de la naturaleza y del arte». El racimo «se cubre y descubre alternativamente, dependiendo de la intensidad del calor, para que las uvas se doren sin llegar a quemarse. Las que se niegan a madurar –y siempre hay algunas–, así como las que se estropean con la lluvia, se quitan cuidadosamente con unas tijeras especiales». *The Epicure's Guide to France*, Thornton Butterworth, vol. 1.

Verso 38: *se alimenta de chirivía.* Edward W. Nelson, «Smaller Mammals of North America», *National Geographic Magazine*, mayo de 1918.

Versos 42-44: *ratón de allá abajo con una uva.* Fotografía de Spencer R. Atkinson, *National Geographic Magazine*, febrero de 1932. En esta fotografía, un ratón de campo, de rabo redondeado, lleva en la boca a su hijo y una uva en la pata derecha delantera.

[**Verso 45**: Referencia a la orden de caballería del Toisón de Oro, instituida en 1430 por el duque Felipe III, el Bueno, de Borgoña y cuyo emblema es el vellocino que cuelga de una cadena de oro y que se entrega a los caballeros de la orden. El ratón que protege a su cría mientras se arriesga para darle de comer recibe este honor por su heroica hazaña.]

Verso 48: *La jaula metálica.* Fotografía de Alvin E. Worman of Attleboro, Massachussets.

NO HAY CISNE TAN DELICADO

Una pareja de candelabros Luis XV con figuras de Dresden representando cisnes, propiedad de lord Balfour.

Versos 1-2: «*No hay agua tan quieta como la de las fuentes muertas de Versalles*», Percy Phillip en *New York Times Magazine*, 10 de mayo de 1931.

EL BASILISCO EMPLUMADO
Basiliscus Americanus, Gray.

En Costa Rica
Verso 11: *lago Guatavita*. Asociado a la leyenda de El Dorado. El rey, engomado y cubierto con polvo de oro como símbolo del sol, deidad suprema, era escoltado una vez al año por sus nobles en una balsa hasta el centro del lago. Esta ceremonia se celebraba como tributo a la diosa del lago. Una vez allí, el rey se lavaba el revestimiento dorado sumergiéndose en el agua, mientras los que estaban en la balsa y en las orillas cantaban y arrojaban al agua esmeraldas u objetos de oro, plata o platino. Véase A. Hyatt Verrill, *Lost Treasure*, Appleton-Century, 1930.

Versos 13-15: Frank Davis, «The Chinese Dragon», en *Illustrated London News*, 23 de agosto de 1930: «Es el dios de la lluvia y el señor de ríos, lagos y mares. Durante seis meses al año hiberna en las profundidades del mar, habitando hermosos palacios [...]. Sabemos por un libro de la dinastía T'ang que "puede hacerse visible o invisible a voluntad, y pequeño o grande, áspero o fino, según le conviene"». Un dragón, «o bien nace dragón (y los verdaderos dragones tienen nueve hijos) o bien llega a ser dragón transformándose». Hay una «leyenda sobre la carpa que intenta remontar una catarata en las colinas del oeste. Aquellas que lo logran se convierten en dragones».

El dragón malayo
W. P. Pycraft, «The Malay Dragon and the "Basilisks"», en *Illustrated London News*, 6 de febrero de 1932: El basilisco «cuando se asusta, se lanza al agua y corre por la superficie sobre las patas traseras [...] Hay una especie de una familia afín (*Deiropteryx*) que no solo corre por la superficie del agua, sino que puede también zambullirse hasta el fondo y encontrar allí seguridad hasta que pase el peligro».

La tuátara
La tuátara o ngarara. Aparentemente, un lagarto, con características de tortuga; con protuberancias en forma de garfio en las costillas, como las de un pájaro, y rasgos de cocodrilo; es el único represen-

tante vivo del orden de los *Rhynchocephalia*. De una película exhibida por el capitán Stanley Osborne. Véase *Animals of New Zealand* de F. W. Hutton y James Drummond, Whitcomb and Tombs, Christchurch (Nueva Zelanda), 1909.

En Costa Rica

Verso 14: *un puente*. Los puentes colgantes de Sudamérica hechos de lianas.

Verso 69: *una cadena de oro de diez toneladas*. Una cadena de oro de setecientos pies de largo y más de diez toneladas de peso traída de Cuzco como parte del rescate de Atahualpa. Cuando los que conducían la comitiva tuvieron noticia de su muerte, ordenaron que la cadena fuera escondida y jamás se ha podido encontrar. Véase *Lost Treasure,* de A. Hyatt Verrill.

EL PELÍCANO FRAGATA

Fregata aquila. El pelícano fragata de Audubon.

[**Verso 2**: *Rasselas* es el protagonista de la novela hómonima de Samuel Johnson, escrita en 1759.]

[**Versos 19-22**: *aquel cisne*. En las fábulas, el cisne suele aparecer como fiel servidor del hombre.]

Versos 37-39: *«Si obro bien, bendito sea...»*. Proverbio hindú.

[**Verso 40**: *Susquehanna*. El gran río que atraviesa los estados de Nueva York, Pensilvania y Maryland.]

Armadillo gigante domesticado. Fotografía y descripción de W. Stephen Thomas de Nueva York.

Orquídeas con manchas rojas. Supuestamente, la sangre de los nativos que Pizarro mató.

[Estas dos últimas anotaciones que aparecen en la edición de sus *Complete Poems* no corresponden a la versión del poema en dicha edición.]

EL BÚFALO

[**Verso 9**: *John Steuart Curry*. Pintor e ilustrador norteamericano (1897-1946). Ajax es el nombre de un toro Hereford y el título de un cuadro que lo representa.]

[**Versos 13-14**: *retrato del buey de Augsburgo*. Hace referencia al retrato de uno de los últimos ejemplares del toro primigenio en un cuadro que el zoólogo inglés, H. Smith, encontró a principios del siglo XIX en un anticuario de la ciudad de Ausburgo.]

[**Verso 34**: *Rowlandson*. Thomas Rowlandson (1756-1827), pintor, ilustrador y caricaturista inglés.]

NUEVE NECTARINAS

«Los chinos creen que los melocotones ovalados muy rojos de un lado son símbolos de larga vida [...]. Según palabras de Chin-nou-king, el melocotón *Yu* evita la muerte. Si no se come a tiempo, al menos preserva el cuerpo de la descomposición hasta el fin de los tiempos.» Alphonse de Candolle, *Origin of Cultivated Plants*, Appleton, 1886.

«Pico y quijada pardos», Anderson Catalogue, 2301, para la colección Karl Freund, 1928.

En «The World Today», de Edgar Snow, desde Soochow, China, aparecido en *New York Sun*, 2 de julio de 1932: «Un anciano caballero chino que conocí al llegar a este país se ofreció voluntariamente a nombrarme lo que él llamaba las "seis certezas"; me dijo: "Puede estar seguro de que el jade más transparente proviene de Yarkand; las flores más hermosas, de Szechuen; la porcelana más delicada, de Kingtehchen; el té más exquisito, de Fukien; la seda más fina, de Hangchow y las mujeres más bellas, de Soochow"».

[**Verso 14**: *American Beauty*. Variedad de rosa.]

Verso 41: *kylin* (o unicornio chino). Frank Davis en *Illustrated London News*, 7 de marzo de 1931: «Tiene cuerpo de ciervo con un solo cuerno, rabo de vaca, pezuñas de caballo, vientre amarillo y pelo de cinco colores».

A UN AVE DE PRESA

Publicado en *Observations*, Dial Press, Nueva York, 1924; no incluido en la primera edición de *Collected Poems*.

Bernard Shaw.

EN ESTA ÉPOCA DE DURAS PRUEBAS...

Versos 2-3: «*no es asunto de los dioses cocer tarros de arcilla*». Turguéniev, *Padres e hijos*.

POESÍA

Versión más larga:

A mí, también me disgusta: hay cosas importantes más allá de este barullo.
Al leerla, sin embargo, con absoluto desdén, una descubre en
ella, después de todo, un lugar para lo genuino.
Manos capaces de agarrar, ojos
capaces de dilatarse, pelo capaz de erizarse
si es preciso; estas cosas son importantes no porque

sirvan para una interpretación altisonante, sino porque son
útiles. Cuando se hacen tan derivativas como para ser ininteligibles,
puede decirse lo mismo que de todos nosotros,
que no admiramos lo que
no entendemos: el murciélago
colgado bocabajo o en busca de algo que

comer; elefantes que empujan; un caballo salvaje revolcándose; un lobo
incansable bajo
un árbol, el inconmovible crítico sacudiéndose la piel como un caballo
que nota una pulga;
el forofo del béisbol; el experto en estadística-
ni tampoco es válido
despreciar «documentos empresariales y

libros de texto»; todos estos fenómenos son importantes. Sin embargo, uno
debe
distinguir: cuando poetas menores los encumbran, el resultado no es poesía,
y mientras los poetas que nos rodean no sean
«literalistas de
la imaginación» –por encima
de la insolencia y trivialidad–, y no presenten

para inspección, «jardines imaginarios con sapos de verdad», la tendremos.
Mientras tanto, si, por una parte, exiges
el material poético en bruto, en
toda su crudeza y,
por otra parte, lo
genuino, es que la poesía te interesa.*

* I, too, dislike it: there are things that are important beyond all this fiddle. / Reading it, however, with a perfect contempt for it, one discovers in / it, after all, a place for

Diario de Tolstói: «Nunca podré entender cuál es la frontera entre poesía y prosa. Aunque la pregunta aparece en manuales de estilo, la respuesta queda fuera de mi alcance. La poesía es verso: la prosa no es verso. O bien, poesía es todo con excepción de los documentos empresariales y los libros de texto».

«Literalistas de la imaginación.» Yeats, *Ideas of Good and Evil*, A. H. Bullen, 1903, p. 182. «La limitación de su punto de vista procedía de la intensidad de su visión; era un realista de la imaginación demasiado literal como otros lo son de la naturaleza; y como creía que las figuras vistas por el ojo de la mente, cuando la inspiración la exaltaba, eran "existencias eternas", símbolos de esencias divinas, odiaba todas las gracias del estilo que pudieran oscurecer sus contornos.»

LITERALISTAS PEDANTES

Todas las citas están extraídas de Richard Baxter, *The Saints' Everlasting Rest*, Lippincott. Filadelfia, 1909.

[**Verso 1**: *Gota del príncipe Rupert*. Príncipe Rupert (1619-1682). Militar y almirante inglés, hijo de Isabel Estuardo y Federico V del Palatinado. Se cuenta que solía entretener a sus invitados con un experimento suyo que consistía en mostrarles una gota de vidrio que al sumergirla en agua fría se endurecía de tal forma que podía resistir los golpes en su centro, pero no en la cola, que al partirla hacía que la gota estallase en miles de pedazos.]

---

the genuine. / Hands that can grasp, eyes / that can dilate, hair that can rise / if it must, these things are important not because a // high-sounding interpretation can be put upon them but because they are / useful. When they become so derivative as to become unintelligible, / the same thing may be said for all of us, that we / do not admire what / we cannot understand: the bat / holding on upside down or in quest of something to // eat, elephants pushing, a wild horse taking a roll, a tireless wolf under / a tree, the immovable critic twitcing his skin like a horse that feels a flea, the base- / ball fan, the statistician– / nor is it valid / to discriminate against «business documents and // school-books»; all these phenomena are important. One must make a distinction / however: when dragged into prominence by half poets, the result is not poetry, / nor till the poets among us can be / «literalists of / the imagination» –above / insolence and triviality and can present // for inspection, «imaginary gardens with real toads in them,» shall we have / it. In the meantime, if you demand on the one hand, / the raw material of poetry in / all its rawness and / that which is on the other hand / genuine, you are interested in poetry.

EN LOS DÍAS DE COLOR PRISMÁTICO

Versos 23-25: «*Una parte de él reptaba...*». Néstor, *Greek Anthology*, Loeb Classical Library, vol. III, p. 129.

PETER

Gato, propiedad de las señoritas Magdalen Hueber y Maria Weniger.

ELEGIR CON ESMERO

Verso 12: «*tristes prados franceses*». *Compleat Angler*. [Tratado sobre la pesca con caña, publicado por Izaac Walton en 1653.]

Verso 17: *en lo alto de una* «diligencia». Estudiante de escuela preparatoria traduciendo a César. Recogido por el doctor E.H. Kellogg.

Versos 24-25: «*Una buena salva de ladridos*», *unas pocas arrugas...* Jenofonte, en *Cinegética*.

INGLATERRA

Verso 9: «*crisálida de la mariposa nocturna*». Erté.

Versos 34-36: «*no envidio a nadie...*». *Compleat Angler*.

CUANDO COMPRO CUADROS

Verso 13: *valla de plata*. «Constantino levantó una valla de plata para guardar la tumba de Adán.» *Literary Digest*, 5 de enero de 1918.

Verso 18: «*iluminada con penetrantes destellos...*» A.R. Gordon en *The Poets of the Old Testament*, Hodder and Stoughton, 1919.

LOS TRABAJOS DE HÉRCULES

Verso 4: «*encantadores acordes anfibios*». *The London Spectator*.

Verso 25: «*que el negro no es brutal...*». De un sermón del reverendo J.W. Darr.

NUEVA YORK

Verso 4: *transacciones de pieles*. En 1921, Nueva York superó a Saint Louis como centro del comercio de pieles al por mayor.

Verso 8: «*como un bordado en raso...*». George Shiras III, de *Forest and Stream*, marzo de 1918, citado en *The Literary Digest*, 30 de marzo de 1918. «Hacia mediados de junio de 1916, descubrieron en un bosque un cervatillo blanco, de solo unos días, y lo llevaron al hotel. Allí, en compañía de otro ciervo, creció rápidamente. Durante los primeros meses, el cervatillo mostraba en el lomo y los flancos la hilera habitual de manchas blancas y, aunque no había diferencia entre ellas y el color del cuerpo, se distinguían claramente, igual que un bordado en raso de un solo color puede tener un diseño variado...»

Versos 18-19: «*si la piel no es mejor...*». En *The Psychology of Dress*, Doubleday, Nueva York, 1920, Frank Alvah Parsons cita a Isabel, duquesa de Gonzaga: «Quiero paño negro aunque cueste diez ducados la yarda. Si es de la misma calidad que la que otros llevan puesta, prefiero pasarme sin él».

Verso 25: «*... acceso a la experiencia*». Henry James.

EL ENTORNO DE LAS PERSONAS

Verso 4: «*Vivacidad natural*». Thomas Humphry Ward, editor de *English Poets*, Nueva York, Macmillan, 1901-1918, define a Webbe como «un caballero ingenioso, el más representativo entre nuestros rimadores de la última época. En él hay muestras abundantes de ingenio y vivacidad natural».

[**Verso 12**: *Yawman-Erbe*: fábrica de muebles de oficina.]

[**Verso 13**: *Pobre Richard*. Richard Saunders es el autor imaginario de *Poor Richards Almanacs*, recopilación de proverbios, máximas y epigramas de gran éxito, publicado por Benjamin Franklin anualmente entre 1732 y 1757.]

Verso 15: «*mil cuatrocientas veinte páginas...*». Anuncio en el *New York Times*, 13 de junio de 1921: «Papel largo como un hombre y fino como un pelo. La editorial Funk and Wagnalls Company, editores de *The Literary Digest* y de *The Standard Dictionary*, eligió papel de la compañía [Henry] Lindenmeyr [& Sons, Paper Warehouses] para su opúsculo de doce páginas en papel biblia. El papel biblia es tan sumamente fino que muchos desconfiaron del resultado teniendo en cuenta las excepcionales dimensiones de la hoja de 112 × 152 centímetros. Nadie había fabricado una hoja tan grande en papel biblia; ningún impresor había intentado nunca manejarla, pero la compañía S. D. Warren fabricó el papel y la Charles Francis Press lo imprimió a dos colores con un registro perfecto. El papel biblia de Warren es tan fino que las 1.420 páginas solo tienen dos centímetros y medio de espesor».

Verso 18: *terciopelo de Persia.* Un ejemplar del siglo XVI en la muestra de objetos persas de la exposición del Bush Terminal Building de Nueva York City, en diciembre de 1919, bajo los auspicios de la Casa Real de Persia: «El diseño consiste en arbustos de rosas simples de color blanco perla bordeadas de negro claro sobre un fondo marfil oscuro de modo que el conjunto recuerda las manchas de la piel del leopardo».

[**Verso 21**: *antiguo Waterford.* Cristalería de la antigua fábrica de Waterford en Irlanda.]

Verso 31: *la percha municipal.* En San Antonio, Texas, para combatir los mosquitos.

Verso 34: La torre en piedra calcárea de BarbaAzul, en Saint Thomas, Islas Vírgenes.

Verso 42: «*piezas de ajedrez talladas en piedra lunar*». Anatole France.

Verso 53: «*como una escalera mecánica*» *ha* «*cortado el nervio del progreso*». Reverendo J. W. Darr.

Versos 62-67: *Capitanes de ejércitos.* Rafael, *Horary Astrology.*

SERPIENTES, MANGOSTAS, ENCANTADORES DE SERPIENTES Y SIMILARES

Verso 7: «*La menuda serpiente...*». George Adam MST, *Expositor's Bible*, 1890.

BOWLS

[El bowls es un deporte de precisión que consiste en hacer rodar unas bolas ligeramente asimétricas para acercarlas lo más posible a una bola blanca más pequeña llamada *jack*, *sweetie* o *kitty*. Se juega al aire libre sobre césped o a cubierto, y está emparentado con la petanca o el *bocce*.]

LOS NOVATOS

[**Verso 3**: *Will Honeycomb al recibir calabazas de una duquesa.* Hill Honeycomb es un personaje de ficción de *The Spectator* (1711-1712), un diario inglés de Joseph Addison y Richard Steele. Honeycomb es un caballero fatuo, un cazador de dotes en la alta sociedad de Londres, sistemáticamente rechazado por las damas a las que pretende y que termina casándose con la hija de un pobre campesino.]

Verso 5: «si es el comprador o el vendedor quien da el dinero». Anatole France, *Petit Pierre* (1918).

Verso 9: «*Basiliscos dragontinos...*». Southey, *The Young Dragon.*

Verso 11: «*sombreadas por la media luz de un arte más consciente*». A.R. Gordon, *The Poets of the Old Testament.*

Verso 14: «el olor del ciprés revigoriza los nervios del cerebro». Landor, «Petrarca», en *Imaginary Conversations.*

Verso 15: «La porcelana y los objetos artísticos chinos que los señores Puttick y Simpson difundieron en el siglo XVIII tenían ese deje de tristeza que una mente reflexiva nota siempre. Es apenas nada y, sin embargo, tanto». Arthur Hadyn, *Illustrated London News*, 26 de febrero de 1921.

Verso 24: «*los autores son gente maravillosa...*». Leigh Hunt, *Autobiography* (1850).

Verso 27: «*insigne vaguedad...*». James Harvey Robinson, *The Mind in the Making*, Harper, 1921.

Verso 37: «*roto como un vaso estampado contra la pared*». *El Decamerón*, «Caprichos de la fortuna».

Versos 38-40: «*precipitado de deslumbrantes impresiones...*». A. R. Gordon.

Verso 43: «*insondables sugerencias de color*». P. T. Forsyth, *Christ on Parnassus*, Hodder and Stoughton.

Versos 45, 48 y 49: «*océano de apresuradas consonantes*», «*con espuma en sus barreras*», «*que rompe en un prolongado silbido de rocío*». George Adam Smith, *Expositor's Bible*, 1890.

MATRIMONIO

Frases que me han gustado y que he tratado de organizar en un orden plausible.

Versos 14-15: «*Con viciadas tradiciones...*». Francis Bacon.

Versos 25-28: *escribir simultáneamente.* «La señorita A... escribe simultáneamente en tres lenguas: inglés, alemán y francés, sin dejar de hablar. [Ella] aprovecha sus habilidades en su vida cotidiana, escribe cartas simultáneamente con ambas manos; a saber, la primera, tercera y quinta palabras con la izquierda, y la segunda, cuarta y sexta con la derecha. Aunque por lo general escribe de izquierda a derecha, también puede hacerlo al revés y con ambas manos.» «Multiple Conciousness or Reflex Action of Unaccustomed Range», en *Scientific American*, enero de 1922.

Verso 42: «*Miradla, miradla, en este mundo vulgar*». «George Shock.»

Versos 48-55: «*ese extraño paraíso, distinto de la carne, las piedras...*» Richard Baxter, *The Saints' Everlasting Rest.*

Verso 65-66: «Estábamos perplejos y fascinados, como por algo felino, algo culebrino». Philip Littell, en una reseña a los *Poems* de Santayana, *The New Republic*, 21 de marzo, 1923.

Versos 83-84: «*Recorriendo abismos...*». Hazlitt, «Essay on Burke Style».

Versos 91-97: «*situaciones pasadas...*». Richard Baxter.

Versos 101-102: «*él experimenta una solemne alegría...*». «A Travers Champs», Anatole France en *Filles et Garçons* (Hachette): «Le petit Jean comprend qu'el est beau et cette idée le pénètre d'un respect profond de lui-même [...] Il goûte une joie pieuse à se sentir devenu une idole».

Verso 108: «*Me reviste con una camisa de fuego*». Hagop Boghossian en el poema «The Nightingale».

Versos 109-113: «*No osa aplaudir...*». Edward Thomas, *Feminine Influence on the Poets*, Martin Secker, 1910.

Versos 116-117, 121-123: «*la ilusión de un fuego...*», «*tan alto como profundo...*». Richard Baxter.

Verso 125: «El matrimonio es una ley, la peor de todas las leyes [...] un objeto absolutamente trivial». Godwin.

Versos 146-152: «*para un amor capaz de cegar con la mirada al águila...*». Anthony Trollope, *Barchester Towers.*

Versos 159-161: «*ninguna verdad puede conocerse por completo...*». Robert de Sorbonne.

Versos 167-168: «*ensombrece su expresión como hace un oso*». Eclesiástico.

Verso 175: «*Los casados suelen tener ese aspecto*». C. Bertram Hartmann.

Versos 176-178: «*raro y frío...*». Richard Baxter.

Verso 181: «*el banquete* tête à tête *de Asuero*». George Adam Smith, *Expositor's Bible.*

Verso 183: «*monstruo bueno, muéstrame el camino*». *La tempestad.*

Versos 186-189: «*las cuatro no existen…*». Condesa de Noailles, «Le Thé», *Femina*, diciembre de 1921. «Dans leur impérieuse humilité elles jouent instinctivement leurs rôles sur le globe.»

Versos 193-195: «*¿A qué rey…?*», en «The Rape of the Lock», una parodia de Mary Frances Nearing, con sugerencias de M. Moore.

Versos 197-198: «*no es el sonido de la flauta…*». A. Mitram Rihbany, *The Syrian Christ*, Houghton, Mifflin, 1916. El silencio de las mujeres… «para un oriental, es como poesía con música».

Versos 199-203: «*los hombres son acaparadores…*». Miss M. Carey Thomas, en un discurso en Mount Holyoke, 1921: «En la práctica, los hombres se reservan para sí mismos funerales señoriales, monumentos espléndidos, estatuas conmemorativas, la pertenencia a las academias, medallas, títulos, nombramientos honoríficos, estrellas, ligas, galones, insignias y otras baratijas brillantes, tan poco valiosas en sí mismas y sin embargo tan deseables por ser símbolos del reconocimiento de sus compañeros al trabajo difícil bien hecho».

Versos 206-207: "*las migajas de la comida de un león…*". Amos iii, 12. Traducción de George Adam Smith, *Expositor's Bible.*

Verso 210: "*una esposa es un ataúd*". Ezra Pound.

Verso 222: «*… instalarse en mi mano*». Charles Reade, *Christie Johnstone.*

Versos 231-232: «Los asiáticos tienen derechos; los europeos, obligaciones». Edmund Burke.

Versos 252-253: «*abandona a su pacífico marido…*». Simone Puget en un anuncio titulado «Cambio de moda», *English Review*, junio de 1914: «Así se comportan algunas hermosas damas cuando se van de su casa para renovar la decoración, y otras muchas capaces de abandonar a un pacífico marido solo porque se han cansado de él».

Versos 256-258: «*Todo lo relacionado con el amor es misterioso…*». F. C. Tilney, *Fables of La Fontaine* «Amor y Locura», libro XII, n.º 14.

Versos 286-287: "*Libertad y unión…*". Daniel Webster (estatua con inscripción en Central Park, New York City).

UN PULPO

[En 1922, Marianne Moore hizo el primero de sus dos viajes a Bremerton, Washington, para visitar a su hermano. Durante aquellas vacaciones, la familia hizo una excursión a Paradise Park, en Mount Rainier. Moore fotografió el impresionante glaciar Nisqually. Ella y su hermano ascendieron a las grutas de hielo, el punto más alto al que los visitantes pueden llegar sin equipo de escalada.

De vuelta en Nueva York, Moore empezó un largo poema sobre Adán y Eva en el paraíso, que poco después dividiría en «Un pulpo» y «Matrimonio».

La imagen de un pulpo gigantesco abre la descripción de la Big Snow Mountain, una montaña real e imaginaria, cuya estructura y vida M. M. explora.]

Las citas cuya fuente no se da proceden del Departamento de Normas y Regulaciones Internas recogidas en el volumen *The National Parks Portfolio*, 1922.

Verso 6: *cristal que se puede doblar.* Sir William Bell, del Instituto Británico de Patentes, ha elaborado una lista de inventos que él cree que el mundo necesita: cristal que pueda doblarse; un firme de carreteras liso que no sea resbaladizo con la humedad; un horno que conserve el noventa y cinco por ciento del calor que genera; un procedimiento para lograr que la franela no encoja; un avión silencioso; un motor capaz de generar un caballo de vapor por cada libra de peso; métodos para reducir la fricción; un proceso para extraer fósforo de la goma vulcanizada, de forma que esta pueda reciclarse; sistemas prácticos para el aprovechamiento de las mareas.

Verso 9: «*Recogiendo bígaros…*». M. C. Carey, *London Graphic*, 25 de agosto de 1923.

Versos 11-12: «*Como la araña…*». W. P. Pycraft, *Illustrated London News*, 28 de junio de 1924.

Versos 13-14 y 176: «fantasmal palidez…», «Se arrastra lentamente…». Francis Ward, *Illustrated London News*, 11 de agosto de 1923.

Verso 15: «*grandeza de sus sistemas radiculares*». John Muir.

Verso 16: «*espeluznantes de contemplar*». W. P. Pycraft, *Illustrated London News*, 28 de junio de 1924.

Versos 18: «*cada uno de ellos como la sombra del que tiene al lado…*». Ruskin.

Versos 53-54, 178, 182, 183: «*bosques azules…*», «*desgarran la nieve…*», «*postradas en el suelo…*», «*curvadas en semicírculo…*». Clifton Johnson, *What to See in America*, Macmillan, 1912.

Versos 29, 62, 80, 112, 116 y 193: «*que forman un borde…*», «*grutas…*», «*con dos pares de pantalones…*». «Mi viejo porteador, Bill Peyto […] solía darle un par de enérgicos tirones al borde del pantalón y arrancaba los trozos más grandes, de manera que sus pantalones externos desaparecían día a día, de abajo a arriba [...] Suele llevar dos pares de pantalones.» «*Ojos de cristal*», «*hombres de negocios*», «*con un sonido parecido al chasquido de un rifle...*». W. D. Wilcox, *The Rockies of Canada*, Putnam, 1903.

Verso 93: «*componen una bella estampa, ¿no es cierto?*». Oído en el circo.

Verso 125: «*Variopinta mezcla de estilos*». W. M., «The Mystery of an Adjective and of Evening Clothes», *London Graphic*, 21 de junio de 1924.

Verso 131: «*tan noble y tan bello*». Cardenal Newman, *Historical Sketches.*

Verso 144-145, 147-152: «*complejidades...*», «*un accidente...*». Richard Baxter, *The Saints' Everlasting Rest.*

Verso 155: «Los griegos estaban abiertos a la emoción». W.D. Hyde, *The Five Great Philosophies*, Macmillan, 1911.

UNICORNIOS MARINOS Y UNICORNIOS DE TIERRA

Verso 3: «*poderosos monocerontes...*», etc. Spenser.

Versos 10: «*perturba a los navegantes*», Violet A. Wilson en *Queen Elisabeth's Maids of Honour* (Lane), cita a Olanus Magnus en su *History of the Goths and Swedes*, cuando se refiere a la serpiente marina; del viajero Cavendish: «Subió navegando por el Támesis envuelto en lujo, las velas de su barco eran de paño de oro y sus marineros iban vestidos de rica seda. Los exploradores trajeron a su tierra curiosidades como regalo para las damas. La reina, naturalmente, tenía prioridad en la elección y para ella fue el cuerno del unicornio valorado en cien mil libras, que se convirtió en uno de los tesoros de Windsor».

Versos 20-22: Sir John Hawkings «aseguraba la existencia de unicornios de tierra en los bosques de Florida, y deducía de su presencia, abundancia de leones, a causa de la antipatía entre los dos animales, de modo que "donde está uno, el otro no puede faltar"».

Verso 26: «*en la política, el comercio...*». Henry James en *English Hours* (1905).

Versos 30-31: «*primorosas guirnaldas...*», «*bastoncillos de arrayán...*». J. A. Symonds.

Verso 32: A propósito de los vestidos de la reina Elisabeth: «telas de araña, lazos y moras». «Una enagua delicadamente bordada con serpientes de oro y plata venecianos y alguna O, con una hermosa orla bordada representando mares, nubes y arcoiris.»

Verso 41: *El oso ecuatoriano de larga cola.* C. H. Prodgers en *Adventures in Bolivia* (Lane), p. 193, dice sobre un extraño animal que compró: «Estaba relleno de hierba, me costó diez chelines, y al final, resultó ser un oso con rabo. En su libro sobre la vida salvaje, Rowland Ward dice: "Entre los animales más extraños, hay un oso con rabo; se sabe que este animal existe, es muy escaso y solo se puede encontrar en las selvas de Ecuador", y allí fue donde lo había encontrado el hombre que me lo vendió».

Verso 52: «... *convenido terror*». «El amante de la lectura logrará con sir Bertram y The Haunted Chamber un convenido terror.» *Autobiography* de Leigh Hunt.

Versos 52, 80, 82: «*garganta lunar*», «*alto el pendón*», «*sobre su regazo*». En «Mediaeval», poema anónimo aparecido en *Punch* el 25 de abril de 1923.

Verso 57: *Un dispositivo sin igual*, en *Mithology* de Bulfinch, en el apartado «Unicorn».

Verso 65: Herodoto dice del fénix: «No lo he visto excepto en pinturas».

Verso 66: «*imposible de capturar vivo*». Plinio.

Versos 69-70: «*tan candoroso...*» Charles Cotton en «An Epitaph on M. H.»:

> As soft, and snowy, as that down
> Adorns the Blow-ball's frizzled crown;
> As Straight and slender as the crest,
> Or antlet of the one-beam'd beast.

LA ARAUCARIA

[**Verso 9**: Pino chileno (*Araucaria imbricata*). Arauca es una provincia del sur de Chile. Al árbol se le conoce popularmente como *monkey puzzle* (el rompecabezas del mono) porque sus hojas durísimas, puntiagudas y con una espina en la punta impiden que los monos trepen por ellos. Puede alcanzar hasta cincuenta metros.]

Verso 18: «*una cierta proporción en el esqueleto...*». Lafcadio Eran, Talks to Writers, Dodd, Mead [1920.]

JARDINERÍA INDISCRETA

Letters of Robert Browning and Elisabeth Barret (Harper, 1899), vol. I, p. 513: «¿La rosa amarilla? Infidelidad, dice el diccionario de flores». Vol. II, p. 38: «Planté otra docena de rosales, todos blancos [...] ¡para eliminar el oprobio de las rosas amarillas!».

A UN CARACOL

Verso 1: «La primerísima cualidad del estilo es la que se deriva de la compresión». *Demetrius on Style*, traducido al inglés por W. Hamilton Fyfe, Heinemann, 1932.

«NADA CURARÁ AL LEÓN ENFERMO...»

Carlyle, [*Letters*.]

AL PAVO REAL DE FRANCIA

Versos 1, 10: «*hacerte cargo...*», «*Los anacoretas...*». H. C. Chatfield-Taylor, *Molière: A Biography*, Chatto, 1907.

EL PASADO ES EL PRESENTE

Versos 7-8: «*La poesía hebrea es prosa con una especie de consciencia exaltada*». El doctor E. H. Kellogg en clase de Biblia, Iglesia Presbiteriana de Carlisle, Pensilvania.

«ÉL ESCRIBIÓ EL LIBRO DE HISTORIA»

A los cinco o seis años, cuando le preguntaron su nombre, John Andrews, hijo del doctor C. M. Andrews, respondió: «Me llamo John Andrews, mi padre escribió el libro de historia».

TEMPORADA EN LA BALLENA

Versos 14-15: «*El agua en movimiento rebasa el cauce*». *Literary Digest.*

SILENCIO

Versos 1-4: «Mi padre solía decir: "La gente con clase nunca hace visitas largas. Cuando voy de visita, me gusta ir a mi aire. Nunca me tienen que enseñar la tumba de Longfellow ni las flores de cristal de Harvard"». Miss A. M. Homans.

Verso 13: Edmund Burke, en *Burke's Life* (1872), de sir James

Prior, decía: «Entre en un coche. Venga y haga de mi casa su posada».

QUÉ SON LOS AÑOS

AUSTEROS

Sheldon Jackson (1834-1909). El doctor Jackson experimentó que alimentar a los esquimales a expensas del gobierno no era aconsejable; puesto que las ballenas habían sido casi exterminadas y el océano no podía repoblarse con peces como un río, persuadió al gobierno para que autorizara la importación de renos desde Siberia. Durante el verano de 1891 hizo una expedición y consiguió, por trueque, dieciséis renos y más tarde otros. *Report on Introduction of Domestic Reindeer into Alaska*; 1895; 1896; 1897; 1899, escrito por Sheldon Jackson, General Agent of Education in Alaska. V. S. Education Bureau, Washington.

LUZ ES LA PALABRA

Versos 10-11: El faro aeromarítimo de Creach'h d'Ouessant era lo primero que veían, tal como estaba previsto, los barcos y aviones cuando se acercaban al continente desde Norteamérica y Sudamérica.

Versos 14-15: «Un hombre ya herido». Jean Calas, injustamente acusado de matar a su hijo y ejecutado el 9 de marzo de 1762. Al reivindicar a su familia y a él, Voltaire «fut le premier qui s'éleva en sa faveur. Frappé de l'impossibilté du crime dont on accusait Calas le père, ce fut lûy qui engagea la veuve à venir demander justice au Roy...». *The History of the Misfortunes of John Calas, a Victim of Fanaticism*; escrito por M. de Voltaire. Editado por P. Williamson. Edinburgh MDCCLXXVI.

Verso 17: Montaigne, capturado por unos bandidos y puesto en libertad inesperadamente, dice: «Me dijeron que debía mi libertad a mi actitud y a la valiente firmeza de mi palabra que demostraban que era un individuo demasiado bueno para que me atracasen».

Verso 20: Littré (1801-1881) dedicó los años entre 1839 y 1862 a traducir y editar a Hipócrates.

Versos 30-31: La Libertad de Bartholdi iluminando el Mundo.

Versos 30-35: «*Dime la verdad...*». Mariscal Petain.

Verso 38: «*Alienta a cualquiera que piense en ella...* "anima"». Janet Flanner, «Paradise Lost», *Decision*, enero de 1941.

ÉL «DIGIERE EL DURO HIERRO»

«El avestruz digiere duro hierro para preservar su salud», en *Euphues*, de Lyly.

Verso 5: *El enorme pardal.* «Jenofonte (Anabasis, I,5,2) cuenta que había muchas avestruces en el desierto, en la margen izquierda del Eúfrates Medio, en el camino del norte de Siria a Babilonia.» *Animals for Show and Pleasure in Ancient Rome*, George Jennison.

Versos 7, 17-18, 31: *símbolo de justicia, hombre que, oculto como un actor en piel de avestruz, huevo que religiosamente se muestra como el de Leda*, y otras alusiones: Berthold Laufer en «Ostrich Egg-shell cups from Mesopotamia», *The Open Court*, mayo de 1926. «Una pluma de avestruz simbolizaba la verdad y la justicia, y era el emblema de la disoa Ma-at, la santa patrona de los jueces. Su cabeza se adorna con una pluma de avestruz, sus ojos cerrados [...] tapados como los de la Justicia.»

Verso 39: *Seiscientos sesos de avestruz.* En un banquete ofrecido por Heliogábalo. Véase más arriba *Animals for Show and Pleasure in Ancient Rome.*

Versos 42-43: *copas de cascarón.* Por ejemplo, la copa decorada, hecha del cascarón de un huevo de avestruz montado en plata por Elias Geier de Leipzig, hacia 1589. Edward Wenham, «Antiques in and about London», *New York Sun*, 22 de mayo de 1937.

Verso 43: *ocho pares de avestruces.* Véase más arriba *Animals for Show and Pleasure in the Ancient Rome.*

Verso 58: Camelopardal: στρουιοκάμηλος.

EL ESTUDIOSO

(Publicado en *Qué son los años*, Macmillan, Nueva York, 1941); no se incluye en *Poemas reunidos*.

Verso 1: «*En América*», «*Les Ideals de l'Education Française*», conferencia a cargo de M. Auguste Desclos, director adjunto de la Oficina Nacional de Universidades y Escuelas Francesas en París, el 3 de diciembre de 1931.

Verso 10: *el árbol cantor.* «Cada hoja era una boca y todas las hojas se unían en concierto.» *Arabian Nights.*

Versos 23-24: «*La ciencia no termina nunca*». Albert Einstein a un estudiante norteamericano, *New York Times*.

Verso 25: *Jack Bookworm*: véase *The Double Transformation*, de Goldsmith.

Versos 33-34: *una variedad de héroe*. Emerson en *The American Scholar* dice: «No puede haber estudioso que no tenga capacidad heroica»; «Dejadle que se sostenga a sí mismo... paciente de abandono, paciente de censura».

Versos 37-39: *La lana del lobo*... Edmund Burke, noviembre de 1781 en respuesta a Fox: «Hay una lana excelente en el lomo del lobo y que por tanto debería esquilarse [...] Pero ¿se sometería él?».

Verso 44: «*Da su opinión*...». Henry Mc Bride, 12 de diciembre 1931 en el *New York Sun*: «El doctor Valentiner [...] tiene la típica reserva del estudiante. No disfruta con la diléctica que invariablemente sube de tono cuando se anuncia una decisión que puede valorarse en grandes sumas de dinero. Da su firme opinión y la mantiene».

TERSA LAGERSTROEMIA RUGOSA

Versos 16-18: «"Bulbul" es un término genérico como gorrión, curruca o pinzón. El legendario ruiseñor persa es el bulbul de oreja blanca, *Pycnotus leucotis*, vestido ricamente de terciopelo negro, bordeado de marrón, blanco y amarillo azafrán; y es un verdadero bulbul; [...] Edward Fitzgerald dijo lo que Omar quería decir: que el discurso del hombre cambia y se hace áspero, pero el bulbul canta eternamente con su "agudo silbido Pehlevi," el heroico puro sánscrito de los antiguos poetas». J. I. Lawrence, *New York Sun*, 23 de junio, 1934.

Versos 26-27: «Esos que duermen en Nueva York, pero que sueñan con Londres». Beau Nash, *The Playbill*, enero de 1935.

Versos 31-32: «*Unidos en la amistad, coronados por el amor*». Inscripción en una caja de Battersea.

[**Versos 39-41**: *soltero sin tacha*... El escritor inglés William Congreve (1670-1729) debutó como comediógrafo con *The Old Bachelor*.]

Versos 46-48: «*sin soledad*...». Yoné Noguchi parafraseando a Saigyo, *The Spectator*, Londres, 15 de febrero de 1935.

Versos 49-51: «Por la Paz, Abundancia; por la Sabiduría, Paz», conjunto formado por cuernos de la abundancia y caduceo, sobre manos entrelazadas, en la página titular de la primera edición de *Rosalynde* de Lodge.

CABEZA DE CHORLITO

Sir Francis Bacon: «Si un muchacho es un cabeza de chorlito».

VIRGINIA BRITÁNICA

Véase *Travaile into Virginia Britannia* de William Strachey.

Verso 12: *un gran pecador*. Inscripción en el cementerio de la iglesia de Jamestown: «Aquí yace el cuerpo de Robert Sherwood nacido en la parroquia de Whitechapel cerca de Londres, un gran pecador que espera una gloriosa resurrección».

Verso 17: *We-re-wo-co-mo-co*. Capitolio de Powhatan, jefe supremo de una confederación de cerca de treinta tribus de indios algonquinos que ocupaban las costas de Virginia. Ofreció un manto de piel de reno –ahora en Ashmolean– a los capitanes John Smith y Newport cuando estos le coronaron.

Versos 18-19: Avestruz y herradura. El escudo de armas del capitán Smith llevaba un avestruz con una herradura en el pico: digestión invencible que reitera el lema: *Vivere est vincere*.

Verso 64: «*severa y dulce prisión*.» De Middle Plantation, ahora Williamsburg.

Versos 108-110: El muro de un ladrillo de espesor, diseñado por Jefferson que se encuentra en el parque de la Universidad de Virginia.

Versos 115-116: *corona de piel de ciervo*. «El [Arahatec] dio a nuestro capitán su corona de piel de ciervo teñida de rojo.» *Travels and Works of Captain John Smith, President of Virginia and Admiral of New England, 1580-1631*; con introducción de A. G. Bradley.

Verso 132: *la alondra*. La Asociación de Naturalistas del Imperio Británico ha descubierto que la curruca canta siete minutos antes que la alondra.

LA IRLANDA DE SPENSER

Versos 5, 7-8, 51, 63-64: «*cada nombre es una tonada*», «*es una tortura*», «*antigua joyería*», «*tu inquietud es su inquietud*». Véase «Irlanda: The Rock whence I was Hewn», de Don Byrne en el *National Geographic Magazine* de marzo de 1927.

Versos 10-11: *el manto de Venus*. Nota a pie de página en *Castle Rackent*: «La capa o manto, tal como Thady lo describe, es muy antigua». Véase «View of the State of Ireland», de Spenser.

Verso 12: *las mangas*. En *Castle Rackent*, de Maria Edgeworth, editado por el profesor Morley, Thady Quirk dice: «llevo un largo y amplio abrigo [...]; se ajusta alrededor del cuello con un solo botón, al estilo de la capa».

Verso 39: «La mosca amarillo pálido que, hacia mediados de julio, se confecciona con «ala de milano» y «armazón de mosca». *The Absentee*, de Maria Edgeworth.

Versos 53-56: *«el alca»*, *«el jilguero»*. Denis O'Sullivan en *Happy Memories of Glengarry*.

Verso 58: *Earl Gerald*. De una conferencia dada por Padraic Colum.

CUATRO CRISTALES DE CRISTAL DE CUARZO

Folleto Bell 1939, «Los relojes más precisos del mundo». En el Laboratorio de Teléfonos Bell de Nueva York, en una «cúpula del tiempo» cuya temperatura se mantiene a 1/100 de grado, 41 grados centígrados, están los relojes más precisos del mundo: los cuatro relojes de cristal de cuarzo [...] Adecuadamente tallados e insertados en un círculo apropiado, controlan el porcentaje de vibración eléctrica con una precisión de uno por millón [...] Cuando se marca ME7-1212 para saber la hora exacta, te la dan cada quince segundos».

Versos 13-16: «Appeler à l'aide d'un camouflage ces instruments faits pour la verité qui son la radio, le cinema, la presse?». «J'ai traversé voilà un an des pays arabes oú l'on ignorait que Napoleon était mort». Jean Giraudoux, «Une allocation radiodiffusée de M. Giraudoux aux Françaises à propos de Sainte Catherine», *Figaro*, noviembre de 1939.

Verso 45: *al caníbal Cronos*. Rhea, madre de Zeus, le escondió de Cronos que «devoró a todos sus hijos, excepto a Júpiter (aire), a Neptuno (agua) y a Plutón (el sepulcro). A estos, el Tiempo, no les puede consumir». *Dictionary of Phrase and Fable*, de Brewer.

EL PANGOLÍN

Verso 9: *«el reborde de la oreja que se cierra»*, y otros detalles procedentes de «Pangolins» de Robert T. Hatt, aparecido en *Natural History*, diciembre de 1935.

Versos 16-17: «*Camina de forma insólita...*». Véase *Royal Natural History*.

Versos 23-24: Parra de Thomas de Leighton Buzzard: framento de hierro forjado que se encuentra en la abadía de Westminster.

Versos 65-66: *La primera máquina fue un velero*. Véase *Power: Its Applicatin from the 17th to 20th Century*, de F.L. Morse.

SIN EMBARGO

ELEFANTES

Los datos utilizados en estas estrofas proceden de un documental cinematográfico titulado *Ceylon, the Wondrous Isle*, de Charles Brooke Elliott. Cicerón, que lamentaba el sacrificio de elefantes en los juegos romanos, decía que estos animales «le suscitaban lástima y, al mismo tiempo, la sensación de que de alguna manera eran aliados del hombre». George Jennison, *Animals for Show and Pleasure in Ancient Rome*, p. 52.

OTROS POEMAS

LA ICOSAESFERA

El Mellon Institute es el artífice de un globo de acero fabricado a partir de un diseño ideado por J.O. Jackson que «resuelve un problema que ha desconcertado a diseñadores e ingenieros. Cualquiera que haya tratado de envolver una pelota de goma sin arrugas ni recortes sobrantes [...] comprenderá la naturaleza del problema. El acero, como el papel de embalar, se produce en rectángulos [...]. El señor Jackson descubrió que el plexiglás [...] tiene la misma fluidez plástica que el acero y [...] que, colocado a la temperatura adecuada, recupera su forma original. Por lo tanto, modeló una esfera de plexiglás de cuatro pulgadas, estudió la estructura y elaboró un diseño en el que "veinte triángulos equiláteros –el mayor número de lados geométricamente posible– podían agruparse en cinco paralelogramos cortados de planchas rectangulares sin apenas recortes inservibles"». Waldemar Kaemffert: «Economy in the Use of Steel», *The New York Times*, 5 de febrero de 1950.

Versos 1-4: «*En los setos vivos de Buckinghamshire...*» Informe de E. Mcknight Kauffer.

Verso 7: *fortuna ajena*. La fortuna de 30.000.000 de dólares perteneciente a una tal señora Henrietta Edwardina Schaefer Garrett que murió sin descendencia ni testamento en 1930. «El Tribunal de huérfanos de Filadelfia ha recibido más de 25.990 reclamaciones de la fortuna [...] Según se dice, tres personas fueron asesinadas en peleas, diez fueron encarceladas por perjurio [...] más de una docena tuvieron que pagar multas, seis murieron y dos se suicidaron.» *The New York Times*, 15 diciembre de 1949.

«EN DEFENSA DE SU MUNDO»

[Poema escrito durante la Segunda Guerra Mundial, mientras las tropas norteamericanas luchaban en la campaña de Italia.]

«Su cuerpo y su espíritu, tal vez demasiado literalmente, son nuestro escudo», palabras del reverendo James Gordon Gilkey en el *New York Times*, 7 de junio de 1944.

VORACIDADES Y VERDADES...

Verso 2: *El brillo de «lámpara vegetal»*. V. Locke-Ellis.

Verso 7: *También la «trompa torcida»*, «Sí (si los griegos no mienten), /con su trompa torcida él a veces escribe.» [Guillaume] Du Bartas [1544-1590, poeta francés, autor de *La Sepmaine ou Création du Monde* al que pertenece] «The Sixth Day of the First Weeke», reproducido en Dance Index-Ballet Caravan Inc.: *Clowns, Elephants and Ballerinas*, junio de 1946.

Verso 8: *Un libro de tigres. Man-Eaters of Kumaon*, de Jim Corbett.

Verso 12: *por un amor sin fin*. Estas palabras con las que termina el sexto capítulo de la Carta a los Efesios, han permanecido en mi memoria. Después de haber escrito este poema, tropecé con «el brillo de lámpara vegetal» del señor V. Locke-Ellis y lo utilicé en lugar de mi menos logrado equivalente. Cuando más adelante volví a releer el poema, me di cuenta de que él también había utilizado la frase «con un amor sin fin».

EL DECORO

Verso 16: Solfeggietto (en *do* menor), de Kart Philipp Emanuel Bach.

LA DESARMANTE MODESTIA DE LA CORAZA

Verso 11: *esculpió objetos con zarpas peludas*. «Las reliquias más antiguas de los primeros antepasados del hombre son piedra toscamente tallada. Las cogían con sus zarpas peludas para golpear y cortar.» Oscar Ogg, *The 26 Letters*, p. 6.

Verso 13: *Levantaos, porque es de día*. Lema de The John Day Company.

Verso 22: *al ciervo de la cerveza alemana*. Cartel anónimo, distribuido por la Eastern Beverage Corporation, Hammonton, Nueva Jersey.

Verso 27: *duces*. «En Inglaterra, en tiempos de los sajones, a los oficiales o comandantes de los ejércitos se les denominaba, según la antigua tradición romana, dukes, sin añadir nada más, pero tras la conquista normanda, el título dejó de usarse; hasta que en 1538, Eduardo III nombró a su hijo Eduardo, llamado hasta entonces el Príncipe Negro, Duque de Cornualles [...] Después de Eduardo, el Principe Negro, otros muchos recibieron el título [...] El Príncipe Negro fue investido con una corona, una anillo y un cetro.» Atribuido a Charles Lamb, *The book of the Ranks and Dignities of British Society*, Nueva York, Charles Scribner's Sons, 1924.

COMO UN BALUARTE

APARICIÓN DEL ESPLENDOR

Versos 16-17: «*la cola [...] arrastrada por puercoespines...*». En uno de sus ensayos, Oliver Goldsmith habla de «un hada azul con una cola de once yardas de largo arrastrada por puercoespines».

Verso 21: «*con el bosque como nodriza*». De una fábula de La Fontaine, «El erizo, el zorro y las moscas», Libro duodécimo, fábula XIII. La cita procede de la traducción de Moore de las fábulas, *The Fables of La Fontaine*, Viking Press, Nueva York, 1954.

Y LUEGO, EL ARMIÑO:

Verso 2: «*... manchado*». «Su emblema era el armiño con una frase que decía: "Antes muerto que manchado".» Sir Philip Sydney, *Arcadia,* libro primero, cap. 17, párrafo 4. Cambridge Classics, vol. I, 1912; editado por Albert Feuillerat.

[**Versos 7-8**: *un fantoche de carnaval*. El *jack-in-the-green* del texto es una figura del folclore anglosajón, un personaje cubierto de ramas y hojas que participa en los desfile del 1 de mayo y otras festividades.]

Verso 12: *divisa*. Divisa del duque de Beaufort: *Mutare vel timere sperno*.

Verso 18: *Lavater*. John Kaspar Lavater (1741-1801), estudioso de la fisiografía. Su sistema incluye estudios de morfología, antropología, anatomía, mímica y grafología. Kurt Seligmann, *The Mirror of Magic*, Pantheon Books, Nueva York, 1948, p. 332.

TOM FOOL EN EL JAMAICA

[El Jamaica y el Belmont Park son dos de los hipódromos del área metropolitana de Nueva York.]

Verso 6: *mula y jockey*. Mula y jockey, de «Julio Gómez, seis años». De una colección de dibujos de escolares españoles recogidos por iniciativa de un comité de beneficencia a favor de la España republicana, vendido por Lord and Taylor. Me lo regaló Louise Crane.

Versos 8-9: «Existe una grandeza oculta…». Reverendo David C. Shipley, 20 de julio de 1952.

Verso 9: *Sentir avec ardeur*. De madame Boufflers, Marie-Françoise-Catherine de Beauvau, marquesa de Boufflers (1711-1786). Véase la nota del doctor Achilles Fang, en sus comentarios del *Wên*

Fu [El arte de la escritura], de Lu Chi (261-303 d.C.): «En cuanto a las notas, estoy de acuerdo con una contemporánea de Rousseau: "il faut dire en deux mots/ Ce qu'on veut dire"; [...] Pero no puedo afirmar: "J'ai réussi", sobre todo porque he desatendido la exhortación de madame de Bouffleurs ("Il faut éviter l'emploi/Du moi, du moi")». *Harvard Journal of Asiatic Studies*, vol. 14, n.º 3, diciembre de 1951, p. 529 (publicada después en *New Mexico Quarterly*, septiembre de 1952).

Aria : *Sentir avec ardeur*

Il faut dire en deux mots
Ce qu'on veut dire ;
Les longs propos
Sont sots.

Il faut savoir lire
Avant que d'écrire,
Et puis dire en deux mots
Ce qu'on veut dire.
Les longs propos
Sont sots.

Il ne faut pas toujour conter,
Citer
Dater,
Mais écouter.
Il faut éviter l'emploi
Du moi, du moi,
Voici pourquoi:

Il este tyrannique,
Trop académique;
L'ennui, l'ennui
Marche avec lui.
Je me conduis toujours ainsi
Ici,
Aussi
J'ai réussi.

Il faut dire en deux mots
Ce qu'on veut dire;
Les longs propos
Sont sots.

Verso 13: *Master Atkinson*. La mañana del 3 de marzo de 1952, abrí *The New York Times* y me sentí atraída por un artículo de Arthur Daley sobre el jinete Ted Atkinson y su Tom Fool. A la pregunta de qué pensaba sobre el caballo Hill Gail, Ted Atkinson respondía «Es un caballo estupendo, [...] realmente estupendo», y tras una pausa añadía: «Pero creo que está por debajo de Tom Fool. [...] Yo prefiero a Tom Fool. [...] Es capaz de un esfuerzo más continuado y lo hace más a menudo que otros caballos». Al recordarle el entrevistador que Citation podía hacer ocho o diez sprints en una carrera, Ted respondió entusiasmado: «Eso es. Esa es la marca de un campeón, acelerar cien metros, ralentizar y acelerar otros cien metros, haciendo un sprint adicional cuando es necesario. Por lo que he visto de Tom Fool, yo diría que es un "caballo hábil"». Mencionó a otros dos. «Tenían una sola manera de correr. Pero Tom Fool...» Luego vi una foto de Tom Fool (*The New York Times*, 1 de abril de 1952) con Ted Atkinson en la silla, y sentí que debía rendirle un pequeño homenaje; Pensé un poco en ello, pero me acordé de que acababa de recibir un premio de la Youth United for a Better Tomorrow [Jóvenes unidos para un futuro mejor] y me sentí un poco preocupada. Detesto el juego y las apuestas y nunca había asistido a una carrera. Más tarde, en el *Times* del 24 de julio de 1952, vi un artículo de Joseph C. Nichols sobre Frederic Capossela, el presentador del Belmont Park, en el que dice en una entrevista: «¿Nervioso? No, nunca estoy nervioso [...]. Le diré cuál es el punto crítico: la recta de Belmont Park, en la que a veces veintiocho caballos corren hacia ti desde más de un kilómetro de distancia. Es dura, pero lo consigo. ¿Por qué no iba a hacerlo? Estoy relajado, confiado y, además, yo no apuesto».

El 1 de marzo de 1955, el *New York Times* publicó un artículo de Arthur Daley, «El dinero no lo es todo», en el que Ted Atkinson dice: «"Todos los pura sangre tienen un atractivo especial [...] se parecen mucho a las personas. [...] Mi primer amor fue Red Hay [...] un hermoso caballo de corazón generoso [...] siempre lo intentaba, siempre daba lo mejor de sí mismo». –Señor Daley: «La misma descripción sirve para Atkinson»–. Luego vino Devil Diver [...] y la yegua Snow Goose. Una de mis grandes favoritas [...] loca en la salida [...], pero cuando había encontrado su ritmo [...] las riendas se manejaban con el dedo de una mano [...]. Luego vino Coaltown [...]. Ha habido otros, desde luego, pero nunca nadie que pueda compararse a Tom Fool, mi preferido entre todos los preferidos, el que tenía más personalidad [...]. Bastaba mirarlo. Tenía una cabeza inteligente, una mirada inteligente y, lo mejor de todo, era inteligente. Sus ojos eran dulces y su frente, amplia... ¡vaya! hablo como un muchacho enamorado. En fin, tenía la cara más bonita que cualquier caballo con el que yo haya tenido que ver. Era un gran caballo, pero yo lo quería no tanto por lo que conseguía sino por lo que era". Dicho esto, el ágil maestro Atkinson se ajustó el número en el hombro derecho y se encaminó hacia el paddock».

Versos 14-15: «*La suerte es una lamentable impureza*». Del *I Ching* o *Libro de las mutaciones*, traducido por Richard Wilhelm y Cary Baynes, Bollingen Series XIX (Pantheon Books, Nueva York, 1950).

Verso 29: *Fats Waller.* Thomas Waller, «una figura proteica del jazz», murió en 1943. Véase *The New York Times*, 16 de marzo de 1952, con un artículo sobre Waller y una fotografía suya de Richard Tucker.

[**Verso 31**: *Ain't Misbehavin'* es uno de los fragmentos más célebres de Fats Waller.]

Ozzie Smith. Osborne Smith, cantante y batería negro que improvisó la música para la película *Ai-Yé*, de Ian Hugo.

Eubie Blake. El pianista negro en *Shuffle Along.*

[**Verso 32**: *caballo lipizano.* Caballo de la escuela española de equitación de Viena, procedente de Lipizza, en Istria.]

LA TELA QUE UNO TEJE DE ITALIA

La primera y segunda estrofas son en gran parte citas de «Festivals and Fairs for the tourist in Italy», de Mitchell Goodman, *The New York Times*, 18 de abril de 1954.

Verso 12: *aquella «fuente de la que manaban gemas maravillosas».* De *The Fables of La Fontaine*, Libro noveno, fábula III («El mono y el leopardo»), The Viking Press, Nueva York, 1954.

LA VARA DE ESCULAPIO

El doctor Grace, de la Clínica Grace de Brooklyn, no está de acuerdo con algunas declaraciones mías a favor de los hospitales, pero la asistencia hospitalaria que yo y otras personas de mi entorno hemos recibido en momentos que requerían sanitarios capaces y preparados justifica mi tributo.

Verso 11: *Time*, 29 de marzo de 1954, artículo sobre la vacuna Salk.

Versos 17-20: *El ataque selectivo a las células cancerosas...* Sloan-Kettering Institute for Cancer Research, *Progress Report* VII, junio de 1954, pp. 20-21.

Versos 22-25: *A la esponja implantada...* Abbot Laboratories, «Plastic Sponge Implants in Surgery», *What's New*, n.º 186, Navidad de 1954.

EL SICOMORO

Versos 16-17: *nueve pelos de camella*. Miami, el miniaturista iraní, dibuja «con un pincel hecho con nueve pelos de un camello hembra recién nacido y un lápiz afilado como una aguja [...] Fue condecorado dos veces por el difunto Riza Shah; una vez por sus miniaturas y otra por sus alfombras». *New York Times*, 5 de marzo de 1954.

ROMERO

Verso 17: «*mantiene un lenguaje mudo*». Sir Thomas More. Según una leyenda española, las flores del romero –originalmente blancas– se volvieron azules cuando la Virgen arrojó su manto sobre un arbusto de romero, mientras descansaba en su huida a Egipto. En la biblioteca de Trinity College, en Cambridge, hay un manuscrito que la reina de Inglaterra Felipa de Hainault (1314-1369) recibió de su madre, escrito por «un clérigo de la escuela de Salerno» y traducido por «danyel bain». El manuscrito está enteramente dedicado a glosar las virtudes del romero, del que se nos dice que nunca supera la altura de Cristo; a partir de los treinta años la planta crece en frondosidad, pero no en altura. Véase «Rosemary of Pleasant Savoir», de Eleanour Sinclair Rohde, *The Spectator*, 7 de julio de 1930.

EL ESTILO

Verso 8: *Dick Button*. Véase fotografía en el *New York Times*, 2 de enero, 1956.

Verso 10: *Etchebaster.* Pierre Etchebaster soldado en la Primera Guerra Mundial; campeón de Francia de pelota vasca (jai alai), pala y pelota a mano. Empezó a jugar al tenis en 1922, ganó el campeonato de América en 1928 y se retiró en 1954 (*The New York Times*, 13 de febrero de 1954 y 24 de febrero de 1955). El *New York Times* del 19 de enero, 1956 decía: «Pierre Etchebaster, ex campeón mundial, y Frederick S. Moseley ganaron ayer el torneo de tenis en el Racquet y Tennis Club [...] El resultado fue 5-6, 6-5, 6-5. Mosely, presidente del club, marcó el último punto del partido con un servicio incontestable. En este último set, sus adversarios, Johnson y McClintock habían remontado el marcador de 3-5 a 5-5».

Verso 10: *Soledad.* Bailó en América en 1950-1951.

Verso 27: *Rosario.* Rosario Escudero pertenecía a la compañía de Vicente Escudero, pero no era familia suya.

LA LÓGICA Y LA FLAUTA MÁGICA

La flauta mágica. Retransmisión en color de la NBC desde el *Opera Theater*, el 15 de enero de 1956. [M. M. vio el programa en la «pequeña platea» de su casa, sentada junto a un revistero en el que había un ejemplar de *Time* y otro de *Life*, envuelta en una «oscuridad abalónica, es decir, como dentro de un *abalone*, un molusco gasterópodo marino de cuya concha se extrae la madreperla.]

Verso 11: *la preciosa caracola.* La concha de la *Escalaria praetiosa*, del género *Epitonium*.

El nombre inglés, *wentletrap*, se relaciona con el holandés, *wentletrap*, y el alemán *wendletreppe*, escalera de caracol. *Webster's New Internacional Dictionary.*

Versos 23-24: «*¿Qué es el amor...*». Horatio Colony, *Demon in Love*. Hampshire Press, Cambridge, Massachusetts, 1955.

Verso 25: *Destierra la pereza.* «Destierra la pereza; y habrás vencido el arco de Cupido.» Ovidio, *Remedia Amoris.*

BENDITO SEA EL HOMBRE

Versos 1-2: *Bendito sea el hombre...* Salmo 1,1.

Verso 4: «*habitualmente destemplado*». De una campaña atacando a la Administración Eisenhower.

Verso 5: «*se disculpa, se retracta...*». Charles Poore en una reseña de *The Citadel of Learning*, de James B. Conant (Yale University Press, New Haven), citando a Lincoln, *The New York Times*, 7 de abril de 1956.

Verso 8: *autorretrato de Giorgione.* Reproducido en *Life*, 24 de octubre de 1955.

Versos 11-12: «*Diversidad...*», «*ciudadela...*». James B. Conant. *The Citadel of Learning.*

Verso 13: «*asusme el riesgo...*». Louis Dudek: «la poesía [...] debe [...] arriesgarse a tomar decisiones»; «decir lo que sabemos, alto y claro, y si fuera necesario, también lo desagradable– eso sería mejor que no decir nada con gran maestría». «The New Laocöon», *Origin,* invierno-primavera de 1956.

Versos 14-15: «*Solucionaría...*». El presidente Eisenhower veta el *Farm Compromise* (Ley Agrícola de 1956), *The New York Times*, 17 de abril de 1956: «Produjimos más de algunos cultivos en el momento que menos lo necesitábamos [...] Si los recursos naturales se malgastan en cultivos que no podemos vender ni comer, todos los americanos perdemos».

Verso 16: *Los compañeros de Ulises.* «Los compañeros de Ulises», libro XII, fábula 1, *The Fables of La Fontaine*, The Viking Press, 1954 [traducido del francés por Marianne Moore.]

Verso 22: Mitin (de *la mite*, polilla). Producto inodoro, no tóxico de la Geigy Chemical Corporation (Suiza). *The New York Times*, 7 de abril de 1956.

Verso 23: «mentiras privadas...». Véase nota del verso 13.

Verso 27: «*la simple apariencia de las cosas*». Hebreos 11,3.

[El poema en su versión definitiva tiene veinticinco versos. Esta última nota pertenece a una versión anterior.]

¡AY, SER UN DRAGÓN!

Dragón. Ver símbolos secundarios, volumen II de *The Tao of Painting*, traducido y editado por Mai-mai Sze, Bollingen Series 49 (Pantheon, Nueva York, 1956; Modern Library edition, p. 57).

Versos 1-2: El deseo de Salomón: «un corazón comprensivo». 1 Reyes 3,9.

VALORES AL USO

Philip Rahv, 30 de julio de 1956, en una conferencia en la Escuela de Verano de Harvard sobre *Little Magazine*, Alston Burr Hall, Cambridge, Massachusetts, habló sobre los criterios seguidos por *Partisan Review* para aceptar historias: «madurez, credibilidad e importancia del punto de vista que se expresa». «Una obra de arte debe valorarse por sí misma; generamos valores en el proceso de vivir, no esperamos a ver su progreso histórico.» Véase *Partisan Review*, otoño de 1956.

COMPOSICIÓN CASERA PARA LOS SEÑORES ALSTON Y REESE

Señores Alston y Reese: Walter Alston, manager de los Brooklyn Dodgers; Harold (Peewee) Reese, capitán de los Dodgers.

Verso 1: «El milenio y el pandemonio llegaron ayer aproximadamente al mismo tiempo al club de los Brooklyn Dodgers en el Yankee Stadium». Roscoe McGowen, *The New York Times*, 5 de octubre de 1955.

Verso 2: *Roy Campanella*. Fotografía: «El momento de la victoria», *The New York Times*, 5 de octubre de 1955.

Verso 4: *Buzzie Bavasi*, vicepresidente de los Dodgers. Véase el artículo de Roscoe McGowen en el *New York Times* del 5 de octubre de 1955: «Los policías creyeron que debían dejar entrar primero a los jugadores, pero los dirigentes del Brooklyn –Walter O'Malley, Arthur (Red) Patterson, Buzzie Bavasi y Fresco Thompson– querían que los periodistas entrasen al mismo tiempo que los jugadores. Según ellos, esta era una ocasión especial y no se debía excluir a nadie». Véase también el artículo de William J. Briordy, en el *New York Times*, 17 de enero, 1955: «Campanella Gets Comeback Honors» («Campanella regresa al campo con todos los honores»).

Verso 6: «*¿Qué sentiste...?*». Conversación entre Joe Collins y Johnny Podres reproducida en un artículo de Arthur Daley, «Sports of the Times: Just Listening», aparecido en el *New York Times*, 17 de enero de 1956:

–El secreto de tu éxito fue cómo aprendiste a controlar los cambios de velocidad...

–No utilicé mucho los cambios de velocidad en el séptimo partido de la copa del mundo. Las condiciones no eran adecuadas, así que preferí un servicio rápido que funcionó bien –dijo Johnny.

–Eh, Johnny, ¿cómo te sentiste cuando Amoros atrapó aquella pelota? –preguntó Joe.

–Mientras volvía al montículo, no dejaba de repetirme: «Todo va viento en popa» –respondió Podres.

Verso 10: «"*... late eternamente la esperanza*"». Roscoe McGowen, «Brooklyn against Milwaukee», *The New York Times*, 31 de julio de 1956.

Verso 11: *Y la banda de los Dodgers*. La Sym-Phoney Band de los Dodgers, dirigida por Lou Soriano, ocupaba los asientos del 1 al 7, en la primera fila, de la sección 8. «La Sym-Phoney está ocupadísima ensayando una melodía especial para el recaudador de impuestos de Brooklyn, titulada "En cueros, señor, ¿por qué no me deja en cueros?".» Véase el artículo de William R. Conklin sobre el maestro Soriano en el *New York Times* del 12 de agosto de 1956.

Verso 16: «*cuatrocientos pies...*». Véase el artículo de R. McGowen y John Drebinger «Dodgers Against Pittsburg», en el *New York Times* del 1 de octubre de 1956.

Verso 21: *Acuclillado*. «Un *catcher* debe acuclillarse y quedarse en esa posición unas doscientas veces al día, que se convierten en cuatrocientas si se juegan dos partidos en el mismo día.» Arthur Daley, «At Long Last», *The New York Times Magazine*, 9 de julio de 1956.

Verso 29: *el número de Preacher Roe*: el 28. Roe [apodado el Predicador] fue un venerado lanzador zurdo del equipo de los Brooklyn Dodgers que ganó veintidós encuentros en la temporada de 1951.

Verso 42-43: «Es un Jake para todo...». Jake Pitler, uno de los entrenadores y animadores de los Dodgers. Véase el artículo de Joseph Sheehan en el *New York Times* de 16 de octubre de 1956: «Los Dodgers dedicarán una noche a Jake [...] un honor que aceptó "con condiciones" hace dos años, el que las aportaciones fueran destinados a un pabellón de pediatría para niños pobres del Beth-El Hospital Samuel Strausberg. El recuerdo de "aquella noche" sería una réplica de la placa para la sala de juegos de pediatría, Jake Pitler».

Verso 44: *Don Demeter.* Un centrocampista recién llegado de Fort Worth, Texas que se convirtió en un puntal de los Dodgers. Véase Roscoe McGowen, *The New York Times*, 20 septiembre de 1956.

Versos 45-46: *Sin rival...* Actuación de Carl Erskine en el encuentro contra los Giants en Ebbets Field, el 12 de mayo de 1956. *The New York Times*, 27 de mayo de 1956.

SUFICIENTE: JAMESTOWN, 1607-1957

El 13 de mayo de 1957, en el 350 aniversario de la llegada a Jamestown de los primeros colonos ingleses en Norteamérica, tres cazabombarderos F-100 Super Sabre, de las fuerzas aéreas de Estados Unidos volaron sin escalas de Londres a Virginia. Eran el *Discovery*, el *Godspeed* y el *Susan Constant*, bautizados respectivamente por lady Churchill, la señora Whitney (esposa del embajador John Hay Whitney) y la señora W.S. Morrison (esposa del portavoz de la Cámara de los Comunes). *The New York Times*, 12 y 13 de mayo de 1957.

Los colonos, que habían salido de Inglaterra el día de Año Nuevo, más de cuatro meses antes, entraron por la bahía de Chesapeake, «se lanzaron sobre la tierra, la abrazaron, la apretaron y la besaron, y dieron gracias a Dios con los ojos llenos de lágrimas...». Paul Green, «The Epic of Old Jamestown», *The New York Times Magazine*, 31 de marzo de 1957.

[M. Moore también recuerda las vicisitudes de los primeros colonos ingleses en el poema «Virginia británica». El pequeño asentamiento de Jamestown, diezmado por el hambre y las enfermedades, tiene su héroe en el capitán John Smith, que impuso disciplina (su lema era: "quien no trabaja, no come") y fijó las primeras reglas de la colonia. Smith fue hecho prisionero por los indios y salvado por la princesa Pocahontas, hija del jefe indio Powhatan; sin embargo, y a pesar de su generosa acción, Pocahontas fue secuestrada por orden de sir Thomas Dale "el gobernador de hierro", quien la mantuvo como rehén para tener sometidos a los indios. En 1614, el matrimonio entre Pocahontas, convertida al cristianismo, y John Rolfe, propicia la firma de la paz entre colonos e indios. Rolfe, fue considerado el salvador de Virginia, tanto por su matrimonio con Pocahontas como por haber introducido en la región de Virginia el cultivo del tabaco, que acabó con la inútil búsqueda de oro en la zona y fue el principio de su prosperidad.]

[**Verso 39**: *una inocente Caperucita Roja.* La planta del tabaco tiene una flor que parece una capucha de color rojo.]

Verso 48: *si la fe presente completa aquella obra inacabada.* El doctor Charles Peabody, capellán de Yale en 1896, autor de *Mornings in College Chapel*, decía que las conquistas del pasado no son conquistas si no somos capaces de completarlas en el presente.

MELCHIOR VULPIUS

«Y el gran artista no solo resulta un misterio para nosotros, sino para sí mismo. Él desconoce la naturaleza del poder que siente y, sin embargo, él lo ha adquirido y sabe cómo dirigirlo.» Arsène Alexander, *Malvina Hoffman: Critique and Catalogue*, J.E. Pouterman, 1930.

Verso 11: *El aliento de un fuelle de piel de ratón.* «Pájaro en un arbusto [...] El pájaro vuela de tallo en tallo mientras gorjea. Sus pulmones, como los de todos los autómatas, están hechos de pequeños fuelles fabricados con piel de ratón.» Daniel Alain, *Réalités*, abril de 1957, p. 58.

¿MÁS LACIO QUE UN «NARCISO MARCHITO»

Verso 2: «Lenta, lenta, fuente fresca». Ben Jonson, *Cynthia's Revels.*

Verso 11: *una obra de arte.* Miniatura en marfil de sir Philip Sydney, realizada por sir Isaac Oliver, que se conserva en Windsor.

EN EL JARDÍN PÚBLICO

Titulado originalmente «Un festival». Leído en el Boston Arts Festival el 15 de junio de 1958.

Versos 11-15: *Faneuil Hall...* [Considerado «la cuna de la libertad americana», es uno de los edificios más antiguos de Boston.] «En lo alto de Faneuil Hall [...] en la plaza del mercado que da a Dock Square, Laurie Young, reparador de campanarios y dorador, se afana [...] en dar los últimos retoques a la aguja después de [...] dorar la cúpula y el famoso saltamontes de doscientos cuatro años de antigüedad.» *Christian Science Monitor*, 20 septiembre de 1946.

Verso 14: *saltamontes*. «El saltamontes de metal del diácono Shem Drowne, colocado en lo alto del viejo Faneuil Hall por su creador, en 1749 [...] da la impresión de poder saltar todavía como el mejor representante de su especie [...]; se cree que era una copia exacta de la veleta en lo alto del Royal Exchange de Londres.» Cita de Allen H. Eaton, *Crafts of New England*, Harper, Nueva York, 1949, en *Christian Science Monitor*, 16 febrero de 1950.

[**Verso 26**: *King's Chapel*. Otro lugar ligado a la lucha por la independencia americana.]

Verso 27: «*Alabada sea mi obra...*». Salmo 23. Palabras de una canción tradicional del Sur, con arreglos de Virgil Thomson.

Verso 39: «*autodisciplina*». «El presidente Eisenhower atribuía a Clemenceau [...] la siguiente observación: "La libertad no es otra cosa [...] que una oportunidad para la autodisciplina [...] y eso significa que el trabajo que vosotros mismos os imponéis merece la pena hacerse... hacerse sin esperar recompensa".» *The New York Times*, 6 de mayo de 1958.

SAN NICOLÁS

Verso 3: *un camaleón*. Véase la fotografía publicada en *Life* el 15 de septiembre de 1958, con una carta de la doctora Doris M. Cochran, encargada de la sección «Reptiles y anfibios», del National Museum de Washington, D.C.

PARA EL 14 DE FEBRERO

Verso 3: «*una ley interesada...*». De un poema de Marguerite Harris dedicado a Marianne Moore.

COMBATE CULTURAL

Verso 29: *Nanaians*. Los Nanaians habitan el helado norte de la Unión Soviética.

Verso 32: *una sola persona*. «Lucha entre dos muchachos», de Lev Golovanov, es uno de los episodios del ballet de Igor Moiseyev, representado en Nueva York en 1958, de la mano del empresario Sol Hurok.

EL *SAN JERÓNIMO*

Véase el dibujo inacabado de *San Jerónimo* de Leonardo da Vinci, conservado en el Vaticano, *Time*, 18 de mayo de 1959, p. 73; y *Les*

Belles Heures of Jean, Duke of Berry, Prince of France, con una introducción de James J. Rorimer, Metropolitan Museum of Art, Nueva York, 1958.

DIME, DIME

GRANITO Y ACERO

Véase *Brooklyn Bridge: Fact and Symbol*, de Alan Trachtenberg, Oxford University Press, Nueva York, 1956.

Verso 6: *Circe enjaulada*. Véase la historia de Meyer Berger (recogida en *Brooklyn Bridge:Fact and Symbol*) sobre un joven periodista que en la década de 1870 se lanzó inexplicablemente a trepar por uno de los cables del puente de Manhattan y llegó hasta lo alto de la torre. Quedó tan fascinado que no podía bajar. Pidió ayuda pero no fue nadie hasta la mañana siguiente.

Verso 8: «*¡Oh curva catenaria!*». La curva que forma una maroma o cable al colgar libremente entre dos puntos de soporte fijos. «Los problemas de ingeniería relacionados con máxima resistencia y economía y seguridad máximas se resuelven todos con la misma curva», decía John Roebling. (Trachtenberg, p. 69.)

EN LUGAR DE LA LIRA

Escrito a petición de Stuart Davis, presidente del *Advocate*.

Verso 4: *Sentir avec ardeur*. Madame Boufflers. Marie-Françoise-Catherine de Beauvau, marquesa de Boufflers (1711-1786). Véase nota al poema «Tom Fool en el Jamaica».

Verso 11: *Profesor Levin*. Harry Levin, «A Note on Her French Aspect», p. 40, *Festschrift for Marianne Moore's Seventy-Seventh Birthday*, editado por Tambimuttu, 1964.

Verso 13: *Lowell House Press*. En referencia a una separata de la Lowell House: *Occasionem Cognosce*, 1963.

Verso 17: *grata sum*. «Un hilo de agua cayendo por una roca, subrayado por un corazón esculpido en la roca.» Apostilla de Bewick en sus *Memoir of Thomas Bewick Writen by Himself*, Centaur Classics, p. 53.

[**Verso 21**: «una Fuente de Bandusia», poema de Horacio. Carminum III, 13.]

Verso 27: (*de un puente*). Alan Trachtenberg, *Brooklyn Bridge: Fact and Symbol*, 1965.

LA MENTE, MECANISMO INTRATABLE

Verso 26: *la Sirena de Zennor*. Véase Vernon Watkins, «La balada de la Sirena de Zennor», en *Affinities*, New Directions, Nueva York, 1962.

SUEÑO

Sugerido por algunas observaciones de Jerome S. Shipman en *Encounter*, julio de 1965.

EL VIEJO PARQUE DE ATRACCIONES

Fotografía de la autoridad portuaria, regalo de Brendan Gill.

UNA IDEA –DE LEONARDO DA VINCI– Y UNA PETICIÓN

Véase sir Kenneth Clark, *Leonardo da Vinci: An Account of His Development as an Artist*. «Energía continua. Si las cosas estaban sometidas a un continuo movimiento, las matemáticas, en las que Leonardo había depositado su confianza, no podían controlarlas.»

Versos 21-22: *la Naturaleza a prueba*. Véanse los *Notebooks* de Leonardo da Vinci, traducidos por Edward MacCurdy.

Versos 31-36: «*Triste*» [...] «*Decidme si se ha logrado algo*». El doctor Henry W. Noss, profesor asociado de historia, Universidad de Nueva York, citando a Leonardo da Vinci en una conferencia.

W. S. LANDOR

Véase nota introductoria de Havelock Ellis a las *Imaginary Conversations* de Landor.

[El escritor inglés Walter Savage Landor (1775-1864), destinado a la carrera militar, combatió en España contra Napoleón. Colérico, extravagante, apasionado y genial –escribió en latín y en italiano–, es considerado uno de los grandes estilistas ingleses. Sus *Imaginary Conversations* se publicaron entre 1824 y 1846.

El episodio de las violetas lo cuenta Richard Monckton Milnes en *Monographs* (1873): «Un día, tras una comida que dejaba mucho que desear, arrojó al cocinero por una ventana, y mientras el hombre se retorcía con los huesos rotos, Landor lanzó un grito: "¡Dios mío!, ¡las violetas!"».]

A UNA JIRAFA

Me parece que Ennis Rees resume muy bien la *Odisea* cuando afirma que en ella está expresada la naturaleza condicional de la existencia y los consuelos de la metafísica: el camino del pecado a la redención.

ARTHUR MITCHELL

El señor Mitchell bailó el papel de Puck de *El sueño de una noche de verano*, producida por Lincoln Kirstein y George Balanchine y representada en el City Center.

LA SALVACIÓN CON YUL BRYNNER

Véase *Bring Forth the Children*, de Yul Brynner (McGraw-Hill, Nueva York, 1960).

[**Verso 12**: *Winnipeg*. En Canadá fueron generosamente acogidos muchos prófugos de la Segunda Guerra Mundial que no cumplían las condiciones impuestas por otros países.]

[**Verso 29**: *Tamara*. La bailarina de la comedia musical *El rey y yo*, que Yul Brynner interpretó en el teatro y en el cine. Otras expresiones (el palacio, el paso de un rey) se refieren al mismo espectáculo.]

Verso 30: *Symphonia Hungarica*, de Zoltán Kodály.

EL CARNEGIE HALL, SALVADO

[La célebre sala de conciertos, amenazada de demolición en 1959, fue salvada por un comité encabezado por el violinista Isaac Stern, cuyo nombre en alemán significa «estrella» y que es comparado con Diógenes, del que se cuenta que, con una lámpara, buscaba por las calles de Atenas un hombre honesto. El Carnegie Hall se había inaugurado el 5 de mayo de 1891 y algunos de sus primeros conciertos fueron dirigidos por Tchaikovsky. En la misma temporada, Paderewski, se presentó por primera vez al público de Nueva York. En 1955, otro gran pianista, Emil Gilels dio en el Carnegie Hall su primer concierto en América.]

Versos 3-4: «*San Diógenes...*». «Talk of the Town», *The New Yorker*, 9 de abril de 1960.

Versos 13-14: *palladiana majestad*. Gilbert Millstein, *The New York Times Magazine*, 22 de mayo de 1960.

[**Verso 19**: Andrew C. y R. Andrew Carnegie, fundador de la sala, y Frederick W. Richmond, animador de la campaña a favor de la salvación del Carnegie Hall en 1959.]

DIME, DIME

Verso 9: *como el diamante en la escarapela de lord Nelson*. Un diamante tallado en rosa perteneciente a lord Nelson, en el museo Whitehall de Londres.

Versos 21-22: «Lo realista jugó un papel tan insignificante en nuestra educación como tal vez no lo haya hecho en ninguna otra, y saludablemente, respirábamos inconsistencia y bebíamos y comíamos contradicción». Henry James, *Autobiography (A Samll Boy and Others, Notes of a Son and Brother, The Middle Years)*. Editado por F. W. Dupee (Criterion, New York, 1958).

POEMAS SUELTOS

AMOR EN AMÉRICA

Verso 5: El Minotauro pedía para comer una virgen al año.

Verso 6: Midas, que tenía el don de convertir en oro lo que tocaba, tenía graves inconvenientes a la hora de comer o coger cosas.

Versos 10-11: Unamuno decía que el remedio que necesitamos para la falta de disciplina juvenil es «esa nobleza que se transforma en acción».

Versos 13-15: *sin arrogancia ni pomposidad*... Winston Churchill: «La modestia se hace hombre».

EL TIGRE DE TIPPOO

Extraído de una monografía del Victoria and Albert Museum: «Tippoo's Tiger», de Mildred Archer (Her Majesty's Stationary Office, Londres, 1959).

Ver *The Cap and Bells* de Keats.

«Tipo» es la forma original del nombre tal como se usaba en el siglo XVIII; «Tipu» es la forma moderna.

Versos 17-20: *un enorme juguete, un curioso autómata*... Un tigre mecánico «conseguido por los ingleses en Seringapatan en 1799, cuando el sultán Tipu, gobernante del sur de la India, fue derrotado y muerto». Mildred Archer.

Verso 18: *Tubos de órgano*. Véase «Technical Aspects of Tipu's Organ» de Henry Willis Jr., en la monografía de Mildred Archer.

MISERICORDIOSAMENTE

Versos 6-8: *An Evening of Elisabethan Verse and Its Music*, W. H. Auden y la New York Pro Musica Antiqua; Director, Noah Greenberg. *Legendary Perfomances* (Odyssey 32160171).

«RECUERDO DE LA CRESTA DE UNA OLA»

Gatitos propiedad del señor y la señora de Richard Thoma.

EL REFUGIO DEL MAGO

Dibujo de Jean-Jacques Lequeu (1757-1825), *Arts Magazine*, diciembre-enero de 1967-1968.

Verso 14: René Magritte, «Domaine of Lights», 1953-1954. En *The New York Times Magazine*, 19 de enero de 1969, p. 69.

ENTREVISTA DE DONALD HALL A MARIANNE MOORE

Marianne Moore no se estableció en Bloomsbury ni en Rapallo, sino en un apartamento de Brooklyn, al que se trasladó desde el Village en 1929. Para llegar a su casa había que cruzar el puente de Brooklyn, girar a la izquierda por la avenida Myrtle, seguir una o dos millas por el puente elevado y luego girar a la derecha hasta su calle, agradablemente bordeada de árboles. El apartamento estaba oportunamente situado cerca de una tienda de ultramarinos y de la iglesia presbiteriana a la que ella asistía.

La entrevista tuvo lugar en noviembre de 1960, el día antes de las elecciones presidenciales. La puerta principal de su casa daba a un largo y estrecho pasillo. Las habitaciones estaban a la derecha, y al fondo había un gran salón con vistas a la calle. En lo alto de una librería que recorría el pasillo había una escarapela de Nixon.

La señorita Moore y yo nos sentamos en el salón de la escritora con un micrófono entre nosotros. Había pilas de libros por todos los sitios y de las paredes colgaban diversos cuadros. Había uno de México, regalo de Mabel Dodge; otros eran ejemplos de los pesados óleos pastel con los que los norteamericanos decoraban sus salas antes de 1914. Los muebles eran oscuros y anticuados.

Marianne Moore habló con la acostumbrada escrupulosidad y humor que sus lectores reconocerán. Cuando terminaba una frase con una expresión particularmente elocuente, o incluso ácida, me miraba rápidamente para ver si me hacía gracia, y luego se reía discretamente.

Terminada la entrevista, la señorita Moore me llevó a un restaurante cercano donde tomamos un delicioso almuerzo. Ella decidió no ponerse su escarapela pro-Nixon porque no le iba con el abrigo ni con el sombrero.

Donald Hall: Señorita Moore, me consta que nació usted en San Luis tan solo unos diez meses antes que T. S. Eliot. ¿Se conocían sus respectivas familias?

Marianne Moore: No, no conocíamos a los Eliot. Nosotros vivíamos en Kirkwood, Misouri, donde mi abuelo era pastor de la Primera Iglesia Presbiteriana. El abuelo de T. S. Eliot, el doctor William Eliot, pertenecía a la Iglesia Unitaria. Nos fuimos de allí cuando yo tenía unos siete años, a la muerte de mi abuelo, el 20 de febrero de 1894. Mi abuelo, como el doctor Eliot, asistía a encuentros pastorales en San Luis y, de vez en cuando, se reunía a comer con otros pastores. Tras uno de aquellos almuerzos, recuerdo que mi abuelo comentó: «Cuando el doctor William Eliot pide la bendición y dice "y esto lo pedimos en el nombre de nuestro Señor Jesucristo", es para mí suficientemente trinitario». Financiaba el Mary Institute para chicas en recuerdo de su hija Mary que había muerto.

D. H.: ¿A qué edad empezó usted a escribir poesía?

M. M.: Bueno, vamos a ver, en Bryn Mawr. Creo que tenía unos dieciocho años cuando entré en Bryn Mawr. Nací en 1887, ingresé en la universidad en 1906, ¿qué años debía de tener? Calcule usted la edad que tendría.

D. H.: Dieciocho o diecinueve.

M. M.: No tenía pretensiones literarias, pero me interesaba la revista mensual universitaria. Con gran sorpresa por mi parte (había publicado en ella un par de cositas), los editores me eligieron para formar parte del consejo de redacción. Estaba en segundo (sí, estoy segura) y luego, creo recordar, seguí en la revista. Después, cuando dejé la universidad, me ofrecí para colaborar (sin cobrar) con *Lantern*, la revista de los ex alumnos. Pero no creía que mi obra fuese a conmocionar el mundo.

D. H.: ¿En qué momento la poesía empezó a conmocionar su mundo?

M. M.: ¡Nunca! Por aquel entonces, yo estaba interesada en la pintura. Al menos, eso decía. Recuerdo que en la ceremonia de graduación de mi último año la señora Otis Skinner me preguntó: «¿Qué te gustaría ser?». «Pintora», respondí. «Bueno, no me sorprende», contestó la señora Skinner.

Yo llevaba puesto algo que a ella le gustaba: un vestido de verano. Hizo un comentario sobre el vestido y dijo: «No me sorprende lo más mínimo».

Me gustan las historias. Me gusta la ficción. Y creo (aunque suene patético y un tanto extraño) que la poesía ocupaba para mí un tercer lugar. ¿Acaso no escribí algo titulado «Fragmento de un poema, fragmento de una novela, fragmento de una obra de teatro»? Me parece que era demasiado sincera. Podía visualizar escenas, y deploraba que Henry James no tuviera rival en lo que hacía.

En fin, si no podía escribir ficción, escribiría teatro. Para mí, el teatro es la forma de esparcimiento más agradable, mi favorita.

D. H.: ¿Va usted a menudo?

M. M.: No. Nunca. A no ser que alguien me invite. Lilian Hellman me invitó a ver *Juguetes en el ático*, y estoy encantada de que lo hiciera. Si no la hubiera visto, no habría tenido ni idea de la vitalidad de la obra ni de la pericia de Lilian como escritora; me gustaría volver a verla. ¡La precisión de la lengua cotidiana! Eso es lo que me interesa. Me paso la vida apuntando expresiones locales y acentos. Creo que debería implicarme en alguna actividad o tarea filológica. Realmente me interesan muchísimo los dialectos y entonaciones. Apenas hay nada de eso en mi supuesta poesía.

D. H.: Me pregunto qué significó Bryn Mawr para usted, como poeta. Usted ha escrito que pasaba en el laboratorio de biología la mayor parte del tiempo que estuvo allí. ¿Prefería la biología a la literatura como tema de estudio? ¿Es posible que el estudio de esa disciplina afectara a su poesía?

M. M.: Pensaba especializarme en francés e inglés, y cursé los dos años de inglés –cinco horas a la semana– que se requerían; sin embargo no pude elegir curso hasta el último año de secundaria porque hasta entonces no logré el ocho, requisito académico indispensable. Elegí talleres de escritura del siglo XVII: Fuller, Hooker, Bacon, Bishop Andrewes y otros. Las clases de francés eran en francés y yo no hablaba francés.

¿Que si el estudio en el laboratorio afectó a mi poesía? Seguro que sí. Los cursos de biología, tanto los optativos como los de especialidad, y la histología me parecieron muy estimulantes. En realidad, pensé en estudiar medicina. Creo que la precisión, la economía de la frase, la lógica empleada con fines desinteresados, el dibujo y la identificación, liberan la imaginación o, al menos, ayudan en cierto modo.

D. H.: ¿A quién conocía usted en el mundo literario antes de venir a Nueva York? ¿Conocía a Bryher y H. D.?

M. M.: Es difícil recordar esas cosas por orden. Conocí a Bryher en Nueva York en 1921. H. D. era compañera mía en Bryn Mawr. Me parece que solo estuvo allí dos años. Ella no estaba interna y yo ignoraba que le interesara escribir.

D. H.: ¿Le presentó ella a Ezra Pound y a William Carlos Williams? ¿No los conoció H.D. en la Universidad de Pensilvania?

M. M.: Sí, ella los conocía, pero yo, no. No conocí a ningún escritor hasta 1916, cuando visité Nueva York con una amiga de Carlisle que quiso que la acompañara.

D. H.: Así que, en realidad, usted estuvo al margen de la poesía moderna hasta 1916.

M. M.: Sí.

D. H.: ¿Fue en aquel primer viaje de seis días a Nueva York cuando decidió que quería vivir allí?

M. M.: No. Mi madre nos había llevado varias veces, a mi hermano y a mí, de turismo y de compras; de camino a Boston o Maine, o a Washington y Florida. En la Navidad de 1909, durante mi último año en la universidad, estuve en Nueva York con Hilda, la hija del doctor Charles Spraguesmith. Louis Anspacher dio una charla con gran estilo en Cooper Union. Había montones de conciertos en Carnegie Hall y me hice una idea de lo que pasaba en Nueva York.

D. H.: ¿Y lo que estaba pasando fue lo que le hizo desear volver?

M. M.: Probablemente fue lo que me decidió cuando la señorita Coedrey, de Carlisle, me invitó a pasar una semana allí con ella. Fue aquella estancia en 1916 la que me hizo desear vivir allí. No sé por qué se le ocurriría invitarme o por qué pensó que no se lo pasaría mucho mejor sin mí. No le entusiasmaba que asistiese a fiestas bohemias, pero yo no tenía miedo. En primer lugar, no creía que alguien quisiera hacerme daño, pero, si lo intentaban, yo me sentía inmune. Jamás se me ocurrió que fuera necesario llevar carabina.

D. H.: ¿Cree usted que el traslado a Nueva York y el estímulo de los escritores que conoció allí le impulsaron a escribir más poemas de los que habría escrito en otras circunstancias?

M. M.: Seguro que sí...; el ver lo que los demás escribían y apreciar una cosa u otra. En mi caso, siempre hay algo fortuito que me atrapa. Realmente, nunca traté de escribir poesía. No se me había pasado por la cabeza. Incluso ahora, cada vez que escribo algo, pienso que será lo último que haga; luego, aparece algo que me cautiva y siento que tengo algo que decir. Todo lo que he escrito es resultado de la lectura o del interés por la gente. Estoy segura de ello. Yo no ambicionaba ser escritora.

D. H.: Veamos. Después de Bryn Mawr, dio clases en la Indian School de Carlisle, y cuando se trasladó a Nueva York en 1918 trabajó en una escuela privada y en una biblioteca. ¿Tenían esos trabajos algo que ver con usted como escritora?

M. M.: Creo que fortalecieron considerablemente mis músculos, el modo intelectual de aproximarme a las cosas. El trabajo de bibliotecaria me resultó de gran ayuda, fue una ayuda tremenda. Un día, la señorita Leonard, de la Hudson Park, sucursal de la Biblioteca Pública de Nueva York, que se ubicaba enfrente de nuestra casa, vino a verme. Yo no estaba, y le preguntó a mi madre si creía que, como yo era tan aficionada a los libros y me gustaba hablar de ellos con la gente, me interesaría formar parte de la plantilla y trabajar en la biblioteca. Mi madre le dijo que no, que creía que no; en casa del herrero cuchara de palo, y si pasaba a formar parte de la plantilla seguramente me parecería que no tenía tiempo para leer. Cuando llegué a casa y me lo contó, yo le contesté: «Desde luego que sí. Perfecto. Pero solo podré hacer media jornada». Si hubiera tenido que trabajar todo el día y tal vez hacer horas extra por las noches, como un mecánico, no habría sido tan perfecto.

Como servicio adicional nos asignaban libros para reseñar y a mí me encantaba. No nos pagaban, pero teníamos la oportunidad de diagnosticar. Disfrutaba mucho con aquello. Creo que guardo en algún sitio copia en papel carbón de aquellos borradores. Eran de esas cosas que sacan a relucir lo peor y lo mejor de ti. Siempre me preguntaba por qué no me ofrecían un libro de arte, de medicina o incluso de historia o crítica; pero no, me daban ficción,

D. H.: ¿Viajaba usted en aquella época? ¿Hizo algún viaje a Europa?

M. M.: En 1911, mi madre y yo pasamos un par de meses en Inglaterra, me parece que fueron julio y agosto. Estuvimos en París y nos alojamos en una pensión de la Rue Valette, en la orilla izquierda, creo que donde Calvino escribió sus *Instituciones*. No muy lejos del Panteón y los Jardines de Luxemburgo. Me interesaban mucho las lecturas que se hacían en la librería de Sylvia Beach sobre Ezra Pound y sus días en París. ¿Dónde estaba yo y qué hacía? Creo que una tarde del verano de 1911 (el más caluroso que el mundo haya conocido) nos acercamos dando un paseo hasta el número 12 de la Rue de l'Odéon para ver la librería de Sylvia Beach. No se me habría ocurrido presentarme y decir: «Aquí estoy, soy escritora. ¿Le gustaría hablar conmigo un momento?». No sentía nada parecido. Yo quería observar las cosas. Aquel verano recorrimos todos los museos de París, excepto dos.

D. H.: ¿Ha vuelto usted desde entonces?

M. M.: A París, no. Solo a Inglaterra, en 1935 o 1936. Me gusta Inglaterra.

D. H.: Así pues, ¿no se ha movido usted de Brooklyn desde que se mudó aquí en 1929?

M. M.: No, salvo cuatro viajes al oeste: Los Ángeles, San Francisco, Puget Sound y British Columbia. Mi madre y yo habíamos atravesado el canal previamente, a San Francisco, y habíamos ido en tren a Seattle.

D. H.: ¿Ha echado de menos a los Dodgers desde que se trasladaron al oeste?

M. M.: Muchísimo. Y me han dicho que ellos también nos echan de menos.

D. H.: Sigo interesado en saber más sobre aquellos primeros años en Nueva York. En su *Autobiography*, al hablar del grupo de escritores de Greenwich Village, William Carlos Williams, dice que usted era «la viga que sostenía la superestructura de nuestro incompleto edificio». Me imagino que se refería a la gente que colaboraba en *Others*.

M. M.: ¡Yo nunca fui una viga que sostuviera a nadie! Tengo su *Autobiografía* y le llamé la atención por sus afirmaciones erróneas sobre Robert McAlmon y Bryher. En mi indignación se me pasaron algunas cosas que debería haber visto.

D. H.: ¿Hasta qué punto los colaboradores de *Others* conformaban un grupo?

M. M.: Nos reuníamos bastante. Alfred Kreymborg era editor y en aquella época estaba casado con Gertrude Lord, una de las personas más encantadoras que pueda imaginarse. Tenían un pequeño apartamento en el Village. Éramos un grupo bastante bien avenido.

D. H.: Alguien llamó a Alfred Kreymborg su «descubridor americano». ¿Cree usted que fue así?

M. M.: Tal vez podría llamársele así; hizo todo lo que pudo para promocionarme. En 1917, la señorita Monroe y los Aldington me pidieron simultáneamente que colaborara en *Poetry* y en *Egoist*. Alfred Kreymborg no se echó atrás. Yo era un poco distinta a los demás y supongo que pensó que supondría una novedad.

D. H.: ¿Cómo reaccionó usted cuando, en 1921, H.D. y Bryher publicaron, sin su consentimiento, su primera colección de poesía, que ellas titularon *Poemas*? ¿Por qué había pospuesto el publicarlos usted misma?

M. M.: Hacer pública mi escasa producción (llamativamente provisional) me pareció prematuro. Me desagradaba el término «poesía» para todo lo que no fuera Chaucer, Shakespeare o Dante. Ya no siento aquella hostilidad original hacia la palabra, puesto que es un término cómodo y casi inevitable para nombrar «la cosa» (aunque seguramente no para mí: mis observaciones, experimentos en ritmo o ejercicios de composición). Como ya he dicho otras veces, lo que yo escribo solo se puede llamar poesía porque no hay otra categoría en la que incluirlo. Les estoy profundamente agradecida por la cortesía de la empresa, por haber publicado mis versos en 1921 y en un formato más exquisito que el contenido. En 1925, cuando Faber and Faber y simultáneamente Macmillan Company me propusieron publicar *Selected Poems*, seguí sin entender qué interés podían tener en hacerlo. La publicación esporádica en revistas ocasionales me parecía bastante, suficientemente notorio.

D. H.: ¿Había enviado poemas a otras revistas antes de que *Egoist* publicara su primer poema?

M. M.: Supongo que sí. Tengo una pequeña manía, un cuadernito de dos pulgadas por tres, o dos y media por tres, en el que sistemáticamente apuntaba todo lo que enviaba, cuándo me lo devolvían, si lo aceptaban y cuánto me pagaban. Creo que eso duró aproximadamente un año. Ahora ya no me preocupo tanto. No recuerdo que publicara nada que de alguna manera no me arrancaran.

Actualmente tengo tres tareas onerosas, y cada una de ellas interfiere con las demás, así que no sé cómo voy a escribir nada. Si se me ocurre una idea prometedora, la escribo y ahí se queda. No me fuerzo a hacer nada con ella. He publicado varias cosas en el *New Yorker*. A ellos ya les dije: «Es posible que no vuelva a escribir nunca más», así que no esperen que lo haga. Nunca he conocido a nadie con tanta pasión por las palabras que tuviera tanta dificultad para decir las cosas como yo, y casi nunca me gusta cómo las digo. Si lo hago es porque no sé que lo estoy intentando. He escrito varias cosas para el *New Yorker* y realmente quería escribirlas.

D. H.: ¿Cuándo fue la última vez que escribió un poema?

M. M.: Se publicó en agosto. ¿Sobre qué era? ¡Ah, sí! Carnegie Hall. Ya ve, cualquier cosa que me despierte interés.

D. H.: ¿Cuál es para usted el desencadenante de un poema?

M. M.: Una frase feliz me viene a la cabeza (digamos que una o dos palabras), generalmente unida a un pensamiento u objeto de similar atractivo: «Sus saltos deberían ser musicados para caramillo»; «el brillo en el ala de una chicharra subdividida por el *sol* / hasta que las cuadrículas son *legión*». Me gustan las rimas suaves, rimas que pasan desapercibidas y rimas visibles, discretas: Gilbert y Sullivan:

Aun así, cuando el peligro acecha,
logramos que parezca
tan insensible a la sospecha
como cualquiera de cerca.

Soy una apasionada del ritmo y del acento, tan maltratados en la versificación. Considero que la estrofa es la unidad, así que a veces usaba guiones al final del verso, pero descubrí que los guiones distraían al lector del contenido, por lo que intento no usarlos. Mi interés por La Fontaine surgió totalmente al margen del contenido. Caí presa de esa especie de cortesía quirúrgica suya.

Me temo que en toda Francia se adora la apariencia
mientras que la distinción acaso
solo significa prepotencia.

Me gusta la sílaba inacentuada y la rima imperfecta acentuada:

Posiblemente un favor nos hizo
el amor y su ceguera.
Que hablen los amantes. Un solitario no tiene criterio.

D. H.: ¿Qué lecturas o vivencias la llevaron a escribir del modo en que lo hace? ¿La ayudó el imagismo?

M. M.: No. Me preguntaba por qué se le ocurriría a alguien adoptar ese término.

D. H.: Así que, ¿usted cree que lo descriptivo de sus poemas no tiene nada que ver con ello?

M. M.: No. Realmente, creo que no. Sentía mucho ser una paria o, al menos, no tener conexión con nada; pero sí que me sentía agradecida al grupo de *Others*.

D. H.: ¿De dónde cree que procede su estilo de escritura? ¿Se trata de una acumulación gradual, fruto de su carácter, o tiene antecedentes literarios?

M. M.: Hasta donde yo sé, no. Ezra Pound dijo: «Alguien ha estado leyendo a Laforgue y a los autores franceses». Bueno, lamento decir que yo no había leído a ninguno de ellos hasta hace relativamente poco. Retrospectivamente, veo que los títulos y tratamiento de Francis Jammes se parecen mucho a los míos. Parezco casi una plagiaria.

D. H.: ¿Y el abundante uso de las citas?

M. M.: Solo trataba de ser honesta y de no robar. Siempre he pensado que si algo se ha formulado de la mejor manera posible, ¿cómo vas a mejorarlo? Si yo quería decir algo y alguien lo había dicho ya impecablemente, yo me lo apropiaría, pero citando a su autor. Así de fácil. Si un autor te fascina, me parece que sería propio de una imaginación extraña y enfermiza no desear compartirlo. Alguien más podría leerlo, ¿no le parece?

D. H.: ¿Hay algún estilista de la prosa que le ayudara a encontrar su estilo como poeta? Elisabeth Bishop menciona la prosa de Poe en relación con su escritura, y usted siempre ha hecho pensar a sus lectores en Henry James.

M. M.: Los estilistas de la prosa, muchísimo. El doctor Johnson sobre Richard Savage: «En dos años, el Parlamento declaró su cargo ilegítimo, y fue repudiado por su madre. Condenado a la oscuridad y la pobreza, y arrojado al océano de la vida para que fuera engullido por sus arenas movedizas o estampado contra sus rocas [....] Su particular felicidad era que rara vez conoció a un extraño que no se convirtiera en su amigo; pero, asimismo, hay que añadir que no mantuvo un amigo durante mucho tiempo sin obligarle a convertirse en un extraño». O Edmund Burke hablando sobre las colonias: «Se puede esquilar a un lobo; pero ¿se someterá?». O sir Thomas Browne: «Los estados no se gobiernan con ergotismos». Él llama a una abeja «esa mosca trabajadora»; y a su propia casa, su «colmena». Su estilo es una suerte de naturalidad a prueba de erudición. O sir Francis Bacon: «Una guerra civil es como el calor de una fiebre; una guerra entre extraños es como el calor del ejercicio». O Cellini: «Tenía junto a mí un perro negro como una mora [...]. Me hinché de rabia como un áspid». O los *Comentarios* de César y la *Cinegética* de Jenofonte: ¡el entusiasmo y el interés por cada detalle! De Henry James, sus ensayos y cartas son lo que más me interesa. De Ezra Pound, *El espíritu de la novela*: su precisión, su autóctono e inconfundible acento. Charles Norman cuenta en su biografía de Ezra Pound que una vez le dijo a un poeta: «Nada, *nada*, que no pudieras *decir realmente* en determinada circunstancia, bajo la tensión de una emoción». Y Ezra decía de Shakespeare y Dante: «Aquí estamos con los maestros; de ninguno podemos decir que sea el más grande; de cada uno de ellos debemos decir que es insuperable».

D. H.: ¿Tiene usted en su propio trabajo cosas que le gustan o le disgustan?

M. M.: Por supuesto que sí. Creo que lo más difícil para mí es ser adecuadamente lúcida y, no obstante, implicarme lo bastante para hacer lo que quiero. Eso es un problema. Y tampoco me gustan mis «enigmas» o, como alguien dijo, «la hierba no inmadura». Una vez le pregunté a mi madre: «¿Por qué me dejaste que publicara eso?». Y ella respondió: «No me pediste consejo».

D. H.: En una ocasión, oí que, en una lectura de poemas, usted había dicho que no le gustaba «Desconfiando de los méritos», uno de sus poemas más populares.

M. M.: Sí que me gusta, es sincero; pero no lo llamaría un poema. Es veraz, un testimonio... de que la guerra es intolerable e injusta.

D. H.: ¿En qué se basa usted para decir que no es un poema?

M. M.: Irregular; y ¿qué forma tiene? Es solo una protesta... deshilvanado, exclamativo. La emoción me dominaba. Un pensamiento seguido de otro.

D. H.: Su madre le dijo que no le había pedido consejo. ¿Se lo pedía siempre? ¿Recurre usted a la crítica de la familia o de los amigos?

M. M.: Bueno, a la de los amigos, no; pero, si puedo, consulto a mi hermano. Debe de hacer muchos años que mi madre dijo: «No me pediste consejo», porque cuando escribí «Una cara», había escrito primero algo sobre «la víbora y el niño con un tazón de gachas», y ella me dijo: «No funciona». «De acuerdo», le dije, «pero tengo que producir algo». Cyril Connolly me había pedido algo para *Horizon*, así que escribí «Una cara». Es una de las pocas cosas que he escrito que no me ha dado problemas. Recuerdo que ella dijo: «Me gusta».

Mucho antes de eso, escribí «El búfalo». Pensé que probablemente el poema indignaría a algunas personas porque me parecía que avanzaba con una especie de agradable ritmo entrecortado. Pensé, «bueno, si a mi hermano no le gusta, me lo dirá; y si tiene gracia, la percibirá». Bastante entusiasmado dijo: «Me encanta». Me sentí totalmente feliz.

D. H.: ¿Alguna vez ha suprimido usted algo por objeciones familiares?

M. M.: Sí, lo de «la víbora y el niño con el tazón de gachas». Nunca intenté mejorarlo; ¿sabe usted?, el señor Sainstbury dijo: «Cuando me rechazan algo, no lo vuelvo a ofrecer a otros editores». Eso me sorprendió. Yo he ofrecido la misma cosa treinta y cinco veces. No al mismo tiempo, por supuesto.

D. H.: ¿Un poema?

M. M.: Sí. Soy muy tenaz.

D. H.: ¿Le suele pedir la gente que les escriba poemas?

M. M.: Constantemente. De todo, desde algo por la muerte de un perro hasta una pequeña nota para un álbum.

D. H.: ¿Y siempre escribe algo?

M. M.: Bueno, a veces; generalmente cito algo. En cierta ocasión, cuando trabajaba en la biblioteca, dimos una fiesta en honor de la señorita Leonard y yo escribí un par de ripios sobre un ramo de violetas que le regalamos. No tenía vida ni sentido. Lo escribí con buena intención, pero no valía nada. También en la universidad escribí un soneto para un trabajo. Un perfecto ejemplo de inconsistencia.

D. H.: Me interesa preguntarle sobre los principios y métodos de su escritura. ¿Cuáles son las razones para usar el verso silábico? ¿En qué se diferencia del verso libre, cuya longitud se controla de forma visual, pero no aritméticamente?

M. M.: Jamás se me ocurrió que tendría de definir lo que escribía. Me rijo por la fuerza de la frase, como la fuerza de una estructura está regida por la gravedad. Me gusta el verso que acaba con la línea y me desagrada el orden alterado de las palabras; me gusta la simetría.

D. H.: ¿Cómo planifica la forma de sus estrofas? Me refiero a los poemas, generalmente silábicos, que repiten una misma forma estrófica. ¿Experimenta usted con distintas formas antes de escribir, dibujando versos sobre la página?

M. M.: Nunca, jamás «planifico» una estrofa. Las palabras se agrupan como cromosomas y determinan el procedimiento a seguir. Puedo influir en la organización o diluirla, y luego trato de componer estrofas idénticas a la primera. La espontánea originalidad inicial (el ímpetu, digamos) resulta difícil de reproducir después conscientemente. Como Stravinsky dijo del tono: «Si por alguna razón lo transporto, corro el peligro de perder la frescura del primer contacto y tendré dificultades para recuperar su atractivo».

No, nunca «dibujo versos». Hago visible una rima que se me ofrece a primera vista subrayándola con lápiz rojo, azul o de cualquier otro color, tantos colores como rimas diferentes. Sin embargo, si las frases se repiten en una arquitectura demasiado incoherente (como imagen) noto que las palabras como melodía no suenan bien. Puedo empezar un poema, encontrarlo refractario, no encontrar salida y no completarlo durante un año, o años, soy muy ahorrativa. Rescato cualquier cosa que resulte prometedora y la anoto en un cuadernito.

D. H.: Me pregunto si el haber traducido las *Fábulas* de La Fontaine le ha ayudado a usted como escritora.

M. M.: Desde luego que sí. Ha sido la mejor ayuda que he tenido nunca. Me sentí muy frustrada. Soy tan ingenua y tan dócil que tiendo a tomarme al pie de la letra todo lo que la gente dice, incluso en temas de arte. El editor que me había encargado las *Fábulas* murió. Me quedé sin editor. Bueno, seguí adelante durante un tiempo, pero no me fue muy bien. Pensé que sería mejor preguntar si no querían rescindir el contrato; así se lo podría ofrecer a otra editorial. Pensé que podría gustarle a Macmillan, que se interesaba en lo que yo hacía. Podría ser. El editor a cargo de las traducciones me dijo: «Bueno, yo estudié francés en Cornell, me gradué en francés, adoro el francés y…, en fin, creo que será mejor que lo deje durante un tiempo». «¿Cuánto tiempo?», pregunté. «Unos diez años; además, esto perjudicará su propia obra. No volverá a escribir tan bien después.» «Pero si esa es una de las razones por las que acometí el proyecto; creí que me serviría de entrenamiento y me daría impulso.» Muy desanimada, pregunté: «¿Qué es lo que está mal? ¿No tengo buen oído? ¿Son erróneos los significados?». «Bueno, hay problemas», reiteró el editor lo que a mí me parecieron incontables veces y que todavía no sé cuáles eran o siguen siendo, «necesita un poco de trabajo editorial.» «No me escriba una carta exhaustiva, por favor», le dije. «Tan solo devuélvame el material en el sobre que le adjunté.»

Se lo había enviado en enero y estábamos en mayo. Había mantenido la precaria esperanza de que todo iría bien; entretanto, yo tenía aún por delante volúmenes, horas y trabajo por hacer, y había pensado que podía seguir haciéndolo. El ultimátum fue devastador.

Por entonces, Monroe Engel, de Viking Press, me escribió para decirme que ya suponía que tendría comprometidas las *Fábulas* con alguien, pero que, de no ser así, a Viking Press le gustaría verlas. Siento una eterna gratitud por él.

«Sin embargo», le respondí, «no puedo ofrecerle algo que otro piensa que no puede publicarse. Debería haber alguien que lo revisara y garantizase que los significados son correctos.» «¿Quién cree que podría hacerlo? ¿Quién le gustaría?», dijo el señor Engel. «Harry Levin», le respondí, porque él había escrito una crítica convincente y muy perspicaz de la traducción que Edna Saint Vincent Millay y George Dillon habían hecho de Baudelaire. Me admiró su finura. «Se lo preguntaré», dijo el señor Engel, «pero no nos contestará en mucho tiempo. Está muy ocupado. ¿Y cuánto cree que deberíamos ofrecerle?» «Bueno», dije, «no menos de diez dólares por libro; no habría incentivo para encargarse del trabajo si no fueran veinte.» «Eso reducirá mucho su anticipo sobre los derechos», dijo. «No quiero anticipo, ni siquiera lo había pensado», le dije.

Después, Harry Levin contestó (y bastante pronto) diciendo que estaría encantado de hacerlo como «refresco contra las pesadas tareas de la temporada», pero que desde luego no aceptaría ninguna remuneración. Permítame decirle que se trataba de un refresco muy dudoso. (Es preciso, no es grosero y no «dimitió».)

D. H.: Le he preguntado sobre sus poemas, que, por supuesto, son lo que más me interesa; pero usted fue también editora de *The*

Dial, creo recordar que entre 1925 y 1929, y quisiera preguntarle algunas cosas sobre esa etapa. ¿Cómo llegó a asociarse con la revista?

M. M.: Veamos. Creo que yo tomé la iniciativa. Envié a los editores un par de cosas y ellos me las devolvieron. Lola Ridge dio una fiesta (ella tenía un gran apartamento en la planta baja de algún sitio) y allí estaban John Reed y Marsden Hartley, muy seguro de lo que pintaba; y Scofield Thayer, editor de *The Dial*. Con gran incomodidad por mi parte, nos invitaron a leer algo que hubiéramos escrito. Cuando acabé, Scofield Thayer me dijo que por qué no se lo enviaba a *The Dial*. Le contesté que ya lo había hecho. Y él me dijo que se lo enviara otra vez. Creo que así fue cómo empezó.

Más adelante, me dijo en una ocasión que le gustaría que conociese a su socio, Sibley Watson, y me invitó a tomar el té a la calle 152 oeste con la 13. Estaba impresionada. El doctor Watson es extraño. No dijo nada, pero lo que dijo fue sorprendente, y su significado se apoderó de mí por lo inesperado. Me pidieron que me uniera al equipo de *The Dial*.

D. H.: He estado mirando la revista durante los años en que usted la dirigió, y realmente es una revista increíble.

M. M.: ¿*The Dial*? Publicaba cosas buenas, ¿verdad?

D. H.: Sí. Publicaba a George Saintsbury y a Ezra Pound en el mismo número. ¿Cómo lo explica? ¿Por qué era tan buena?

M. M.: Por un lado, la falta de miedo. No nos importaba lo que dijera la gente. Nunca conocí una revista con tanto empuje. A todos les gustaba lo que la revista hacía; y cuando cometíamos graves errores lo sentíamos, pero nos reíamos de ellos.

D. H.: Louise Bogan dijo que *The Dial* dejaba clara «la evidente división entre la literatura americana de vanguardia y la literatura americana convencional». ¿Cree usted que esa división continúa o ha continuado? ¿Fue de alguna manera una política deliberada?

M. M.: Creo que la individualidad era lo más importante. No seguíamos ninguna directriz. Realmente, no teníamos ninguna política, pero recuerdo que la palabra «intensidad» se oía constantemente. Una cosa debía tener «intensidad». Ese parecía ser el único criterio.

Y aquella intensidad que se pedía debía también aplicarse a tu propia escritura. Como George Grosz señaló en su última reunión en el National Institute: «¿Que cómo me convertí en artista? Infinita curiosidad, observación, investigación... y mucho placer en el asunto».

Era una cuestión de gusto por las cosas. Cosas que coincidían con tus propios gustos. Creo que era eso. Y no nos importaba lo heterogéneas que pareciesen. ¿No decía Aristóteles que la marca de un poeta es su capacidad para establecer relaciones entre cosas aparentemente incongruentes? Todo aquello resultaba muy atractivo.

D. H.: ¿Cree usted que la vida literaria americana ha experimentado algún cambio que haría que *The Dial* fuera diferente si existiera hoy con los mismos editores? ¿Qué condiciones especiales se dieron en los años veinte que hicieran diferente la vida literaria de América?

M. M.: Yo creo que siempre se trata de lo mismo.

D. H.: Me pregunto si de haber sobrevivido en los años treinta, *The Dial* habría mejorado un poco aquella década tan yerma literariamente.

M. M.: Creo que sí. Porque nosotros no éramos cautivos de nada.

D. H.: ¿Fueron solo las finanzas el motivo de que cerrara?

M. M.: No; no fue la depresión. Las condiciones cambiaron. Scofield Thayer sufrió una crisis nerviosa, y no asistía a las reuniones. El doctor Watson estaba volcado en la fotografía y estudiaba medicina; es doctor en medicina y vivía en Rochester. Yo estaba sola. No sabía que Rochester estaba a una noche de viaje y solía pedirle al doctor Watson que viniera a una reunión o que nos enviara unos manuscritos y nos dijera su opinión sobre ellos. Es posible que, como de costumbre, yo exagerase mi servidumbre y mi preocupación con las diferentes tareas: escribir cartas y leer originales. Inicialmente, yo había dicho que me encargaría del trabajo si no tenía que escribir cartas ni ver a los colaboradores y, en aquel momento, hacía ambas cosas. Creo que la decisión de cerrar la revista fue en gran medida un acto de caballerosidad, porque yo no tenía tiempo para realizar mi propio trabajo.

D. H.: ¿Cómo trabajaba usted como editora? Hart Crane se queja en una de sus cartas de que usted reorganizó su poema «The Wine Menagerie» y le cambió el título. ¿Le parece que estaba usted justificada para hacerlo? ¿Pedía a muchos poetas que revisaran sus textos?

M. M.: No. Teníamos una regla inamovible: no pedir que se cambiara más de una coma. Aceptábamos la colaboración o la rechazábamos. Pero en ese caso concreto sentí que debía saltarme la regla por pura compasión. ¿Que Hart Crane se queja de mí? Bien, pues yo me quejo de él. Le gustaba *The Dial* y a nosotros nos gustaba él. Éramos amigos y con algunos gustos en común. Tenía urgente necesidad de dinero. No parecía que importara demasiado pedirle si no le gustaría hacer algunos cambios («gustaría» entre comillas). Su gratitud fue enorme y su posterior rechazo, acorde a su gratitud inicial; tal vez en ambas instancias actuó con una torpeza a la que yo no estaba acostumbrada. (¿Nos castigaba por nuestra compasión?) Digo «nos», pero debería decir «me». La verdad es que no estoy habituada a tratar con gente en ese estado de desconcierto. Estaba tan *deseoso* de que publicáramos aquello, y tan *encantado*. «Bueno, si lo modificaras un poco, nos gustaría más», le dije. Nunca asistí a sus fiestas «salvajes», como Lachaise dijo una vez. No fue lícito por mi parte sugerirle que hiciera cambios, desobedecí.

D. H.: ¿Le han sugerido a usted los editores que cambiara alguna cosa? Quiero decir cambios en sus propios poemas.

M. M.: No, pero mi sincero entusiasmo por recibir ayuda me ha llevado algunas veces a *provocar* esa ayuda: el *Times*, el *Herald Tribune* y el *New Yorker* han tenido que arreglar y componer cosas mías. Es una bendición dar con un editor genial, por ejemplo, T. S. Eliot y Ezra Pound, Harry Levin y otros; Irita Van Doren y la señorita Belle Rosenbaum.

¿Que si he encontrado útil la ayuda? Desde luego que sí; y en tres ocasiones, mientras estaba en *The Dial*, me aventuré a hacer sugerencias que se convirtieron para mí en un drama. Herman George Scheffauer me injurió por sugerirle cambiar un par de palabras de su traducción de *Desorden y dolor precoz*, de Thomas Mann. Debí haber enviado las sugerencias por correo antes de poder retirarlas. De todas maneras, su feliz rectificación posterior de las acusaciones de abuso y lo mucho que le gustó el resultado final no dejaron de ser bienvenidas. Gilbert Seldes elogió muchísimo los cortes que le propuse en su «Jonathan Edwards» (aparecido en *The Dial*); y no he dejado de maravillarme de cómo Mark Van Doren sobrevalora mi conciencia editorial cuando, tras un intervalo, volví a escribirle para que conservara unos versos finales que yo hubiera deseado que omitiera (¡versos!, no un soneto).

Deberíamos juzgar el trabajo de los demás por sus aciertos, y considerar el propio no por sus errores, pero sí restándole importancia. Creo que no valdría un pepino si no me sintiera profundamente agradecida de que me protejan de mí misma y de que me informen de si lo que escribo no está a la altura. Pienso que deberíamos sentirnos libres, como el criticón crítico de La Fontaine, para contestar si nos preguntan: «Sus frases son demasiado largas y el contenido no es bueno. Rompa los tipos y devuélvalos a la fuente». Como Kenneth Burke señala en *Counter-Stateman*, «Los [grandes] artistas ven una oportunidad en lo que otros ven una amenaza. Creo que esta capacidad no nace de una fuerza excepcional, sino simplemente del interés profesional que el artista encuentra en sus dificultades».

Lew Sarett dice en el *Poetry Society Bulletin* que lo que pedimos de un poeta es: ¿significa esto algo? ¿Dice el poeta lo que tiene que decir y de su particular manera? ¿Agita al lector?

¿No deberíamos reemplazar la vanidad por la honestidad, como recomienda Robert Frost? Los enfados abundan, pero no deberíamos considerarlos letales; por ejemplo, las rectificaciones de un impresor desconcertado (mi «elefante con piel color de tierra» en lugar de «con piel color de niebla»; o «el poder de lo invisible es lo invisible», en lugar de «el poder de lo visible en lo invisible») suenan como una parodia de mi meticulosidad; un «salvamontes» en vez de un «saltamontes».

D. H.: Como editora de *The Dial* debió usted de establecer relación con escritores del momento a los que no conocía previamente. ¿Conocía a Hart Crane de antes?

M. M.: Sí, lo conocía. ¿Recuerda usted *Broom*? Cuando empezó esa revista, en 1921, Lola Ridge, que era muy hospitalaria, me invitó a una fiesta (eso fue antes de trabajar en *The Dial*) en la que también estaban Kay Boyle y su marido, un soldado francés, Hart Crane, Elinor Wylie y algunos otros. Hart Crane me cayó muy bien. Hablamos sobre las encuadernaciones francesas; se mostró tímido y modesto, y parecía tener tanta intuición, tal gusto por las cosas y por los libros (realmente un bibliófilo) que me interesé especialmente por él. Al doctor Watson y a Scofield Thayer también les gustaba; pensé que era uno de nuestros talentos, que no podía acabar ganándose la vida en IBM; que, cuando pudiésemos, deberíamos aceptar cualquier cosa que nos enviara.

Conozco a un primo suyo, Joe Nowak, que está muy orgulloso de él. Vive aquí, en Brooklyn; trabaja[1] en el Dry Dock Savings Bank y solía comerciar con antigüedades. Joe estaba absolutamente convencido de la sinceridad de Hart y de su amor innato por todo lo que he detallado. En cualquier caso, *El puente* es un gran poema. Hay puntos que yo creo que tendría que haber pulido más. Pienso que un escritor es injusto con él cuando no es capaz de ser exigente consigo mismo.

D. H.: ¿Tuvo Crane algo que ver con *Others*?

M. M.: *Others* precedió a *Broom*. *Others* era Alfred Kreymborg y Skipwith Cannell, Wallace Stevens y William Carlos Williams. Wallace Stevens... esporádicamente. Le vi casi una docena de veces antes de conocerlo en 1941 en los *Entretiens de Pontigny* que el profesor Gustav Cohen, entonces decano, organizó en la Universidad Mount Holyoke. Wallace Stevens era el poeta estadounidense favorito de Henry Church. El señor Church había publicado la poesía de Stevens y la de otros, yo entre ellos, en la revista parisina *Mésure*, y Raymond Queneau nos había traducido.

Una tarde, en el programa de literatura francesa en Mount Holyoke, Wallace Stevens hizo una disertación sobre Goethe, en la que este bailaba con medias de lana negras en un paquebote. Mi madre y yo estábamos allí y yo hice una lectura comentada. Henry Church llevaba un panamá extraordinariamente hermoso, una especie de pastelillo redondo con ala ancha, parecido a los sombreros de Bernard Berenson. No he visto nunca un trenzado tan delicado, y se envolvía en un chal blanco y negro. Su conferencia tuvo lugar en el césped.

Wallace Stevens estuvo absolutamente encantador. Deberíamos haber tenido una grabadora; a la hora de comer nos sentaron en una especie de mesa de refectorio y una chica no paró de hacerle preguntas del tipo «señor Stevens, ¿ha leído usted los *Cuatro cuartetos*?»

«Por supuesto, pero no puedo leer mucho a Eliot porque anularía mi propia personalidad.»

D. H.: ¿Lee usted ahora nueva poesía? ¿Trata de mantenerse al día?

1. Trabajaba; murió cuando su coche fue embestido por un conductor temerario en abril de 1961. (M. M.)

M. M.: Siempre leo cosas... me envían algo todos los días. Algunas, buenas. Pero interfiere con mi trabajo, no me deja tiempo para escribir mis cosas. Sin embargo, sería un monstruo si las tirara sin echarles un vistazo; escribo más notas, cartas y tarjetas por hora de lo que sería saludable.

Aunque es un castigo para cualquiera que lo citen con imprecisión, me pregunto si habrá alguien en el mundo cuyos comentarios se parafraseen tanto como los míos... que se impriman citas literales. Es un auténtico martirio. En su libro *Ezra Pound* Charles Norman fue muy escrupuloso. Citó varias cosas con absoluta precisión. La primera vez que vi a Ezra Pound, cuando vino a visitarnos a mi madre y a mí, yo le comenté que, entre todas las personas que había conocido a lo largo de mi vida, Henry Eliot me parecía el auténtico artista. «Vamos, vamos», dijo Ezra, «no será para tanto.» Tal vez eso no sea exactamente así, pero él lo cita justo de la forma en que lo dije.

D. H.: ¿Se refiere usted a Henry Ware Eliot, el hermano de T. S. Eliot?

M. M.: Sí. Cuando los Henry Eliot se trasladaron de Chicago a Nueva York, a un apartamento de la calle Sesenta y ocho (la calle donde está el Hunter College), me invitaron a cenar; me imagino que por sugerencia de T. S. Eliot, y me cayeron bien inmediatamente. Me pareció que les conocía de toda la vida. Me costó bastante más tiempo sentirme así con T. S. Eliot.

En cuanto a las inexactitudes... cuando fui a Saint Elizabeths a visitar a Ezra Pound (más o menos la tercera vez), el oficial que me acompañó me dijo «Es muy amable de su parte el haber venido a verle», y yo le contesté: «¿Amable? No tiene usted ni idea de lo mucho que él ha hecho por mí y por muchos otros». Esto fue en una de mis primeras visitas, no en una de las últimas.

Yo no estaba acostumbrada a pedir ayuda para mis cosas ni a los expertos ni a nadie, a no ser que fuera a una bibliotecaria, a alguien cuyo trabajo fuera ayudar a los que lo solicitaban, o a un profesor. Pero cuando Macmillan rechazó mis *Fábulas* estaba desesperada. Llevaba cuatro años trabajando y había enviado algunas a Ezra Pound. Aunque lo dudé, no quería molestarle. Ya tenía bastantes problemas sin necesidad de aquello; pero finalmente me decidí y le dije: «¿Tendría tiempo de decirme si los ritmos le chirrían? ¿No tengo buen oído?».

D. H.: ¿Y le respondió?

M. M.: Sí. Me dijo: «A esos tíos les molesta el menor atisbo de pericia».

D. H.: Cuando en 1916 leyó usted a Pound por primera vez, ¿reconoció en él a uno de los grandes?

M. M.: Por supuesto que sí. No creo que nadie pueda leer *El espíritu de la novela* y pensar que está escrito por alguien torpe.

D. H.: ¿Y qué le parecieron sus primeros poemas?

M. M.: Me parecieron un poco didácticos, pero me gustaron.

D. H.: Desearía hacerle algunas preguntas sobre poesía en general. Sobre eso que usted ha dicho de que la poesía es una consecuencia de la sinceridad. A menudo utiliza usted términos morales en su crítica. ¿Es esa imprescindible moralidad específicamente literaria, un uso moral de las palabras, o tiene un alcance más amplio? ¿En qué aspectos se tiene que ser una buena persona para escribir buenos poemas?

M. M.: Si la emoción es lo bastante intensa, las palabras no son ambiguas. Alguien preguntó a Robert Frost (¿fue a él?) si era selectivo. Él contestó: «Llámelo apasionada preferencia». ¿Que si hay que ser buena persona para escribir buenos poemas? Los villanos de Shakespeare no son ignorantes, ¿verdad? Sin embargo, yo diría que la rectitud *tiene* un reclamo que compromete. Y una persona *sin* integridad no escribiría la clase de libros que yo leo.

D. H.: Eliot, en su prólogo a sus *Selected Poems*, habla de la función de su poesía en relación a lo que él llama la lengua viva. ¿Está usted de acuerdo en que esa es una de las funciones de un poeta? ¿Cómo afecta la poesía a la lengua viva? ¿Cuál es el mecanismo?

M. M.: Uno acepta un determinado modo de decir las cosas o lo rechaza drásticamente. Uno hace algo individualmente, modifica, inventa una variante o resucita una etimología. ¿Alguien lo duda?

D. H.: Quiero preguntarle algo sobre su correspondencia con la empresa de automóviles Ford, sobre aquellas cartas publicadas en el *New Yorker*. Buscaban nombre para un coche que finalmente llamaron Edsel y le pidieron a usted que pensara en un nombre que hiciera que la gente admirara el coche.

M. M.: Dijeron que debía tener elegancia y gracia.

D. H.: «[...] un sentimiento visceral de elegancia, velocidad, características avanzadas y diseño. En resumen, un nombre que transmita a la gente una imagen absolutamente irresistible».

M. M.: ¿De verdad?

D. H.: Eso es lo que le dijeron en la primera carta que le enviaron. Pensaba en esto en relación con mi pregunta sobre el lenguaje. ¿Recuerda usted la charla de Pound sobre expresión y significado? Él dice que cuando la expresión y el significado se separan, la cultura va por mal camino. Me preguntaba si la petición de la Ford no le exigía a usted alejar un poco más la relación entre significado y expresión.

M. M.: No, creo que no; al menos, no para hacer peligrar el atractivo irresistible del coche. Me metí de lleno en estudiar los motores, las turbinas y la suspensión de las ruedas. No, aquello me pareció una actividad que merecía la pena. Me interesaba mucho la mecánica. Me interesan los mecanismos, la mecánica en general, y disfruté del encargo, a pesar de que no llegó a buen puerto. El doctor Pick, de la Universidad Marquette, consiguió que un joven empleado que probaba los Edsel pasara a recogerme en uno negro, para acompañarme al auditorio. ¡Al Edsel no le pasaba nada! Creo que era un coche muy elegante. Apareció en el año equivocado.

D. H.: Otra cosa. En su crítica usted establece frecuentes analogías entre el científico y el poeta. ¿Considera útil esta analogía para el poeta moderno? La mayoría de la gente consideraría esta comparación una paradoja al asumir que el poeta y el científico se oponen.

M. M.: ¿Acaso el poeta y el científico no trabajan de forma análoga? Ambos están dispuestos a derrochar esfuerzo. La capacidad de ser duro consigo mismo es uno de los puntos fuertes de ambos. Ambos están atentos a los indicios, ambos deben limitar sus opciones y luchar por ser precisos. Como dice George Gras, «en el arte no hay espacio para el cotilleo y muy poco para la sátira». El objetivo es conseguir un procedimiento fecundo, ¿no es así? Jacob Bronowski dice en el *Saturday Evening Post* que la ciencia no es una mera colección de descubrimientos, sino el proceso de descubrimiento. En cualquier caso, no es algo establecido de una vez por todas, sino algo en evolución.

D. H.: Una última pregunta. Me intrigó mucho cuando leí lo que escribió de que «América tiene al menos en Wallace Stevens un artista a quien la profesionalidad no ha destruido». ¿A qué clase de profesionalidad literaria se refiere usted? ¿Sigue considerando usted que esa es una característica americana?

M. M.: Sí. Creo que a veces los escritores pierden brío y capacidad de provocación. Él jamás diría eso de «marco de referencia» o «no sabría». A menudo me preguntan: «¿Qué trabajo puedo encontrar que me permita dedicar todo mi tiempo a la escritura?». Charles Ives, el compositor dice: «Uno no puede colocar el arte en un rincón y esperar que tenga vitalidad, autenticidad y sustancia. La tela se teje como un todo. Mi trabajo en la música me ayudaba en los negocios y mi trabajo en los negocios ayudaba a mi música». Yo soy como Charles Ives. Me figuro que Lawrence Durrell y Henry Miller no estarían de acuerdo conmigo.

D. H.: Pero ¿de qué manera la profesionalización hace que un escritor pierda su brío y capacidad de provocación?

M. M.: Es posible que esté relacionado con el dinero, y también con el hecho de que te consideren un experto; a Wallace Stevens le molestaba mucho que lo catalogasen, lo clasificasen y le obligaran a ser científico respecto a lo que escribía para satisfacer y responder a los profesores. Él no lo hacía. Lo mismo ocurría con William Carlos Williams. No creo que Stevens hubiera conseguido tanto de la gran lengua americana si hubiera sido razonable y dócil. En eso radica su belleza: está dispuesto a ser insensato; y si uno no puede permitírselo, ¿de qué sirve todo esto?

*Donald Hall, 1960**

* Publicada en *The Paris Review*, invierno de 1961.

EPÍLOGO A *SELECTED POEMS*
T. S. ELIOT*

Sabemos muy poco sobre el valor de la obra de nuestros contemporáneos, casi tan poco como sobre el valor de nuestra propia obra. Es posible que tenga méritos que solo existan para la sensibilidad contemporánea, y es posible que tenga virtudes ocultas que solo se pondrán de manifiesto con el paso del tiempo. No podemos afirmar con precisión qué lugar ocupará una obra cuando todos nosotros seamos escritores muertos. Así pues, si uno debe hablar de sus contemporáneos, es importante establecer qué cosas podemos afirmar con convicción y cuáles deben quedar abiertas a la duda y la conjetura. Lo último que probablemente podamos juzgar de ellos es, ciertamente, su «grandeza», o su relativa distinción o trivialidad en relación al concepto de «grandeza». De hecho, este concepto incluye también relaciones morales y sociales, relaciones que solo pueden percibirse desde una perspectiva más lejana y que, incluso me atrevería a decir, se crean en el proceso de la historia, pues no podemos predecir la suerte que correrá una determinada poesía ni cómo actuará en las generaciones venideras. No obstante, tenemos base para creer que solo un reducidísimo número de lectores contemporáneos es capaz de reconocer lo que es realmente genuino en poesía. Y afirmo sin reservas que el número es muy reducido porque parece habitual que, cuando un poeta alcanza en vida reconocimiento por parte del público, una proporción creciente de sus admiradores lo admira por razones superfluas. No digo que sean malas razones, sino que el poeta alcanza notoriedad como un mero símbolo por el estímulo o consuelo que es capaz de ofrecer a sus lectores, una función de la peculiar relación temporal que le une a ellos. Este efecto sobre los lectores contemporáneos puede ser a veces el resultado, justo y legítimo, de una gran poesía, pero también lo ha sido de mucha poesía efímera.

No parece muy importante que el poeta tenga que luchar contra una época inconsciente y satisfecha, y, por tanto, hostil a nuevas for-

* Este texto fue publicado originalmente como prólogo a *Selected Poems*. *(N. de la T.)*

mas poéticas; o contra una época como la actual, acomplejada, desconfiada consigo misma y ávida de nuevas formas que le confieran estatus y dignidad. Para muchos lectores modernos, cualquier novedad formal manifiesta es prueba, o equivalente, de una nueva sensibilidad, y si esa sensibilidad es esencialmente anodina y manida, mucho mejor; porque no hay manera más rápida de alcanzar la popularidad inmediata, aunque sea pasajera, que servir mercancías rancias en nuevos envoltorios. Una de las pruebas –aunque sea solo una prueba negativa– para saber si algo es auténticamente nuevo y genuino es su capacidad para despertar aversión entre los «amantes de la poesía».

Soy consciente de que los prejuicios me hacen subestimar a ciertos autores: los veo más como enemigos públicos que como sujetos de crítica; y me atrevería a decir que un prejuicio diferente hace que sea acríticamente favorable a otros. Incluso es posible que admire a los autores correctos por razones equivocadas. Sin embargo, confío más en mi aprecio por los autores que admiro que en mi menosprecio por los que me dejan frío o me exasperan. Y cuando afirmo que entre las cualidades reconocibles en un contemporáneo la que yo llamo «autenticidad» es más importante que la «grandeza» estoy haciendo una distinción entre la función de un poeta vivo y su función después de muerto. Mientras vive, el poeta lleva a cabo una batalla por defender la lengua viva, por mantener su fuerza, su sutileza, y preservar la calidad del sentimiento que cada nueva generación debe mantener; una vez muerto, el poeta ofrece modelos para los que tomen el relevo en la batalla después de él. Creo que la señorita Moore es uno de esos pocos, de mi generación, que han prestado un servicio a la lengua.

Hasta donde puedo recordar –y eso alcanza hasta las páginas de *The Egoist*, durante la Primera Guerra Mundial, y las de *The Little Review* y *The Dial,* en los años inmediatamente posteriores–, no he encontrado antecedentes poéticos inmediatos en la poesía de Marianne Moore. Por tanto, no puedo llenar estas páginas con la consabida relación de influencias y el proceso de desarrollo de la autora. Hay un solo poema juvenil, «Un talismán», no incluido en su *Poesía escogida*, que citaré completo porque indica vagamente una ligera influencia de Hilda Doolittle, desde luego más que de cualquier otro de los «imagistas».

Bajo un mástil astillado
arrancado del barco y arrojado
junto a su casco,

al tropezar, un pastor encontró
en el suelo incrustada
una gaviota

de lapislázuli,
un escarabajo marino
con los remos extendidos,

los pies de coral encogidos,
el pico abierto en un saludo
*a hombres hace tiempo muertos.**

El sentimiento que expone es un lugar común, y no acabo de ver qué hace un pájaro de *lapislázuli* con las patas de *coral*; pero incluso aquí la cadencia, el uso de la rima y una cierta autoridad en el estilo distinguen al poema. Al leer sus composiciones de un etapa algo posterior, yo diría que Marianne Moore ha tenido muy en cuenta la repetida recomendación del señor Pound: la poesía debe estar tan bien escrita como la prosa. Se podría decir que Moore ha impregnado su mente de la perfección de la prosa, en lo que hay en ella de precisión más que de esplendor, y que ha encontrado su propio ritmo, su propia poesía, su propio modo de valorar la palabra.

El primer aspecto de la poesía de Moore que sorprenderá al lector es el minucioso detalle más que la unidad emocional. El don para la observación detallada, para encontrar las palabras exactas con las que expresar una experiencia visual, es susceptible de distraer la atención del lector relajado. Las minucias pueden incluso irritar a los desprevenidos o solo despertar en ellos el agradable asombro que evoca la bola de marfil tallado que contiene otras once bolas en su

* «Under a splintered mast / Torn from the ship and cast / Near her hull, // A stumbling shepherd found / Embedded in the ground, / A sea-gull // Of lapis-lazuli, / A scarab of the sea, / With wings spread– // Curling its coral feet, / Parting its beak to greet / Men long dead.» *(N. de la T.)*

interior, el barco con todos sus aparejos en el interior de una botella o el esqueleto del pez crucifijo. La perplejidad consiguiente al tratar de seguir una mirada tan atenta, un proceso de asociación tan rápido, puede producir el efecto de estar ante una especie de poesía «metafísica». A los moderadamente intelectuales, los poemas pueden parecerles ejercicios intelectuales; solo aquellos cuyo intelecto se mueve más ágilmente captarán de inmediato su valor emocional. Pero el detalle está siempre al servicio del conjunto. Los símiles tienen una razón y un objetivo, como la concha de mejillón «abriéndose y cerrándose como un abanico herido» (en el que la palabra «herido» es lo bastante ambigüa como para despertar la atención del crítico William Empson) o las olas «tan regulares como las escamas en un pez». Nos fuerzan a ver el objeto con más claridad, a pesar de que seguramente no podamos entender de inmediato por qué ese objeto ha reclamado nuestra atención ni captar de inmediato la asociación que establece con otros objetos. Así, en su divertida y afectuosa atención hacia los animales –desde el gato doméstico y la mula hasta las más exóticas rarezas de los trópicos– Marianne Moore logra de repente que nos sobresaltemos ante la conciencia de una estructura visual poco habitual gracias a algo parecido a la fascinación de un potente microscopio.

La poesía de Marianne Moore, al menos la mayor parte de ella, podría calificarse de «descriptiva» más que de «lírica» o «dramática». Generalmente, la poesía descriptiva se considera ligada a una cierta época, y por tanto decadente, pero, en realidad, es uno de los medios permanentes de expresión. En el siglo XVIII –o, mejor dicho, en un periodo que incluye la publicación de «Cooper's Hill»,* «Windsor Forest»** y «Elegy», de Thomas Gray–, la escena descrita es un punto de partida para una forma u otra de meditación. La poesía del romanticismo, del peor Byron al mejor Wordsworth, oscila entre la reflexión y la evocación; pero la descripción, el cuadro colocado ante el lector, responde siempre al mismo propósito. El objetivo del «imagismo», hasta donde yo entiendo o hasta donde se puede hablar de objetivo, era el de promover una peculiar concentración sobre una imagen visual y poner en marcha una sucesión creciente de senti-

* «Cooper's Hill», poema del escritor inglés John Denham (1614-1669). *(N. de la T.)*

** «Windsor Forest», poema de Alexander Pope (1688-1744). *(N. de la T.)*

mientos concéntricos. Algunos de los poemas de Moore –por ejemplo, los que versan sobre animales o pájaros– despliegan un amplísimo abanico de asociaciones. Sería difícil decir cuál es el «tema-sujeto» de «El jerbo». Para una mente tan ágil, para una sensibilidad tan reticente, el tema más pequeño, como ese animalito encantador y saltarín del color de la arena, puede ser el mejor medio para liberar grandes emociones. Solo el «pedante literalista» consideraría que el tema es trivial; la trivialidad está en él. Todos nosotros debemos elegir el «tema-sujeto» que nos ofrezca el mejor medio para la liberación más eficaz y secreta de la emoción; y eso es un asunto personal.

El resultado es, a menudo, algo que la mayoría podría calificar de frígido, porque sentir las cosas de forma personal, por más intensamente que sea, probablemente parezca frigidez a aquellos que solo pueden sentir de manera convencional.

> «... *El sentimiento más profundo se revela siempre en silencio;*
> *no en el silencio, sino en la contención*».*

Se manifiesta en un control que hace posible la fusión del tono irónico-coloquial con el de la alta retórica:

> *Recuerdo su magnificencia, no tan espléndida ahora*
> *como vaga. Es difícil recordar el ornamento,*
> *el lenguaje y los modales exactos de los que*
> *podríamos llamar simples conocidos hace*
> *veinte años[...]*
> «... *rígido por la tensión, maligno*
> *en su poder sobre nosotros y más profundo*
> *que el mar cuando ofrece adulación a cambio de cáñamo,*
> *centeno, lino, caballos, platino, madera y pieles*».**

Como cabría esperar de esta clase de poesía que intento apuntar, la versificación de Moore es cualquier cosa menos «libre». Muchos de sus poemas adoptan esquemas formales exactos, a veces complicados, y se mueven con la elegancia de un minueto. (La elegancia es,

* De «Silencio». Véase p. 195. *(N. de la T.)*
** De «Los monos». Véase p. 101. *(N. de la T.)*

sin duda, uno de sus atributos más incontestables.) Algunos (como «Matrimonio» o «Un pulpo») carecen de rima; en otros (como «Unicornios marinos y unicornios de tierra»), la rima o asonancia se adopta irregularmente; y, en cierto número de ellos, la rima es parte de un esquema regular entretejido con finales sin rima. El uso que Marianne Moore hace de la rima es en sí mismo una indiscutible innovación métrica.

En las formas convencionales de rima, el acento de la rima tiende a recaer en el mismo lugar que el acento del sentido. El caso más extremo y logrado es el dístico elegíaco de Pope. Los poetas anteriores y posteriores a Pope ofrecen una gran variedad de rimas, a veces a expensas de la fluidez al separar deliberadamente los acentos; pero esta separación –con frecuencia conseguida simplemente con periodos más largos o una sintaxis más compleja– puede considerarse, como máximo, una desviación de la norma a fin de evitar la monotonía. La tendencia de buena parte de la mejor poesía contemporánea es, obviamente, la de prescindir de la rima; pero algunos de los que sí la usan lo hacen para crear una estructura en contraste directo con la del sentido y el ritmo; es decir, para lograr una mayor complejidad. A este respecto, pueden citarse algunas de las rimas internas de Hopkins. (No debe confundirse la rima interna auténtica, auditiva, con la falsa, puramente visual. Si un poema puede leerse igualmente bien al «cortarlo» de manera que todas las rimas caigan al final del verso, la rima interna es falsa y se trata solo de un capricho tipográfico, como ocurre en «La esfinge», de Oscar Wilde.) Esta rima, que forma una estructura *contra* la estructura métrica y la de sentido del poema, puede ser grave o leve, es decir, *más grave* o *más leve* que la otra estructura. Ambos tipos de rima, grave o leve, se prestan a diversos usos, que quedan por explorar.

Entre los contemporáneos, Marianne Moore es la maestra más consumada en el uso de la rima *leve* y, por supuesto, es la primera, hasta donde yo sé, que ha investigado sus posibilidades. Hay que observar que, algunas veces, lograr este efecto presupone pronunciar una palabra de forma más analítica o acentuar una sílaba más de lo habitual:

donde siempre ha estado –en las antípodas de las grandes
verdades originarias. «Una parte de él reptaba y la otra,
a punto de reptar, el resto

estaba aletargado en su cubil.» En el vacilante avanzar
*a cuatro patas cortas,**

un
abanico herido.
Los percebes incrustados al borde
de las olas no pueden ocultarse [...]

el
mar turquesa
*de cuerpos. El agua atraviesa una cuña***

En buena parte de lo que a veces (con una inconsciente insinuación teológica) se llama poesía «modernista» hay un exceso o defecto de atención técnica. El primero se manifiesta al dar mayor énfasis a las palabras que a los objetos; y el segundo, en un énfasis en los objetos y en la indiferencia por las palabras. En ambos casos, la composición es informe, así como el soneto más perfecto resulta informe si intenta expresar temas que no se adaptan a la forma del soneto. Una correspondencia precisa entre forma y tema significa también equilibrio entre una y otra; así la forma, la estructura fundamental, tiene solemnidad (por ejemplo, las «canciones» de Shakespeare) por muy ligera y alegre que sea la emoción humana que expresa; y una alegría propia, con independencia de lo seria o trágica que sea la emoción. Los coros de Sófocles, al igual que las «canciones» de Shakespeare, tienen otra pretensión además de la de mostrar la acción humana de la que son espectadores, y sin la cual no hay poesía. Y por otra parte, si en poesía uno solo aspira a la poesía, tampoco hay poesía.

Mi convencimiento de qué es lo que merece la pena ha permanecido inalterable durante los últimos catorce años: los poemas de la señorita Moore forman parte de la pequeña colección de poesía perdurable escrita en nuestro tiempo; de esa pequeña colección de escritos, entre lo que se considera poesía, en la que una sensibilidad original, una inteligencia ágil y un profundo sentimiento se han aliado para mantener viva la lengua inglesa.

* De «En los días de color prismático». Véase p. 103. *(N. de la T.)*
** De «Los peces». Véase p. 85. *(N. de la T.)*

BIBLIOGRAFÍA

BIBLIOGRAFÍA DE LA AUTORA

Moore, Marianne, *Poems*, Egoist Press, Londres, 1921.

—, Marriage, en *Manikin*, n.° 3, Monroe Wheeler, Nueva York, 1923.

—, *Observations,* Dial Press, Nueva York, 1924.

—, *Selected Poems*, Macmillan, Nueva York; Faber & Faber, Londres, 1935.

—, *The Pangolin and Other Verse*, Brendin, Londres, 1936.

—, *What Are Years*, Macmillan, Nueva York, 1941.

—, *Nevertheless*, Macmillan, Nueva York, 1944.

—, *Rock Crystal* (trad. de M. Moore y E. Mayer), Pantheon, Nueva York, 1945.

—, *Collected Poems*, Macmillan, Nueva York; Faber & Faber, Londres, 1951 (hay trad. cast.: Lidia Taillefer de Haya. *Poesía reunida*, Hiperión, Madrid, 1996).

—, *The Fables of La Fontaine* (trad. de M. Moore), Viking Press, Nueva York, 1954.

—, *Predilections*, Viking Press, Nueva York; Faber & Faber, Londres, 1955.

—, *Selected Fables of La Fontaine*, Faber & Faber, Londres, 1955.

—, *Like a Bulkwark*, Viking Press, Nueva York, 1956; Faber & Faber, Londres, 1957.

—, *Idiosyncrasy & Technique*, University of California Press, Berkeley y Los Ángeles, 1958.

—, *Letters From and To the Ford Motor Company*, The Pierpont Morgan Library, Nueva York, 1958.

—, *O To Be a Dragon*, Viking Press, Nueva York, 1959.

—, *A Marianne Moore Reader*, Viking Press, Nueva York, 1961.

—, *The Absentee* (basada en la novela del mismo nombre de Maria Edgeworth, House of Books, Nueva York, 1962.

—, *Eight Poems*, The Museum of Modern Art, Nueva York, 1963.

—, *Puss in Boots, The Sleeping Beauty & Cinderella* (trad. y adaptación de los cuentos de Charles Perrault), Macmillan, Nueva York, 1963.

—, *Occasionem Cognosce*, Harvard University Press, 1963.

—, *The Arctic Ox*, Faber & Faber, Londres, 1964.
—, *Poetry and Criticism*, Adam House & Lowell House Printers, Cambridge, 1965.
—, *Dress and Kindred Subjects*, The Ibix Press, Nueva York, 1965.
—, *Tell Me, Tell Me: Granite, Steel, and Other Topics*, Viking Press, Nueva York, 1966.
—, *Tipoo's Tiger*, The Phoenix Book Shop, Nueva York, 1967.
—, *The Complete Poems*, Macmillan, Nueva York, 1967; Faber & Faber, Londres, 1968.
—, *The Accented Syllable*, Albondocani Press, Nueva York, 1969.
—, *Prevalent at One Time*, Cypher Press, Filadelfia, 1970.
—, *Unfinished Poems*, The Philip H. and A. S. W. Rosenbach Foundation, Filadelfia, 1972.
—, *Complete Poems* (Clive Driver, ed.), Penguin Books, Nueva York y Londres, 1981.
—, *The Prose of Marianne Moore* (Patricia C. Willis, ed.), Faber & Faber, Londres, 1987.
—, *The Poems of Marianne Moore* (Grace Schulman, ed.), Viking Press, Nueva York, 2003.

BIBLIOGRAFÍA FUNDAMENTAL SOBRE LA AUTORA

Aiken, Conrad, «What's Under that Tricorne Hat?», en Tambimuttu (ed.), 1966, pp. 31-32.
Auden, W. H., *The Dyer's Hand and Other Essays*, Random House, Nueva York, 1962. [La traducción al español de Mirko Lauer y Abelardo Oquendo, *La mano del teñidor y otros ensayos* (Barral, Barcelona, 1974) no incluye el ensayo sobre Marianne Moore, recogido en Olivia de Miguel (ed.), *Pangolines, unicornios y otros poemas. La poesía de Marianne Moore*, El Acantilado, Barcelona, 2005.]
Blackmur, R. P., «The Method of Marianne Moore», en Tomlinson (ed.), 1969, pp. 66-86.
Bloom, Harold, *Marianne Moore*, Chelsea House, Nueva York, 1987.
Bromwich, David, *Skeptical Music. Essays on Modern Poetry*, University of Chicago Press, Chicago, 2001.
Burke, Kenneth, «She Taught Me to Blush», en Tambimuttu (ed.), 1966, p. 61.
—, «Likings of an Observationist», en Tomlinson (ed.), 1969, pp. 125-133.
—, «Motives and Motifs in the Poetry of Marianne Moore», en Tomlinson (ed.), 1969, pp. 87-100.

Clark, Suzanne, *Sentimental Modernism. Women Writers and the Revolution of the Word*, Indiana University Press, Bloomington & Indianápolis, 1991.
Costello, Bonnie, *Marianne Moore. Imaginary Possessions*, Harvard University Press, 1981.
—, «Marianne Moore's Wild Decorum», en *American Poetry Review*, marzo-abril, 16, 2, 1987.
Dickie, Margaret y Thomas Travisano (eds.), *Gendered Modernisms. American Women Poets and Their Readers*. University of Pennsylvania Press, Filadelfia, 1996.
Donoghue, Denis, «She's got rhythm», *The New York Review*, diciembre 4, 1986, pp. 40-44.
—, «The Proper Plenitude of Fact», en Tomlinson (ed.), 1969, pp. 165-171.
Eliot, T. S., «Marianne Moore», en Tomlinson (ed.) 1969, pp. 60-65.
—, «Introduction to *Selected Poems*», en Tomlinson (ed.), 1969, pp. 60-65.
Engel, Bernard F., *Marianne Moore*, Twayne Publishers, Nueva York, 1964.
Garrigue, Jean, *Marianne Moore*, University of Minnesota Pamphlets, Minesota, 1965.
—, «Notes Toward a Resemblance: Emily Dickinson, Marianne Moore», Tambimuttu (ed.), 1966, pp. 52-57.
Gilbert, Sandra, «Marianne Moore as Female Female Impersonator», en Parisi (ed.), 1990, pp. 27-48.
—, y Susan Gubar, *No Man's Land: The Place of the Woman Writer in the Twentieth Century* (vol. 3), Yale University Press, New Havens, 1994.
Goodridge, Celeste, *Hints and disguises: Marianne Moore and her Contemporaries*. University of Iowa Press, Iowa City, 1989.
Hadas, Pamela White, *Marianne Moore, Poet of Affection*, Syracuse University Press, Nueva York, 1977.
Hall, Donald, *Marianne Moore: The Cage and the Animal*, Pegasus, Nueva York, 1970.
—, «The Art of Poetry: Marianne Moore, An Interview», en Tomlinson (ed.) 1969, pp. 20-45.
—, «An Interview with Donald Hall», en *The Paris Review Interviews*, Plimpton, G., (ed), 1989.
Holley, Margaret, *The Poetry of Marianne Moore: a Study in Voice and Value*. Cambridge University Press, Nueva York, 1987.
Howard, Richard, «Marianne Moore and the Monkey Business of Modernism», en Parisi (ed.), 1990, pp. 1-12.
Jarrell, Randall, «Thoughts about Marianne Moore», *Partisan Review*, n.° 19, noviembre-diciembre de 1952, pp. 687-700.

—, «Two Essays on Marianne Moore: The Humble Animal»; «Her Shield» en *Poetry and the Age*, Vintage-Knopf, Nueva York, 1953.
Kalstone, D., *Becoming a poet*, Noonday, Nueva York, 1991.
Kenner, Hugh, «Meditation and Enactment», en Tomlinson (ed.), 1969, pp. 159-164.
—, «Supreme in Her Abnormality», en Tomlinson (ed.), 1969, pp. 139-143.
Leavell, «Marianne Moore and Georgia O'Keeffe: "The Feelings of a Woman -A Mother or a Cat"», en Willis (ed.), 1990, pp. 297-319.
—, *Marianne Moore and the Visual Arts: Prismatic Color*, Louisiana State University Press, 1995.
Martin, Taffy, *Marianne Moore, Subversive Modernist*, University of Texas Press. Austin, 1986.
Miller Cristanne, *Marianne Moore, Questions of Authority*, Harvard University Press, Cambridge, 1995.
Molesworth, Charles, *Marianne Moore: A Literary Life*, Atheneum, Nueva York, 1990.
Ostriker Alicia, «Marianne Moore, The Maternal Hero, and American Women's Poetry», en Parisi (ed.), 1990, pp. 49-66.
Parisi, Joseph (ed.), *Marianne Moore: the Art of a Modernist*, UMI Research Press, Ann Harbor, Michigan, 1990.
Plimpton, George (ed.),*Women Writers at Work. The Paris Review Interviews*, introducción de Margaret Atwood, Penguin, Londres, 1989.
Pound, Ezra, «Marianne Moore and Mina Loy», en Tomlinson (ed.), 1969, pp. 46-47.
—, *The Letters of Ezra Pound 1907-1941*, D. D. Paige (ed.), Harcourt Brace, Nueva York, 1950.
Rexroth, Kenneth, *La poesía norteamericana en el siglo XX*, Editorial Nova, Buenos Aires, 1971.
Rich, Adrianne, *On Lies, Secrets and Silence*, W. W. Norton, Nueva York, 1979 [hay trad. cast.: *Sobre secretos, mentiras y silencios*, trad. de Margarita Dalton, Icaria, Barcelona, 1983].
Schulman, Grace, *Marianne Moore: The Poetry of Engagement*, Paragon House, Nueva York, 1989.
—, en *Conversant Essays. Contemporary Poets on Poetry* (James McCorkle, ed.) «M. Moore and D. McKnight Kauffer: their friendship, their concerns», Wayne State University Press, Detroit, 1990, pp. 241-247.
—, (ed.), *The Poems of Marianne Moore*, Penguin Group, Nueva York, 2003.
Stapleton, Laurence, *Marianne Moore: The poet's Advance*, Princeton University Press, Princeton, 1978.

Stevens, Wallace, *The Necessary Angel: Essays on Reality and the Imagination*, Vintage Books, Nueva York, 1951.
Tambimuttu (ed.), *Festschrift for Marianne Moore's Seventy Seventh Birthday*, Tambimuttu & Mass., Nueva York, 1966.
Tomlinson, Charles (ed.), *Marianne Moore: A Collection of Critical Essays*, Prentice Hall, Englewood Cliffs, N.J., 1969.
Vincent, John Emil, *Queer Lyrics:Difficulty and Closure in American Poetry*, Palgrave Macmillan, Nueva York, 2002.
Williams, William C., «Marianne Moore (1948)», en Tomlinson (ed.), 1969, pp. 112-113.
—, *The Autobiography of William Carlos Williams*, New Directions, Nueva York, 1967.
Willis, Patricia (ed.), *Marianne Moore Newsletter*, Philip H. and A.S.W. Rosenbach Foundation. Filadelfia, (primavera de 1977-otoño de 1981).
—, *Vision into Verse*, Rosenbach Foundation, Filadelfia, 1987.
—, *Marianne Moore: Woman and Poet*, National Poetry Foundation, Orono, Maine, 1990.

BIBLIOGRAFÍA EN ESPAÑOL

Miguel Crespo, Olivia de (ed.), *Antología poética de Marianne Moore*, Consorci d'Editors Valencians, S.A., Valencia, 1989.
—, *Antología y traducción de la poesía de Marianne Moore: una propuesta para la reescritura del discurso modernista norteamericano*, Universitat Autònoma de Barcelona, Barcelona, 1998.
—, *Pangolines, unicornios y otros poemas*, El Acantilado, Barcelona, 2005.
Piñero Gil, Eulalia, *La obra de Marianne Moore, paradigma de una poética femenina*, Universidad Complutense de Madrid, Madrid, 2000.
Taillefer de Haya, Lidia, *Poesía reunida*, Ediciones Hiperión, S.L., Madrid, 1996.

ÍNDICE

QUÉ SON LOS AÑOS (1941)

SIN EMBARGO (1944)

OTROS POEMAS (1951)

II. POEMAS POSTERIORES

COMO UN BALUARTE (1956)

¡AY, SER UN DRAGÓN! (1959)

DIME, DIME (1966)

POEMAS SUELTOS

Este libro
acabó de imprimirse
en Madrid
en marzo de 2023